活得充實而精彩
老得成熟而睿智
病得深思而豁達
走得瀟灑而無憾

慧開法師・著

生命的永續經營（下）

順應生命的自然機制：自然謝幕非難事　如願往生操之在我

〈推薦序〉

走進生命永續經營殿堂

佛光山泰國泰華寺住持　**心定和尚**

慧開博士法師，其個性跟他的先父陳鶴袖老師很像，正直，意志堅強，教學認真而嚴格，負責南華大學生死學研究所二十多年來，培養出很多專業人才，幾乎改變了全臺灣的殯葬禮儀，以及提升禮儀師的素質，到處都可以看到，舉辦的告別式追思讚頌會，莊嚴肅穆。更重要的是對臺灣許多安寧病房，以及臨終關懷的法師、神職人員、義工，增加許多新的知識與觀念。慧開博士法師更強調，每個人的生命，走到盡端的時候，能讓他（她）得到安詳與尊嚴，他對這方面的任務，目標正確、堅持原則，令我敬佩不已。慧開博士法師，除了教學之外，經常應邀做學術論壇、發表論文，或到各國各大學演講，累積更廣泛、更豐富的經驗，更勤於筆耕，最近即將出版《生命的永續經營》三大冊。

慧開博士法師用大力氣、大精神探研「生死大問」許多年，用最根本的理論和最實際的實踐相輔相成，為臺灣推動生死學教育功不可沒。從之前出版的《生命是一種連續函數》帶領讀者一窺生死奧秘、感悟生死自在，再到即將出版的《生命的永續經營》三大冊，為讀者提供一把生死自在的鎖鑰，打開生命永續經營殿堂的大門。

《生命的永續經營》三冊共六章：第一章、自在的生命；第二章、生命的視野；第三章、生死的抉擇；第四章、生死的議題；第五章、生死的解法；第六章、生命的謝幕。內容多方，包括：瀟灑走一回、佛法與生死疑難解答、「四千萬」心法、臨終關懷、喪葬禮俗、放生問題、輪迴觀、生老病死自然機制、安樂死迷思、病人自主權利法、器官移植與捐贈、末期絕症、死刑存廢反思、佛教經典心法、修持「一心不亂」與「正念現前」、一期生命的自然謝幕、植物人解套之方、兒童生死觀等等各面向「生命」與「生死」相關的疑難解惑。後末篇章以老布希總統喪禮、末期臨終病患通訊往生輔導，以及忠犬來喜往生實例，揭示一期生命的自然變化、面對臨終的態度，以及觀照生老病死要有正念、正見，以期無量壽。

佛陀曾經言說：「何法有故老死有？何法緣故老死有？即正思惟，生如實無間等：生有故老死有，生緣故老死有……。」又正思惟：「何法有故名色有？何法緣故名色有？即正思惟，如實無間等生：識有故名色有，識緣故有名色有。」正確明白理解到真理了，

「明」就出現，也就是正見，所以正思惟是證悟的因，正見出現，一切的苦皆滅。佛陀發覺無明是生死輪迴的主因，所以思考：「我時作是念：何法無故則老死無？何法滅故老死滅？即正思惟，生如實無間等：生無故老死無，生滅故老死滅……。」實相般若如如不動、不生不滅、不增不減，這是明白一切諸法的如實相的智慧，是「正見」。

正見靠正思惟的細細思考而引生，當觀色無常是正思惟，所得到的理解，就是正見，可以照見五蘊皆空，解脫生、老、病、死、憂、悲、苦惱，這就是度一切苦厄。人人都有人生問題與生死關頭，面對人生與一期的生命，用功一個正念往生淨土，這就是解脫、是究竟，千千萬萬不可一個差池，落入事理與生死的輪迴。

提供一個方法，利用八正道：正見（正當的見解）、正思（正當的思想）、正語（正當的語言）、正業（正當的行為）、正命（正當的生活）、正勤（正當的努力）、正念（正當的意念）、正定（正當的禪定）探討、研讀和實踐慧開法師《生命的永續經營》三冊所闡述的理念，即可深入這三冊書的精髓，達到這三冊書目的所在，解決或增強關於生死觀點、人生態度、社會問題，以及生命如何解脫究竟等諸議題的困擾或觀照能力。比如書中有位李老居士，一心念佛求往生而預知時至，生命見好就收；再如開爸爸、開媽媽的生活態度，以及對於信仰的信念，臨終時安詳捨報；再好比書中對死刑案、安樂死、病人自主權利法的析論，可以多層面地反思研討當前社會與人心的迷悟之間。

色身終會消滅，執著就會覺苦。了解因緣所生法如夢幻泡影，色受想行識皆是空，而「無我」觀是其中最最重要，臨終時，就能無有恐怖，心無罣礙，得生淨土或乘願再來。

推薦讀者細細研讀《生命的永續經營》三冊，以用功生活、精進修行來體證，必然生死清淨自在，生命永續經營無礙。

〈推薦序〉

瀟灑去來　生命更從容

佛光大學校長　楊朝祥

「生與死」是個難於參透的習題。「未知生，焉知死」，星雲大師常言「老、病、生、死」，「死」是另一個新生的開始，而在堪稱「生死學教父」的慧開法師筆下，對於「生命」與「死亡」則是抱持著一種慈悲、坦然的態度，將「生命」看成「因緣」，把「死亡」視為「新生」。那麼人在來去之間即能「瀟灑」以對，結緣此生，「生命的永續經營」因此成為一項重要的課題，本書的出版深具意義。

佛經有云：「五度如盲，般若為導。」面對生死課題，須有「般若」（智慧）做為導航。每個人的「出生」及「死亡」，有其個別的「自然時機」，此即，自然的旋律與節奏，一切皆要隨緣自在，歡喜面對。誠如慧開法師所言，或許因為年輕，極少思考生命的終極意義，更少探索生命的歸宿與出路；不少人，一旦屆齡退休之後，生命突感失落，不是迷失了生命方向，就是喪失了生命鬥志，是以，「未來何去何從？」、「如何成功老化？」、「如何超越老化？」、「該如何面對死亡？」，看完此書，令人茅塞頓開，因而能更加有智慧的看待生命。

談到「一合相」這個觀點，啟發了認清事物的本然實相，彷彿間，真的注入一股觀照世間的洞見內力，而能從比較寬廣的角度看待宇宙人生的種種現象。「微恙」即是一種「預警」。最近新冠肺炎疫情肆虐全球，打亂了人們的生活、學習方式，剎那間，世界的腳步就在此刻慢了下來，或許這就是對人類的一種警示作用，提醒人們多關心身邊的人、多留在家裡，也多愛自己一點。而這些正是在快速轉動的社會中，人們點滴喪失的寶貴資產，由此也讓我們體會到書中所述的「微恙彌珍」之諦。衷心盼望疫情趕快畫下休止符，讓人類在危機中重建生活、工作的次序與機轉。

對於一般人把「一心不亂」與「正念現前」想像得過於玄妙、神奇而脫離了現實，以致於有一種「不得其門而入」的感覺。慧開法師於書中指出，其實，佛法的修持是很實際的，一點都不玄。他認為，不管理論講得多麼高深玄妙，最後還是要落實在三業、六根上面的實踐，以深入淺出的方式傳遞人間佛教的真諦。

本書分為上、中、下三冊。上冊有：第一章、自在的生命、第二章、生命的視野；中冊有：第三章、生死的抉擇、第四章、生死的議題；下冊有：第五章、生死的解法、第六章、生命的謝幕，共計六章，對於生死的種種課題有著鞭辟入裡的見解，值得展書一讀，從容於「生命賞味期」之前，「所作皆辦」、「正念現前」，將「生命的永續經營」能從「理念信仰」落實為「實踐行動」。

滄海桑田、無常變遷，興衰起浮、是非成敗，乃至生離死別、悲歡離合，是人生無法避免的磨礪。慧開法師的這本大作《生命的永續經營》可使讀者們從「自在的生命」了悟臨終關懷的心歷路程；由「生命的視野」解讀「生、老、病、死」的自然機制與奧秘；以「生死的抉擇」呼籲大家關心「病人自主權利法」；從「生死的議題」論死刑存廢問題；又用修持「一心不亂」與「正念現前」面對「生死的解法」；再以老布希總統的喪禮追悼辭看生死文化「生命的謝幕」，章章精彩，值得一讀再讀。

慧開法師的筆下娓娓道來，把對生命的經營描述得如此淡然、超越，朝祥有幸先睹為快，體會良深。此種預見和前瞻，不約而同，也印證於股神巴菲特（Warren Buffett）於今年寫給Berkshire Hathaway股東的信中就曾提及：「100 percent prepared for our departure」，姑不論股神是否預言啟動接班計畫，我們深信永遠須為未來做好準備。恭喜慧開法師大作出版，以立言方式，廣結善緣，實踐佛陀慈悲教義，讓今生圓滿、永續人生更從容。好書，要與好朋友分享，願意在此為大家推薦。

〈推薦序〉

磅礡的交響樂是由單調的樂音所組成

南華大學校長 **林聰明**

慧開法師是享譽國際的生命教育泰斗，曾兩次受邀赴羅馬天主教教廷（梵蒂岡）專題演說，一生著書論說、奉獻生命教育志業居功厥偉，二〇一六年獲頒教育部生命教育「特殊貢獻獎」，殊為典範，逢其《生命的永續經營》大作付梓，專書肯定會是生命教育中的絕妙樂章。

德國哲學大儒叔本華說：「青年是屬於詩歌歲月，老年則是哲學沉思的季節。」前者在於對外部事物的直觀，好惡是建立於對外界的印象，後者則為對生命歷程的思索與追憶，行為是藉由思想決定；人類自呱呱落地、成長茁壯以迄退化衰老，與大自然的日升日落、潮起潮伏同為定律，如何從生命終極課程中，讓自己免落於精神貧乏、靈魂空虛、不知所措等困境，秉持在燦爛日子裡沒或忘天空仍會有陰霾，於面對可怕仇恨時仍感受曾有過愛的溫暖之心境，知天命地享受青壯與晚年之幸福氛圍，走一回瀟灑人生，已成為大家共同關注的議題、顯學。

本書探討的內容既深且廣，開師父（這是校內大家對慧開法師的敬稱、暱稱，本人也在此引用）不僅止於對生命哲理的探討、論述，更以實例、經驗來闡述生命關懷的實踐，很容易引領讀者入門，帶給讀者有切身之感；開師父在諸多談論生死的課程中，為學員就「自己最感疑惑、過去想問而不敢問、想問卻找不到人問」之有關生命終極問題、疑惑，從哲理、佛學、生活經驗等多面相予以解惑、鼓舞，弭平青年直觀與老年沉思間的嫌隙，堪稱是一部「老壯青皆宜」的好書。

器世間宇宙的「成、住、壞、空」與有情眾生生命的「生、老、病、死」流轉不息，不為權勢者、英雄、富豪而片刻停頓，惟渠等或被個別視為無趣的單調樂音，若能透過對生死哲理的探討、領悟，讓「內在靈性生命」與「外在肉體生命」得以相輔相成，生命過程將幻化為一首鏗鏘磅礡、動人心弦的曼妙交響樂，生命的經營、意義且將成為永續。

〈推薦序〉

生死並論尊嚴謝幕

中國醫藥大學前校長 黃榮村

慧開師父眷村世家子弟出身，從小對聲音高頻反應有缺陷但有絕對音感，而且聽聞講話學習過程順利正常，他從臺大數學系畢業後，在普門中學任教，之後披剃出家，到美國費城天普大學，從生死學研究權威傅偉勳教授門下修習，一九九六年獲博士學位後返回佛光山，一九九七年到南華大學生死學研究所擔任專任教職，中途短暫轉任佛光大學佛教學院院長，嗣後擔任南華大學學術副校長，已有二十幾年的大學教研經驗。

慧開師父人生一路走來，頗有傳奇味道，因此在撰寫本書《生命的永續經營》三冊時，經常流露出作者博學多聞的一面，在多元題材上面帶來很多趣味，他也藉此機會講講談談自己的成長與體驗，非常有趣也很有參考價值，可說很有一點小自傳的味道。我與他都在一本由臺大出版的「生命教育」刊物編委會當委員，他一向直言無諱觀點獨具，也很樂意與人論辯。所以不要將這本書看成只是一本正經八百講生論死的著作，因為本書隱藏有各種有趣的觀點與內容，而非只是談生論死而已。

慧開師父在書中提出主要問題，認為人不只在生之時須規劃，死亡亦同。死亡是生命的結束或是生命的轉換？如何平順又尊重生命的走完生命末期與臨終？如何知道不只尊重生命也要尊重死亡，做好往生的準備，不要抱憾而終？人生如何自然謝幕？這些問題與做法不只是針對正在面對死亡的當事人，也直接衝擊著活在當事人周圍團團轉的親友在內，整體而言，面對死亡的背後主軸就是一種生命的永續經營。作者如此立論，不只因為他本人就曾實際深入經歷家人的生老病死，對醫療與急救都有基本了解，而更因為是他已發展出一套完整的「往生到佛國淨土」的基本框架之故，基督教也說回返天家，因為那都是無上恩典。有了這類哲學基礎，就能一步步緩慢而踏實的找出法門依此而行。但對一般人的思考慣性而言，因為還未建立中心思想，所以這種話在初聽之時，處處不精準、樣樣不踏實，連思考都跟不上遑論找到落實的法門，確有困難啊！所以對生命的掌握應該要有一套系統性的教育，以便發展出清楚的信仰，之後才比較能發展出真正能夠面對生命與死亡的自然方式，這是生命教育可著力之處，本書已經做了一個具有說服力的示範。

本書針對喪葬禮俗儀節中的宗教儀軌，敘說詳細，讓我們對「慎終追遠」的各項「喪祭之禮」有所了解，這也是生命如何以極簡與優雅方式謝幕的必經過程。作者對安易死（安樂死）、預立醫囑、持續植物人狀態、尊嚴死、安寧緩和醫療條例、病人自主權利法等項的相關立法與政策，觀點獨具，也有各類深入的批判，更認為佛法當中自有遠比安樂死高明的解套法門，希望在人生謝幕的緊要過程中，能夠停止不當的醫療干預，而一心一意積極「求往生」。書中也以輕鬆的筆法談及生死輪迴觀、前世記憶與遺忘等有趣的內容，這些都是信仰與科學之間可以依證據互相攻防的課題，讀者們倒是不必太過執著。

一般人可能更在意人的一生如何過得有意義，但這是勵志書籍的主體內容，本書所談則是屬於更難的，如何優雅面對死亡的問題。孔老夫子說：「未知生，焉知死？」不過在人類確有其人口學上的死亡極限下，人的一生不管活得怎麼樣，總會走到盡頭，慧開師父反過來應該會說：「未知死，焉知生？」而且主張生死並論可也。不過作者在本書中所提出，花開處處的「慧開心法」，則是須修練的，好在書中雖然玄機不斷，但也留下很多可操作的具體法門，我想讀者一定可以找到適合他／她靜下心來心領神會的思考方向。

〈推薦序〉

直指生命的實相

臺灣大學前校長　李嗣涔

我與慧開法師結緣主要是在一些與生命教育有關的研討會上，我們同為受邀演講的講師，我講的主題通常是與人體科學有關的特異功能現象，或為解答宇宙大中小尺度的謎團為主的宇宙實像模型假說。法師談的主題主要是生命永續經營的主題，由於他當年出家前是學數學出身，論證生命的經營廣用案例的邏輯性很強，而且他很會演講用詞詼諧常常讓人會心一笑，聽得非常過癮，令人印象深刻。

這次他把多年演講及研究的心得整理出書，讓讀者可以更全面及廣泛地了解他對生命永續經營的哲學基礎及理論根據，經由許多國際及國內面對病人生死關頭實際案例的討論，主題包括當地法律的規範、倫理的考量及實務所面對不同的情境，他提出對生死問題非常深刻的看法。我特別欣賞的是他對「安樂死」、「死刑存廢」問題的討論，這兩個問題是當前社會面對的重大議題，安樂死是每個家庭碰到家人受到重大傷害瀕臨死亡時，都要面對的天人交戰的艱難抉擇，持續救下去可能成為植物人，餘生成為家庭的重大負擔，不救則於心難安，你該怎麼辦？作者認為沒有得到病人本人的同意，安樂死就像謀殺，他以佛教的觀點認為成為植物人是因為病人的靈魂仍然執著肉體不肯離去，解決的方法是要靠宗教的方法，由具有特殊溝通能力的宗教人士直接與病人靈魂溝通，勸服他離開生病的肉體前往生命的下一階段邁進，不要執著目前的困境。我個人非常認同作者的論點，生死輪迴在我研究的範圍所觀察過成十上百的案例，可以確定是宇宙的真理，靈療者在治療因果病時，的確有能力與附身的靈魂溝通說服他們離開肉體。因此我知道作者的建議是做得到的，也不違反病人自願的原則。

作者另外一個論點是死刑的存廢問題，作者由佛教因果相報的論點是不贊成廢除死刑的。雖然有人會以前世因果來替兇手辯護，作者解釋說如果妄言臆測殺人是前世因果會「沒完沒了」，為什麼？因為要講因果，不能只講一世、兩世，而是要講三世、生生世世，就有扯不清的冤冤相報，那豈不是「沒完沒了」？兇手要解除「沒完沒了」就必須要為自己的犯行業果負起全責這樣才能解脫罪愆。如何才算「負起全責」？如果殺人兇手能誠心誠意地向被害人及被害人家屬認錯、道歉、懺悔，然後坦然地面對死刑「以死謝罪」，他的重大過失與罪愆才能真正地解脫，不但現世的罪業可以化解，也可以免除來世的糾纏，死刑宜慎不宜廢，不應將「人權」汙名化，反而讓兇手累世受苦。我認識一位靈療者，三十多年來治癒成千上萬因果輪迴的病例，讓人理解因果力量的巨大與報復的可怕，與其糾纏於生生世世因果的報復，不如像作者所建議的當世做一了斷，其實是對兇手生生世世比較慈悲的考量。

我從這本書對於生死問題有了更深入的思考，也佩服作者資料整理得很完整，邏輯清楚論證嚴密，讓我學習到生命中許多重要的議題，相信所有讀者也能和我一樣，獲益匪淺。

〈推薦序〉
好好說再見

衛生署前署長 楊志良

我曾二次受邀至南華大學演講，其中一次題目是「好好說再見」，介紹「安寧緩和條例」及「病人自主權利法」。釋慧開法師是聽眾之一，臨別贈我一本鉅作《生命是一種連續函數》。本人愚鈍，從書名不識端倪，日後開卷，才知他曾擔任南華大學的教務長、副校長等職，重要的是他創立了南華大學的宗教研究所及生死學系，並廣為傳授生死學，是臺灣第一人；也才知他跟我同是建中、臺大（數學系）校友。

該書博大精深，至今多尚未參透，近日法師又委請香海文化送來三大冊鉅著《生命的永續經營》，邀我寫序。但如同孔子言「未知生，焉知死」，對於今生尚不明白，遑論前世及來世，真是折煞我了，只能勉勵學習，才略知其一、二。

此書論及佛法的生死、生命輪迴，更深入探討敏感尖銳的議題，從放生、器官捐贈、安樂死及死刑的存廢，都有精闢的研析。總而言之，對才疏學淺的我而言，這書是討論「生命」的大作。

有生必有死，死亡是完整生命的一部分。生命誠可貴，孔子說：「始作俑者，其無後乎！」不但不能用活人殉葬，就是用人形的陶俑陪葬，孔子都給予嚴厲的譴責，孔子教誨學子們的是尊重生命。

尊重生命是普世價值，深植中外文明社會。例如在文明國家，虐貓、虐狗，加以殺害，都是犯罪行為，因為貓狗均是生命，會虐動物之人，顯然潛在有虐人、殺人的心態。曾經，臺灣流浪狗被捕捉後，一段時間無人認養，就要給予安樂死。此舉受到國內外人士的譴責，政府只好放棄，造成收容所「狗滿為患」。當然對於棄狗者，或以強制貓狗繁殖營利，又任意「放生」者，也加以譴責或規範。

不僅如此，因人是生物的一種，必須依賴其他物種以維生，但在尊重生命的普世價值下，不論飼養動物或宰殺動物，都強調要符合人道規範，給予足夠的空間、良好的環境。最重要的是強調不要浪費食物，因為丟棄食物就是增加宰殺動物，及破壞其他生物的生存空間。

雖然尊重生命是普世價值，但現實情況是，每天不知有多少生命被凌虐及殺害，或生不如死，身心靈都受到殘害。就以人類來說，根據聯合國難民署的統計，在二〇一七年底，全球共有六千八百五十萬人流離失所，其中一千六百二十萬人是於二〇一七年內成為難民，相當於每天增加四萬四千五百人。

二〇一五年，敘利亞穿紅衣服的難民小男孩被沖上土耳其海灘上，面部朝下俯臥著，那張照片不知讓全球多少人熱淚盈眶，激起歐洲一片接納難民的運動。但不過三兩年，各主要國家卻開始拒絕難民，特別是川普治理下的美國，避之唯恐不及。

至於在不合理的勞動條件下，包括童工、女工被剝削者處處皆是。臺灣一向自以為是民主、自由的進步國家，但僅只衛福部有案的虐童事件，一年就有萬起，平均每週約有兩個以上孩童被虐死。生命如何不被踐踏，是人類第一大事，或許目前無解，但就如同人道屠宰一般，只要往前一步，就是往佛家說言「普度眾生」前進。

有生就有死，生是隨緣而來（與父母之緣），無從選擇，但死在今日，卻可如願而去。

二〇〇〇年大選後，政黨輪替前，我以代理署長身分，有幸主持「安寧緩和條例」的修訂。初始施行不很順利，一方面是多數人認為應將生命儘可能延續，一方面是家屬間常意見不同。

二〇一〇年五月，我在回應立委質詢時，說「癌末急救是浪費生命」，但來不及說出「安寧照護可以減少生命痛苦」，招致當晚各媒體的非議。但第二天，創立國內第一個安寧病房的安寧之父賴允亮醫師說：「安寧照護不等於放棄。」他解釋，對末期病人來說，急救只是延長心跳，並沒有延長生命，反而是對生命的不尊重。

國內安寧之母趙可式教授，特別來電鼓勵，並公開說：「楊志良是觀念正確，但話說得太快，尊重生命的概念，是能有尊嚴的離開，不要讓生命再受痛苦。」媒體也有不少投書，提到因不知可以選擇不再急救，讓他們的親人受盡插管、氣切、急救壓斷肋骨等折磨，只是心跳多了半小時。

民氣可用，我就將選擇安寧照護及生命末期不再急救，列入住院須知，讓病患可以簽署選擇。

楊玉欣立委推動的「病人自主權利法」則更進一步，讓每個人在生前可自行選擇如何（如願）離開。只要生前立下遺囑，便可在有尊嚴的照護下，選擇去除維生系統及管灌飲食（末期病人給予食物，即使只是飲水，都會造成痛苦），給予高度鎮定，就如老僧坐化往生。

當然，每個人對生命的定義不同，也有人認為，只要有呼吸心跳，即使是使用葉克膜、永久植物人、嚴重失智、長期嚴重痛苦，目前無醫學方法可以緩解者，也是生命，就該盡力延續。此種看法也應予以尊重。

我自己的家人及數位好友，就是選擇安詳地離開。可惜的是傅達仁先生，病重時「病主法」雖已通過，但須經過三年宣導期，在二〇一九年一月才生效，他不得已在二〇一八年赴瑞士尋求安樂死。若在今日，「病主法」即可解決他的苦痛，他的遭遇令人悲痛。我一再呼籲，醫學教育不是僅教導如何延長壽命，更要學習如何減少末期病人的痛苦，此說也受到若干醫界大老支持。

釋慧開法師的大作《生命的永續經營》，對生命的討論深入淺出，充滿智慧，是每個關心生死者必讀的好書，特此推薦。

〈自序〉

從「生死自在」到「生命永續」

自從二〇一四年六月《生命是一種連續函數》出版以來，至今（二〇二〇年）已經整整六載。這六年來我仍然筆耕不斷，持續在《人間福報》「生死自在」專欄，與讀者們分享及探討現代社會中有關生死大事的各個方面課題，每週日出刊一篇文章，於今累積了有三百餘篇系列文章，將近五十萬言，再次集結成書，題名為《生命的永續經營》，分為三冊。

在過去這六年當中，我遭逢了生命中的重大變故——我敬愛的父親（開爸爸）於二〇一四年八月往生，以及生涯中的一些轉折——就是我終於能夠卸下將近二十年的各項行政職務，專心於教學、研究、弘法及寫作，這些經歷對於我在生死課題的探索以及生命意義的實踐上，有了更深一層的體會與領悟。

二〇一四年六月下旬，就在《生命是一種連續函數》出版後不久，我的父親開始出現無力用拐杖站立的情況，而且吃東西時吞嚥有困難，喝水會嗆到。在此之前，他在持誦《金剛經》時，常常念到一半時，經本還捧在手上就睡著了，顯示他的精神和體力明顯地下降，綜合這些情況，顯示了父親老化而且人生賞味期將盡的徵兆。

六月二十三日，父親突然發高燒，小弟緊急送他到耕莘醫院永和分院，經診斷為急性肺炎，注射抗生素以控制症狀。那時我們兄弟已經有了共識，爸爸年事已高，壯年時受盡醫療的折磨，一條腿撐了將近四十年，虔誠持誦《金剛經》也將近四十年，如今已邁入人生的最後一哩路，面臨人生的畢業考，我們千萬不能再讓他遭受到醫療的不當干預及折磨，破壞他往生佛國淨土的機緣。

我們兄弟有了兩年前（二〇一二年）陪伴照顧母親，一直到她安詳往生的寶貴經驗，所以這次陪伴照顧父親，更為信心堅固與篤定。基於我們兄弟的一致共識，以及同心協力地陪伴照顧，父親身心安適，沒有遭受到醫療的不當干預，而且能夠預知時至。在最後九天，我們將他從醫院接回家中，大家一心念佛，積極旁助開爸爸求生佛國淨土。八月十八日清晨，爸爸在意識清楚的情況下，沐浴在佛號聲中，注視著前方的阿彌陀佛像，安詳地捨報往生，享壽九十一歲。之後，我寫了一篇文章〈開爸爸的人生最後一哩路〉刊在《人間福報》以悼念父親，此文也收錄在本系列書之中。

如今回憶雙親都能夠年享高壽，也都是預知時至，而且都是在意識清楚的情況下，正念現前，安詳地捨報往生，內心覺得十分安慰。我們兄弟心中雖然難過與不捨，但是也因為他們都沒有遭受現代醫療的不當干預及摧殘，這一生圓滿地謝幕，而覺得沒有遺憾。這也是我幾十年來探索生死課題、推廣臨終關懷以及靈性照顧的最大回報，希望藉由本書的出版，將我們兄弟陪伴照顧父親的心得與切身經驗分享給關心生死大事的讀者朋友。

非常感謝師父星公上人的愛護、提攜與栽培，也感謝當年傅偉勳教授的鼓勵，讓我有機緣赴美進修，在賓州費城天普大學攻讀博士學位，從學於傅老師。一九九六年秋，獲得宗教學博士學位後回到臺灣，我先在佛光山叢林學院擔任院長，同時在南華管理學院（南華大學前身）哲學研究所兼課。一九九七年秋，獲聘專任教職進入南華大學剛創立的生死學研究所，然後從一九九八年開始擔任各項不同的行政職務，前後將近二十年。

在這二十年的教育生涯當中，南華大學的各項行政工作大部分我都擔任過，包括教學主管：研究中心主任、系主任、所長、學院院長，以及行政主管：教務長、學務長、研究發展處處長、副校長、代理校長，還曾經於二〇一一年一月借調到佛光大學擔任佛教學院院長前後一年半。

擔任這些行政職務原本就不是我的意願與興趣，都是由於種種的外在因緣條件，而落在自己身上，為了護持師父上人的辦學理念，同時也為了將人間佛教的精神與生命教育的理念，融入高等教育的校園實踐之中，而不得不承擔下來，但是在心中一直希望有一天能夠卸下所有的行政工作，專心於講學與著述。

機會終於來臨，二〇一六年十月中旬，我接到師父上人的電話，他對我說希望我能夠到世界各地弘揚人間佛教的理念以及推廣生死學，如果能夠不擔任行政職務會比較方便，我當下就稟報師父說，依教奉行，這也是我的心願。於是我就向林聰明校長請辭所有的行政兼職，專心於教學、研究及弘法。

從二〇一七年一月份開始，我利用寒暑假及課餘時間，到美國、歐洲、中國大陸、香港、澳門、馬來西亞、日本、印度、南美洲、澳洲各地演講及參加學術會議，迄至二〇一九年底，累計有二百十一場次，其中臺灣各地九十六場，海外世界各地一百一十五場，總平均每年七十個場次，可以說是全年無休。同時我持續不斷撰寫《人間福報》「生死自在」專欄的文稿，也因此才有《生命的永續經營》這一系列書的結集出版。

回顧這二十多年來，不論是在臺灣或者世界各地，我經常有緣應信眾、聽眾及讀者之請託，到醫院或其家中為末期與臨終的病人開示，以及協助與指導家屬如何陪伴照顧末期與臨終親人的原則與要領，也因此累積了許多實際的案例與故事。也因為經常有聽眾及讀者向我提問有關臨終關懷的各種問題，我就將那些值得參考的真實案例，整理之後陸續寫在專欄文章裡面與大眾分享，如今也收錄在本書之中。

上一本書《生命是一種連續函數》的主旨是「探索生死的奧秘，體現生死的自在」，而這一系列書的主軸為：從「生死自在」到「生命永續」，「生死自在」是一種生活的態度，而「生命永續」是一種生命的實踐。

我最早在二〇〇九年六月開始公開提倡「生命的永續經營觀」此一理念，而這一系列書以《生命的永續經營》為題，就表示「生命永續」以及「生命的永續經營」是貫穿全書的核心思想，前者「明理」——闡明「生命永續」之道理，後者「顯事」——開顯「生命永續經營」之實踐。我們面對生死大事，不能「執理廢事」，或者「執事昧理」，而要「理事兼備」，還要進一步「理事圓融」。

師父上人在他講述的《人間佛教・佛陀本懷》一書中，針對人間佛教的一般誤解與疑義，提出了二十則要義，希望將人間佛教真正的原意還復回來。在這二十則要義中，有關「生命不死」的闡述就佔了七則，超過三分之一，有相當大的比重，可見「生命不死」是人間佛教的核心信念。我所提倡的「生命永續經營」，充分呼應師父上人的「生命不死」

之人間佛教理念。

《生命的永續經營》這三冊書的內容，涵蓋了現代社會中「生、老、病、死」的各方面課題，除了探討「生、老、病、死」的自然機制與奧秘、末期病人臨終關懷的理論與實務之外，還包括「喪葬禮俗的基本認知」、「病人自主權利法」、「器官捐贈」與「器官移植」的議題，乃至「死刑存廢問題的探討」以及「安樂死」的迷思與解套之方，還有〈現代人如何修持「一心不亂」與「正念現前」〉、〈研讀佛教經典的心法秘笈〉以及〈從長命百歲到無量壽〉的探討等等，都是現代人生活在現代社會裡，不得不面臨而想要探索與了解的重要課題，我提出個人的一點心得供各位讀者參考。

我的人生早已經過了耳順之年，原本希望在二〇一九年八月，能夠屆齡（年滿六十五歲）從學校退休，回歸佛光山常住。其實，身為佛門僧眾的一員，是沒有「退休」的，佛門的說法是「盡形壽」，也就是「鞠躬盡瘁，死而後已」，但是身為教授的一員，是可以從教職退休的。不過，林聰明校長與本山的長老師兄們都不同意我從學校退休，所以我就繼續留在學校延長服務。

也正好南華大學生死學系的博士班經歷多年來的努力，終於在二〇一九年奉教育部核准設立，於二〇二〇學年度開始招生。這不只是南華大學以及生死學系的喜訊，甚至於對整個臺灣的高等教育而言，都是意義十分重大的里程碑。這樣的時節因緣也讓我覺得，我的留校延長服務有了新的意義與使命，希望經由生死學系博士班的成立，讓生死學的教學、研究與社會實踐，以及整個臺灣社會的生命教育與生死關懷，根扎得更深，樹長得更高，枝葉更茂盛，果實更豐碩，影響更深遠。

最後，希望本書的讀者，能夠藉由閱讀書中的內容，開展出更為寬廣深遠的生死視野，培養更為瀟灑自在的生死態度，落實更為前瞻宏觀的生命規劃與永續經營，不但自己受益，也能利益家人與親朋好友，慈悲喜捨，生死自在，盡未來際。

目次

（上冊）生命的終極功課：生死自在　瀟灑去來

一第一章一　自在的生命

一第二章一　生命的視野

（中冊）生死大事的抉擇課題：不做生命的延畢生　優雅謝幕風光畢業

—第三章— 生死的抉擇

第四章 生死的議題

(下冊)順應生命的自然機制:自然謝幕非難事 如願往生操之在我

第五章 生死的解法

—第六章— 生命的謝幕

第五章

生死的解法

現代人研讀佛教經典的心法秘笈

前言

佛弟子們每日做早晚課誦，在結束前都要唱念〈三皈依〉文：

自皈依佛，當願眾生，體解大道，發無上心。（頂禮一拜）

自皈依法，當願眾生，深入經藏，智慧如海。（頂禮一拜）

自皈依僧，當願眾生，統理大眾，一切無礙。（頂禮一拜）

我們學佛的終極目標，當然是「自覺、覺他、覺滿」，透過「四弘誓願：眾生無邊誓願度，煩惱無盡誓願斷，法門無量誓願學，佛道無上誓願成」，上求佛道，下化眾生，斷除煩惱，生死自在，證得涅槃，普度眾生。

佛弟子欲度無邊眾生，斷無盡煩惱，成就無上佛道，其先決條件，除了「發無上心」之外，還必須「智慧如海」，而欲「智慧如海」，就必須「深入經藏」了。而〈三皈依〉文中的第二句「自皈依法，當願眾生，深入經藏，智慧如海」，說明了佛弟子的基本功課：深入經藏。

談到「深入經藏」，多數現代人面對浩如煙海的經藏，往往有一種「不得其門而入」的感覺。其實大家不應該有「望洋興嘆」之感，而是應該由衷感謝古來歷代祖師大德們求法翻經的苦心孤詣。以玄奘大師為例，他一步一腳印，冒著生命的危險到印度留學取經，回到長安之後，又窮盡畢生之心血，翻譯所有帶回來的經典。如果沒有鳩摩羅什、真諦、玄奘、義淨、不空等祖師大德們的取經與翻譯，我們如何能夠直接汲取與吸收佛法的智慧？

古代印刷術與交通運輸都極為不便，經典的流通甚為困難，古人為了求取經典，可以說是千辛萬苦、嘔心瀝血。現在到了資訊網路時代，佛典經藏都已經電子數位化了，上網搜尋即得，可謂「得來全不費工夫」！因此，我們一方面要心存感激，另一方面則應該發心勵志「深入經藏」，以報歷代祖師大德們求法翻經之恩，而不應妄自菲薄、懶惰懈怠。

現代人研讀佛教經典的一些相關問題

根據我將近四十年來在世界各地弘法，與信徒、讀者、聽眾互動的經驗，現代人在面對佛教經典的時候，或多或少都會有下列這些問題：

一、現代人為什麼要研讀古代的佛教經典？研讀佛經有什麼利益？

二、古代的經典能夠帶給現代人與現代社會什麼樣的指引與啟示？

三、佛經會不會很難懂？

四、研讀佛經要如何入門？

五、如果我的慧根不及，實在讀不懂佛經，該怎麼辦？

六、佛教的經論典籍要如何讀法，才能真正受益？

七、如何才能夠深入經藏？

以上這些問題都是非常實際的問題，也是身為現代人在面對浩如煙海的佛教經藏時，難免會產生的困惑。不過，這些問題都可以實質地解決，而不致於產生學佛的障礙。以下就這些問題，我來為大家一一解惑。

一、現代人為什麼要研讀古代的佛教經典？研讀佛經有什麼利益？

在人生的整個旅程當中，我們從小到大、到老、到往生，在不同的階段，都會不斷地遇到人生的「三叉路口」或「十字路口」，比如說：成長、求學、求職、求偶、生涯規劃、成家立業、生兒育女、移民定居、退休安養、安身立命等等。

以子女的教育求學為例，在古代就已經有「孟母三遷」的範例，到了現代，問題則更為嚴重而複雜。在臺灣，「多元入學」的制度及管道不斷更迭翻新，面對眼前的升學教育以及未來的就業出路，不但身為父母者傷透腦筋，而身為學生的青少年也毫不輕鬆，就連各級學校（從高中到大學）都面臨極大的壓力，而使出渾身解數來招生以及改進教學。

總而言之，在人生轉折的每一個當下與關鍵點，我們都必須面對「應該何去何從」的抉擇課題，也往往會陷入「不知何去何從」的迷惘困境，也難免會不自覺地迷失了人生的方向。

人生最重大的課題，就是「抉擇」，人生最重大的困境與難題，就是「不知如何抉擇」。佛教經典有如人生的地圖與指引，可以做為生命的導航，指點人生的迷津。

佛教經典是智慧的寶藏，可以幫助我們破迷啟悟，開發自我的內在潛能，以及厚植慧根，所以我們要勇於入寶山、尋寶藏、探寶庫、取寶物。

佛教經典有如生命的武功秘笈、練功的秘訣手冊，如果依教奉行，可以提升及強化我們的內功修為，得以突破生命的困境以及超越生命的障礙。

佛教的經典包括「經藏、律藏、論藏」三大部分，統稱為「三藏」。佛門僧眾，有精通經藏者，就稱為「經師」；有精通律藏者，就稱為「律師」，有精通論藏者，就稱為「論師」，而精通「經、律、論」三藏者，則稱為「三藏法師」，例如：鳩摩羅什、真諦、義淨、玄奘大師等。

經藏的內容即是釋迦牟尼佛所說的法語、所傳的教義；律藏的內容即是僧團生活的規約，佛弟子的戒律，也是修行的規範準則；論藏的內容即是有系統地解釋經藏的義理，或者深入分析、詮釋經藏的哲理。

根據《華嚴經》的記載，釋迦牟尼佛在菩提樹下靜坐思惟，成等正覺之後，普觀法界一切眾生而作是言：

奇哉！奇哉！此諸眾生，云何具有如來智慧，愚癡迷惑，不知不見。我當教以聖道，令其永離妄想執著，自於身中，得見如來廣大智慧，與佛無異。

這就是說明，釋迦佛陀在大徹大悟、成等正覺之後，正面地肯定大地所有眾生都有如來智慧德相；換言之，一切眾生皆有「佛性」，也就是成佛的潛能。然而，因為眾生累積了很多無明煩惱與妄想執著而不能證得，因此就有待於佛陀的開示、啟發與教導，而能破迷啟悟。

根據《法華經．方便品》的記載，釋迦佛陀明白地揭示，諸佛世尊為何要來世間說法的本懷：

諸佛世尊唯以一大事因緣故，出現於世。舍利弗，云何名諸佛世尊唯以一大事因緣故，出現於世？諸佛世尊，欲令眾生開佛知見，使得清淨故，出現於世；欲示眾生佛之知見故，出現於世；欲令眾生悟佛知見故，出現於世；欲令眾生入佛知見道故，出現於世。舍利弗！是為諸佛以一大事因緣故，出現於世。

上面這段經文，說明了佛陀應化世間的本懷，就是為了化導大地的眾生，解脫生死煩惱的束縛。經文當中有四個關鍵字，就是「開、示、悟、入」，即是「開示」眾生「悟入」佛的知見；換言之，佛陀降臨世間的目的與用意，即是在教化與引導眾生破迷啟悟、斷惑證真，令眾生開悟並且證入與佛陀同樣的智慧知見。而佛陀教化的所有內容，也就是「法寶」，都蘊藏在經典之中，所以經典就是幫助我們破迷啟悟的「智慧寶藏」，也是引導我們突破生命困境、提升生命境界的「武功秘笈」，所以我們要上寶山、入寶藏、開寶庫、取寶物。

雖然說佛教的經論是智慧寶藏，但是，一直很多人都認為佛教的經典汗牛充棟、浩如煙海，不免有「望洋興嘆」之感，覺得無從入門，而認為猶太教、天主教、基督教就只有一本《聖經》，多麼簡單明瞭。所以在此，我要針對這一點順便補充說明。其實，這是非常大的誤會，猶太教與基督宗教（包括天主教、東正教與基督新教）的經典，並非只有一本《聖經》而已，也是包含了有許多部的經書，以下簡要地向各位讀者說明。

猶太教（Judaism）的經典《塔納赫》（*Tanakh*）一共有二十四部，又稱為「二十四書」，分為三大部分：（一）《妥拉》（*Torah, Law*），通稱為《摩西五書》，是《希伯來聖經》最初的五部經典，（二）《先知書》（*Navi'im, Prophets*），（三）《聖錄》（*Ketuvim, Writings*），每一部分之中還有若干細目，在此就不詳述。

天主教（Roman Catholicism）的《舊約聖經》（*Old Testament*）一共有四十六部，包含四大部分：（一）《梅瑟五經》（*Pentateuch or the Five Books of Moses*），等同於猶太教的《摩西五書》，（二）《歷史書》（*Historical Books*），（三）《詩歌智慧書》（*Psalms and Wisdom Books*），（四）《先知書》（*Prophets*），每一部分之中還有若干細目，在此就不詳述。東正教（Eastern Orthodoxy）的《舊約聖經》與天主教大同小異，一共有四十九部。

基督新教（Protestantism）的經典，則除了上述的《舊約聖經》四大部分（一共有三十九部）之外，還有《新約聖經》（*New Testament*）一共二十七部，分為五大部分：（一）《四福音書》（*the Gospels*），（二）《使徒行傳》（*Acts of the Apostles*），（三）《保羅書信》（*Pauline Epistles*），（四）《大公書信》（*Catholic Epistles*），（五）《啟示錄》（*Book of Revelation or Apocalypse*），每一部分之中還有若干細目，在此就不詳述。由此可見，猶太教與基督宗教的經典，雖然不如佛經那樣浩瀚，也是相當繁複的。

二、古代的經典能夠帶給現代人及現代社會什麼樣的指引與啟示？

經典裡面所含藏的智慧義理，其實是無分古今，歷久而彌新的。人生雖然變化無常，但是萬變不離其宗。經典的內容及義理，不僅僅是一般的知識或道理而已，更重要的是修道的指引與證悟的心法，這是現代社會與現代人亟需的精神指南與心靈藥方。

談起「時間性」，我們對照「古代」與「現代」這兩個語詞，其實是相對的概念，也都是「因緣所生法」，所以是「無自性」的，也沒有絕對的真實義。就世間法而言，所有「古代的」事物，都曾經「現代」過，而所有「現代的」事物，終久也都會走入歷史而成為「古代的」。

世間事物在遷流演變的過程中，因為時空情境的轉換變化，而產生了「古代的」與「現代的」之對照差別，這是屬於唯識學中的「心不相應行法」，從而在眾生的認知與心念中，產生了「過去、現在、未來」的虛妄分別。就勝義諦而言，「過去、現在、未來」三世，皆是空無自性的。是故，《金剛經》云：「過去心不可得，現在心不可得，未來心不可得。」就是要破除眾生對於「過去、現在、未來」的時空迷執。

從世俗諦的層次而言，世間無常，四大苦空，五陰無我，生滅變異，「古代、當今、過去、現在、未來」皆是假名設施，從勝義諦的層次來看，諸法實相，法爾如是，並無「古代、當今、過去、現在、未來」之別。

我們再回到佛陀應化世間、化導群迷的本懷，是為了普濟一切眾生，斷除無盡煩惱，證得無上菩提，這種慈心悲願是超越古今的，如古德所云：「佛說一切法，為治一切心，如無一切心，何用一切法？」

綜觀歷史，無論古今中外，任何國家興衰治亂，社會的安和利樂與否，群體的興旺衰敗，乃至個人的窮通禍福，其根源都在於「人心」，其關鍵都在於「人心」的迷悟與「身、口、意」三業的善惡差別，所有這些現象都是無分古今，或者說是古今一如的。

檢視現代人與整個現代社會的問題，就在於「人心」與眾生的「知見」罹患了重病，眾生的「心念」與「知見」出了大問題，這就需要有能夠醫治心病與迷惑的心靈藥方了，這就有賴於古代經典中所記錄佛陀開示眾生的法門。

其實，研讀佛經早就已經不限於佛教徒或者是東方人了，早在十六世紀，來到東方傳教的耶穌會的教士，就接觸到佛教的經典及教義，並且將相關的資訊傳回西方社會。到了十九世紀，西方的知識分子開始對佛教產生興趣，有人就開始翻譯及研讀佛經了。時至今日，許多佛教的經論都已經翻譯成英文、德文、法文、俄文、西班牙文、葡萄牙文等等語文，例如：《心經》（*Heart Sūtra*）、《金剛經》（*Diamond Sūtra*）、《法華經》（*Lotus Sūtra*）、《維摩經》（*Vimalakīrti-Nirdeśa Sūtra*）、《華嚴經》（*Avataṃsaka Sūtra*）、《楞嚴經》（*Śūraṃgama Sūtra*）、《阿彌陀經》（*Sukhāvatī-vyūha Sūtra*或*Amitābha Sūtra*）、《地藏經》（*Kṣitigarbha-bodhisattva Sūtra*）、《無量義經》（*the Sutra of Inumerable Meanings*）、《六祖壇經》（*Platform Sūtra of the Sixth Patriarch*）等等。

行文至此，我要特別與各位讀者分享，星雲大師畢生致力於佛教現代化，不但將人間佛教推廣至世界各地，而且推動人間佛教在世界各國本土化，能夠接地氣。二〇一八年七月下旬至八月下旬，我應邀到南美洲弘法，造訪智利的聖地牙哥、伊基克、阿根廷的布宜諾斯艾利斯、巴西的聖保羅、里約熱內盧、巴拉圭的東方市等地的佛光山道場、大學與政府機構巡迴演講。

我發現南美洲各國雖然以天主教的信仰為主，但是一般社會大眾對佛教的接受度非常高，對法師也非常友善。以巴西如來寺為例，在妙遠法師的帶領及諸位法師的努力下，人間佛教的本土化做得相當成功，如來寺的義工絕大部分都是巴西人，早晚課誦，二時臨齋誦念佛光四句偈，都是用葡萄牙文。

八月四日那天我在如來寺有一場生死學講座，講題為「從人間佛教談生命的終極關懷——從生命永續到生死自在」，用中文演講，由妙佑法師以葡萄牙語同步翻譯。當天有六百人來聽講，華人只有一百出頭，當地的巴西人將近五百位，道場裡的四百五十台同步翻譯機全部拿出來都不夠用。

當天的演講包括問答（Q&A），從下午兩點進行到六點，整整四個小時，中場沒有休息。演講結束後，有巴西聽眾反映，他們還有很多問題要問，無奈時光飛逝。隔日下午，我到里約州立大學演講，同樣的講題，也同樣由妙佑法師以葡萄牙語同步翻譯，聽眾將近二百人，仍然以巴西人佔多數。最特別的是，居然有一對穆斯林夫婦來聽講，在演講結束後，還留下來和我們寒暄交流，表明他們對人間佛教很有興趣，希望能有機緣多學習。由此可見，佛法是生命之學，人間佛教是生命教育，是現代人之所需，而且無分國界與種族。

三、佛經會不會很難懂？

一般大眾在沒有正式接觸佛經，或者在廣泛深入佛經之前，不少人都會認為佛經除了篇帙數量浩如煙海，內容博大精深之外，就是義理深奧，文字難懂。

大家會認為佛經難懂，主要有二方面，一是佛經的義理內容，二是佛經的文字語彙。

其實，這是一種先入為主的成見，或者是人云亦云的錯覺。我很誠懇地跟各位讀者說，佛經真的沒有大家所認為的那麼難懂，以下為大家分析解說。

佛法如大海般的浩瀚，當然有初階、進階、高階乃至十分深奧的經典。然而，佛經的核心內容是佛陀對眾生的開示，佛陀說法的目的，是為了開示眾生悟入佛的知見，引導眾生破迷啟悟、斷除煩惱、證得涅槃。佛陀對眾生說法，不是在發表學術論文，闡述抽象的哲理，所以不會掉弄玄虛，也不會賣弄文字，而是在指點迷津，應病與藥。

再者，釋迦牟尼佛一向是應機說法，隨緣度眾，針對眾生不同的根基，演說不同層次的法門與內容，目的就是要讓所有的眾生都能理解他所說的內容，然後能夠實地修持，通過「信、解、行、證」，最終能夠斷除煩惱，證悟諸法實相。

根據《後漢書》及梁代慧皎《高僧傳》的記載，東漢明帝曾經夜夢丈六金人，頭頂有白光，自西方飛來。漢明帝於上朝時，詢問群臣夢境之意，大臣傅毅認為那是西方的佛陀，漢明帝遂令大臣蔡愔、秦景、王遵等十餘人，於永平七年（公元六十四年）赴天竺（印度）求取佛法。他們在西域的大月氏（古代阿富汗）遇到了來自天竺的二位僧人迦攝摩騰與竺法蘭，帶著佛經與佛像，於是相偕同行，以白馬負馱經像，於永平十年（公元六十七年）來到京城洛陽。

為了給兩位高僧一個居住和譯經的地方，漢明帝敕命在城西的雍門外，按天竺式樣建築，並以僧人們暫住的「鴻臚寺」的「寺」字稱之，為了紀念白馬馱經之功，便將這組建築命名為「白馬寺」，這也是佛經傳入中國與譯經之開始。

自此以後，佛經陸陸續續自西域及印度傳入中土（包括義淨三藏、玄奘大師等西行求法取經），也陸陸續續自梵文、巴利文或西域文字翻譯成中文，一直到宋朝景德年間，歷時將近一千年。

從東漢、三國、魏晉南北朝、隋、唐、五代、十國以至北宋，歷朝歷代的佛經翻譯，為了能夠廣為流傳，以及讓僧俗二眾的佛弟子都能夠理解與誦念，所翻譯的文字，可以說都相當的口語化。如果我們拿佛經的文字內容與《古文觀止》來比較的話，以各朝代時期的佛經翻譯對照當時的古文，確實都是相當口語化，並不特別艱深難懂。

然而，大家一定會說，以佛經的文字對照現代語文的話，還是比較深奧難懂。其實，讓一般大眾覺得難懂的，主要還不是佛經的文字本身，而是佛經裡面的佛法名相或概念，譬如：五蘊、十二處、十八界、般若、緣起、空性、見思惑、三昧、涅槃、阿耨多羅三藐三菩提等等。其實，當我們剛入門，開始接觸佛經時，自然會覺得艱深，但是假以時日，一旦熟悉了，就不再覺得難懂了。

就如同現代社會裡的各個專業領域，譬如哲學、數學、物理學、化學、醫學、藥學、社會學、經濟學等等，各個領域的專業術語及概念，同業的內行人一目瞭然，外行人就可能不知所云了。

四、研讀佛經要如何入門？

整體而言，佛陀宣說的法義內容有深也有淺，有不同的層次，並非都如一般大眾所以為的那麼深奧難懂，也有很淺顯易懂的。就如同世間的專業學科或各類學問一樣，譬如：化學有普通化學、有機化學、生物化學的進階；會計學有初等會計、高等會計、成本會計的進階；數學則有初等代數、線性代數；平面幾何、立體幾何、解析幾何、微分幾何；初等微積分、高等微積分、微分方程、複變分析等等深淺不同的分支。

無論世間法還是佛法，我們都可以由淺入深，循序漸進，只要用心研讀，假以時日，終究能夠明瞭佛教經論以及佛法整體的奧義。

因此，要讀懂佛經的第一步，就如同要讀懂哲學、物理學、經濟學一樣，就是要先具備基本知識，並熟悉其專有名相，可以先從一些入門的概論書切入，例如：星雲大師早年著作的《釋迦牟尼佛傳》、《十大弟子傳》、後來編著的《佛光教科書》（全套共有十二冊）、方倫老居士編著的《佛學教本》（初級、中級、高級）、淨空法師編著的《佛學十四講表》、林世敏老師著的《佛教的精神與特色》等等，都是非常好的入門書。還有不同作者編著的《佛學概論》，各位讀者可以上網搜尋，或者到圖書館及書局查詢。

我們在研讀佛經時，如果一時無法全然理解，那麼可以參考歷代祖師大德的註解詮釋，或者前賢今人的白話講解，以幫助我們理解經文中的奧意，例如：星雲大師著述的《八大人覺經十講》、《觀世音菩薩普門品講話》、《金剛經講話》、《六祖壇經講話》等等，以及二〇一七年出版的《星雲大師全集》。

還有許多工具書可以運用，在此特別推薦：佛光山慈怡法師主編的《佛光大辭典（增訂版）》，這是當今最完備的佛學辭典，而且為了順應e世代潮流所需，不但有電子版（光碟及隨身碟），還有網路版可以線上查詢，甚至有iPhone及iPad適用的APP版，可以說是極為方便。

此外，還有那些歷代祖師所著作的論典，可以幫助我們進入佛法的堂奧，例如：智者大師所著的《法界次第初門》、世親菩薩作／玄奘大師譯的《大乘百法明門論》、蕅益大師著的《閱藏知津》等等。以《大乘百法明門論》為例，從唐朝到現代，一直都有很多人研習，除了窺基大師的《大乘百法明門論解》之外，現代也有不少白話註解或講義，還有許多研習班可以參與學習研討，各位讀者可以上網搜尋。

現在全臺灣各地的寺院道場或居士團體，都會定期或不定期舉辦許多佛學概論或經典研習的課程，可以說是資源到處皆有，只要有心學佛，不愁沒有門徑。當然，其中也有一些「附佛外道」魚目混珠，搞個人崇拜、靈異感應、灌頂加持等等裝神弄鬼的行徑，因此要能夠分辨正邪。只要沒有非分的希求，不迷信神通靈異，不妄想不勞而獲，就不容易上當。我們可以多方請教已經學佛多年的師長好友，就不會輕易誤上賊船。

五、如果我的慧根不及，實在讀不懂佛經，該怎麼辦？

不少人開始學佛時，讀不懂佛經，心中罣礙自己慧根不及。如果之前從未接觸過佛經，一開始讀不懂，這是很普遍、很正常的情況，不涉及「有無慧根」的問題，所以不用罣礙，也不要氣餒。就像一般大眾在沒有足夠相關知識背景的情況下，讀《春秋》、《左傳》、《楚辭》、屈原的《離騷》、劉勰的《文心雕龍》、康德（Kant）的《純粹理性批判》、海德格（Heidegger）的《存在與時間》、愛因斯坦的《廣義相對論》等等經典之作，同樣也是讀不懂，一點都不足為奇。

在前二個問題「佛經會不會很難懂」的討論中，我已經解析說明了一般大眾會覺得佛經難懂的因素，主要是因為不熟悉佛經裡的諸多專有「名相」與基本概念。然而，這並不是研讀佛經所獨有的現象，而是共通於所有專業學科的普遍情況，每一個領域都有其專業術語或行話（technical words, terminology, jargon），而且很難翻譯成白話，同業的內行人耳熟能詳、一目瞭然，外行人就可能不知所云。譬如：「可微分流形（differentiable manifold）」一詞，在數學、拓樸學、物理學、古典力學、廣義相對論等學科裡面，是非常重要的基礎概念，但是對一般社會大眾而言，等於是外星人的語言。

其實，要想真切地讀懂佛經，最需要具備的並不是慧根，而是一種「熱切的求法心願」，意欲深入經藏一窺堂奧，再加上「耐心」與「恆心」。任何人即使原先慧根不及，也可以從現在開始培養、扎根，就如同《阿彌陀經》裡的十六大阿羅漢之一的「周利槃陀伽」，雖然天生魯鈍愚笨，但是在經過佛陀的慈悲開示之後，他「依教奉行，老實修行」，一樣能夠開悟證果。因此，大家在開始研讀佛經時，如果遇到困難，千萬不要妄自菲薄、信心動搖，即使目前慧根不及，也可以開始一步一腳印，努力扎根，只要求法的心願深切，堅持不動搖、不懈怠，假以時日，慧根自然成熟。

《楞嚴經》云：「此方真教體，清淨在音聞，欲取三摩提，實以聞中入。」娑婆世界眾生耳根最利，因此我們若能充分運用「耳根的聽聞功能」，以朗讀與持誦經文的方式切入，假以時日，佛法自然內化於心中，這是一種簡捷卻極有功效的微妙法門。我在本冊〈現代人如何修持「一心不亂」與「正念現前」？〉一文中，已經詳細解說，從「音聞」的修持，可以進入「三昧」的奧秘與殊勝。因為篇幅的關係，於此不再重述，請各位讀者自行參閱。

六、佛教的經論典籍要如何讀法，才能真正受益？

任何人只要「用心讀」佛教的經論典籍，就能夠受益，這裡所說的「用心」讀，包括「耐心、恆心與歡喜心」。再者，讀經的時候，要能夠「如理思惟」，還要能夠「三業相應」，也就是我們的「身、口、意」三業，要與經文中的佛法義理相應，一定會有所受益。

讀經的方法不拘形式，可以高聲朗誦，可以小聲默念，可以無聲研讀，反覆思惟，也可以抄經書寫。不論是受持、讀誦、書寫、研習、聽人講解、為人講說，還是與同參道友相互討論等等，都有受益。

朗讀經文乃至記誦經文的心法秘訣，其實不在於死讀、死背、死記，而是在於透過高聲地「反覆誦念」以薰習內化，並且要能夠「一氣呵成」，也就是將整個段落或整篇經文從頭到尾誦念，不要間斷。如果大部頭的經文實在太長，無法在短間內一次讀誦完畢，當然可以分部、分章、分品讀誦或研習。若能如此讀誦，久而久之，經文自然內化於心中，即使原本不甚理解經文的內容及意涵，假以時日，自然心開意解，智慧增長。

此外，大家還要先有個心理建設，大部分的佛教經論，一般人不太可能讀一遍、二遍就能全部了解。客觀而言，不只是佛教經論，任何世間的學問亦然，譬如哲學、文學、詮釋學、社會學、經濟學，法律學等等的專業著述，一般大眾也不太可能讀個二、三遍就能充分了解，所有的學問都是需要假以時日才能養深積厚的。俗諺云「勤能補拙」，讀一遍、二遍、三遍不懂，就讀十遍，讀十遍還不懂，就讀百遍，經年累月，終究會懂。

如果讀了經文之後，卻感覺到怎麼讀都不懂，那麼就先將經文記誦起來，然後反覆思惟薰習，等到機緣現前，就會豁然開朗。古德云：「書不成誦，無以致思索之功；書不精思，無以得義理之益。」而持誦經文或朗讀古文的心法要領有三點：（一）Relax，心情要放輕鬆，不是懈怠，而是不要無謂、無端地緊張。（二）Enjoy，吟詠經文，品味經意，心生歡喜。（三）Appreciate，欣賞經典的文辭，神往佛法的哲理意境，感恩有此福德因緣能夠受持讀誦經文，以及得到三寶的加持，就如武則天所作的〈開經偈〉：「無上甚深唯妙法，百千萬劫難遭遇，我今見聞得受持，願解如來真實義。」

一心持誦《金剛經》的感應事蹟

行文至此，我講一個一心持誦《金剛經》治病的真實感應事蹟，與各位讀者分享。回憶當年還在讀大學的時候，一九七三年七月間，時值大一升大二的暑假，我到南投水里蓮因寺參加懺雲法師主持的「大專青年齋戒學會」。那一期的齋戒學會，懺雲法師邀請了好幾位佛門的大德來為學員們講課，包括福智團體的創辦人日常法師、《佛學教本》的作者方倫老居士、《紅樓夢與禪》的作者劉國香居士、《菩提樹》雜誌的主編朱斐居士，能夠聽到這幾位大德的學佛經歷與寶貴心得，可以說是非常難得的殊勝機緣。

其中劉國香居士現身說法，談到他自己一心誦念《金剛經》治癒絕症的親身經歷。他回想當年隨國軍從大陸撤退到臺灣，在兵荒馬亂之際，不幸感染肺炎，當發覺病況嚴重時送醫救治。結果經醫師診斷，說他的病況已經瀕臨末期，在當時的醫療環境與條件下，那是「無藥可救」的絕症，只有等死一途，大概再拖個三、五個月或者半年，只差時間遲早而已，要他心裡有個準備，善自珍重。聽醫師這麼說，等於是對他宣判了死刑。

起初，這讓他了無生趣、萬念俱灰，但是再回頭一想，自己這麼年輕就這樣病死了，想想實在心有不甘！還好他是佛弟子，手頭又剛好有一部《金剛經》，心裡就想：就算要死了，也不能就這樣糊里糊塗、平白無故地死掉，好歹在死之前，多念一點佛經，給自己多累積一些福德智慧因緣，才不至於死得冤枉。

於是他就打開《金剛經》來念，一念之下，心中黯然，慘啦！經文都看不懂，什麼「所謂佛法者，即非佛法，是名佛法」，根本就不知所云，腦袋好像撞到牆壁一般。但是，接著他心中又生起另外一層省思與信念：這一部《金剛經》是佛陀金口所說的法門，肯定有甚深的道理蘊含在其中，我看不懂是因為我的智慧不夠，這不是佛陀的問題，也不是經文的問題，而是我的問題。既然是佛所說的法，肯定有他的道理，先不管懂不懂，我就耐下心來讀誦，同時也祈求佛陀慈悲加被，讓我多少能開一點智慧，這樣也死得比較值得。

在沒有醫藥治療的情況下，劉國香居士放下萬緣，一心持誦《金剛經》，同時等待死亡的來臨，不知不覺地在醫院裡度過了半年。原本醫師預估，劉居士的病況了不起拖個半年就差不多「該走了」，沒想到他居然「還沒走」！不過醫師並不認為他誦念《金剛經》對病情有任何助益，也根本就不認為他的病況會有任何好轉的可能，只不過是再多拖延一些時日罷了。

就這樣子，劉居士每天還是一心持誦《金剛經》等死，不知不覺地又過了半年，醫師非常驚訝，他居然還活得好好的，一點都不像將死的樣子。醫師覺得怪異，就叫劉居士去檢查，一檢查之下，發現肺炎居然不藥而癒了，不但醫師覺得不可思議，連劉居士自己也覺得不可思議。因為病好了，沒有必要再住醫院，醫師就讓他出院了。這是當年我親耳聽聞劉居士誦念《金剛經》治癒絕症的現身說法，就我記憶所及，重述與各位讀者分享。

其中的奧妙是有道理的，我為大家做一些分析，當時國民政府剛從大陸撤退到臺灣，還在風雨飄搖之際，物質條件極為欠缺而且醫療情況十分落後，劉居士身在軍旅，久經戰亂，自然非常了解，所以在醫療匱乏狀況下，他對自己的病情根本不抱持任何希望。他持誦《金剛經》的用意，並不是要「求生」或是祈求「延年益壽」，只是希望在死之前，藉由誦經累積佛緣，看看能否多開一些智慧，不至於死得沒有價值。而且一開始誦《金剛經》時，經文幾乎都看不懂，心中毫無任何奢求妄念，也可以說是「無所求」。心中唯一的堅定信念就是「這是佛陀金口所說的妙法」，必然有他的道理，希望藉由持誦經文，智慧有所開啟。這與經文中的「應無所住而生其心」，可以說是不謀而合。

如果劉居士心有所求，心念就無法與《金剛經》充分相應，也就不一定會有後來不可思議的治病感應；也就是因為「無所求」，反而與經文的義理充分相應：「是故須菩提！諸菩薩摩訶薩，應如是生清淨心。不應住色生心，不應住聲、香、味、觸、法生心，應無所住而生其心。」因為「一心」又「無所求」，所以能夠成就「不藥而癒」的殊勝功德，這也就是我在上文中所說「用心」讀經的具體寫照。

劉居士不但克服了病魔絕症，而且從完全看不懂《金剛經》到能夠白話翻譯諸多經典，後來成為道安法師的得力助手，主編《獅子吼》月刊十數年，也經常在各佛教刊物（如《獅子吼》、《慈航》、《海潮音》、《菩提樹》、《普門》等）上面發表文章，筆名「圓香」。他有不少著作出版，諸如：《聖僧玄奘大師傳》、《紅樓夢與禪》、《雨花集》等等，也從事佛經的白話翻譯，諸如：《維摩經》、《楞嚴經》、《圓覺經》、《金剛經》、《法華經》、《藥師經》等等，在佛教界享有文名，而且護持佛教，為佛教仗義執言不遺餘力。

劉居士和我還有另外一層特別的因緣，就是我在擔任普門中學校長的時候，他送長公子劉中道去普中就讀，成為我的學生，所以他也就成為學生家長，因此我們有比較多的互動。後來劉居士在二〇一五年，以虛歲九十高齡往生，我專程去參加他的告別奠禮，拈香致意，感謝他當年現身說法給我的啟發。

七、如何才能夠深入經藏？

我們如果真心想要深入經藏，智慧如海，就必須像探險家一樣，要有不斷「尋寶」的精神、熱情、勇氣與實際行動，不畏艱辛，鍥而不捨，百折不撓，才能夠深入「寶藏」之所在，進而挖掘到「寶物」。

也要如同一位勤學武藝的練家子，一旦獲得了師父的傳授，或者得到了武林秘笈，就要勤於練功，老實修行，才能夠練就武林絕學。

在金庸的武俠小說《神鵰俠侶》裡面，有一段發人深省的對話情節，武林前輩老頑童周伯通對小龍女說：武林絕學，聰明人往往無法煉到爐火純青的地步，反而是有股傻勁的老實人，才能練到登峰造極的境界。他還舉郭靖和黃蓉這對夫妻做為實例解說，黃蓉是天下絕頂聰明而又機靈的人物，相較之下，郭靖則是憨厚老實，遠不如黃蓉那般聰慧靈巧，但是郭靖的武功卻遠在黃蓉之上，原因無他，就是因為他老實修行，不偷懶、不走捷徑、不妄想一步登天，而是一步一腳印，實實在在地練功，才能練就武林絕學。

絕招、絕招，練絕，成招！

二〇一〇年二月間，我曾經應邀到河南科技大學人文學院演講，然後去嵩山少林寺參訪。少林寺的副住持出來接待，在參訪的過程中，他特別帶我進入到「練功堂」裡面參觀，那是古代少林武僧站樁（蹲馬步）練功的一座殿堂，不對外開放。殿堂裡整面牆壁上畫的是少林武僧練拳的「拳譜」，讓我印象特別深刻的是，石板地面上竟然是一個個排列成行、凹陷下去的「坑」，那些都是歷代少林武僧在那裡站樁踏步練功，雙足不斷踩踏，以至於石板地面凹陷下去的歷史痕跡。我有二句「慧開練功心法口訣」，在少林寺練功堂裡得到具體的印證與鮮明的寫照。

教學多年來，我經常用這二句「心法口訣」來勉勵鼓舞學生，口訣一：練武不練功，到老一場空。口訣二：絕招、絕招，練絕，成招。當然，我並不是教導學生練習武功，而是指導他們閱讀、分析、做研究，包括讀通古文、英文以及論文寫作。其實，「練功」的概念及道理，不限於練武或習文，也不限於世間法或出世間法，而是共通於「文、武、動、靜、內、外、世間、出世間」的一切功夫。

所謂「練武不練功，到老一場空」，意即只是練一些皮毛招式或者花拳繡腿，依樣畫葫蘆，而沒有扎實地蹲馬步、打基礎，沒有練好基本功夫，功力無法內化而向上提升，所以到老一事無成，結果會「一場空」！世間任何學問或專業，不論文武，基本功夫都非常重要，譬如：寫書法要勤練「永字八法」，要講究執筆、運筆、間架、筆鋒、筆致等等基本功夫；打籃球要勤練運球、傳球、上籃、投籃等基本功夫；打棒球要勤練投球、傳球、接球、揮棒打擊等基本功夫；樂器類如彈鋼琴、彈琵琶、彈吉他等等，都要勤練彈奏指法；拉小提琴、大提琴、胡琴等等，都要勤練弓法；拉琴、彈琵琶、彈吉他等等，還要勤練把位按弦的指法；吹笛子要風門、嘴勁、口風、角度和指法相互配合。如果是專業人士，這些功夫都是要天天修練的，才能養深積厚，功夫純熟，如果荒廢不練，功夫就會生鏽退失。

大家會好奇「絕招、絕招，練絕，成招」這句口訣有何特別意涵？大多數人對於「絕招」二字都會有「望文生義」的誤解，以為「絕招」就是「旁人都不知道」的「獨門奇招」。譬如有人在因緣際會之下，獲得了一本「天下唯一」的「武林秘笈」孤本，裡面記載著「千古不傳、絕無僅有」的武功招式，全天下無人知曉，唯有獲得那本「秘笈」的人得以一窺究竟，那就是「絕招」。

非也！寫在書裡、印在紙上的「獨門奇招」，都不是真正的「絕招」，甚至於說在口裡、記在心裡的「秘笈口訣」，也還不是真正的「絕招」。唯有當那位獲得「秘笈」傳授的行者，確實「依教奉行」，而且「身體力行」地扎實練功，原本是「圖文記載」或者「口耳相傳」的招式，才會成為這位行者的「絕招」，這才是真正的「絕招」！

所以「絕招」的真正意涵，並不是指某一項「招式」非常絕妙神奇，而是行者必須將這項招式「練絕」了，它才會成為這位行者的「絕招」！甚至於有很多的「招式」是很普通的，看似稀鬆平常而且人人知曉，但是如果沒有人「練」它的話，它永遠不會成為名符其實的「絕招」。一定要有人將它「練絕」了，它就成為某人的「絕招」！譬如：家庭主婦的煮飯燒菜，餐廳飯店的餐飲料理，或是佛門的大寮典座，不都是很稀鬆平常的嗎？有人將烹調料理的廚藝「練絕」了，就成為「神廚」！琴、棋、書、畫，不也都很稀鬆平常嗎？如果「練絕」了，就成為演奏家、棋手、書法家、畫家等等。其實，世俗民間的各行各業，都會有人將其「名不見經傳」的技藝「練到絕頂」，出神入化，而成為「高手」，所以我們常聽人說「高手在民間」。

我在前文中已經說過，不論世間法或是出世間法，練功與修行要能夠有所成就，關鍵不在於一個人的聰明才智，而在於能否老實修行，有無恆心毅力，鍥而不捨，練絕，就能成招。

同樣的道理，我們若欲深入經藏，開發智慧，則「身、口、意」三業必須與經文相應，亦即透過「聞、思、修」三慧，從聽聞、閱讀、記誦經文，到思惟義理，到「身、口、意」三業皆能與佛法及經文義理相應，然後身體力行，智慧自然開發。

結語

一般人通常都會不自覺地將「深入經藏」想像得太高遠而遙不可及，大家都忘了佛陀說法的本懷，就是要讓大眾了解法義，不論根機利鈍，都能按照自己的程度與需求，找到相應的法門，然後依教奉行。所以大家不要妄自菲薄，而要以歡喜心、精進心、感恩心，來受持經典，修持佛法，讓自己的身心以及生活都能與法相應，一定可以法喜充滿，智慧增上。

此外，我們也無須讀完全部的大藏經，單獨的一部經也可以深入佛法的堂奧，以六祖慧能為例，一部《金剛經》就可以明心見性了。《維摩經》云：「薝蔔林中不嗅餘香，入此室者，唯聞諸佛功德之香。」又經云：「有人入大海浴，已用一切諸河之水。又擣萬種香為丸，若燒一塵具足眾氣。」大家可以好好體會其中的深意。

我們再回到〈三皈依〉文中的第二句「自皈依法，當願眾生，深入經藏，智慧如海」，此中所言的「智慧」是什麼樣的智慧？就佛法而言，真正的「智慧」，不僅僅是一種「知識」、「學問」或「理解」而已，而是要加上「行願」，最終內化為一種「圓滿人格」與「境界」。《莊子・大宗師》云：「且有真人而後有真知。」臨濟禪師上堂開示時所言之「赤肉團上有一無位真人」，即是借語於莊子。

莊子所言的「真人」，係指一個人具有純真無染的人格，就佛法而言，則是指一個人已經達到破除「我執」與「法執」的境界。所言的「真知」，係指一個人具有純真無染的知見，就佛法而言，則是指一個人已經達到斷除「見惑」與「思惑」的見地。然而，「真人」與「真知」的修練，並不是在虛空之中，而是要回歸到世俗世間的日常生活當中，即如《六祖壇經》云：「佛法在世間，不離世間覺，離世求菩提，恰如覓兔角。」

再者，大乘佛法菩薩道的修持，不能遠離眾生，而是必須深入眾生的世界，如《維摩經・佛國品第一》云：

> 眾生之類是菩薩佛土。所以者何？菩薩隨所化眾生而取佛土，隨所調伏眾生而取佛土，隨諸眾生應以何國入佛智慧而取佛土，隨諸眾生應以何國起菩薩根而取佛土。所以者何？菩薩取於淨國，皆為饒益諸眾生故。

如《維摩經》所云，觀世音菩薩的「尋聲救苦」與地藏王菩薩的「我不入地獄，誰入地獄」，就是菩薩道最終極的典範。

星雲大師提倡的「力行三好」——「做好事、說好話、存好心」，就是現代人在日常生活當中修學佛法的心法秘笈。「力行三好」看起來似乎很簡單，其實並不是像文字表面那樣簡單，其中還有更深一層的道理與智慧。

做好事：不但要做「好事」，而且要「好好地」做事，認真負責地「把事情做好」。往往「一件好事」會被「做壞」了，事情本身是一件「好事」，但是如果做事的人，心態不好、動機不良或方法步驟不對，結果一件「好事」就會被「做壞」了。所以必須要「好好地」將事情「做好」，才能功德圓滿。

說好話：不但要說「好話」，而且要「好好地」說話，把話說得清楚、柔軟、合宜、得體、圓滿。往往「一句好話」會被「說壞」了，話語本身是一句「好話」，但是如果說話的人，姿態高傲、口氣不佳或場合時機不對，結果一句「好話」就被「說壞」了。所以必須要「好好地」將話語「說好」，才能功德圓滿。

存好心：不但要存「好心」，而且要「好好地」存心，不但不能「存心不良」，也不能「虛情假意」，更不能「心懷不軌、居心叵測、包藏禍心」，於內——能慈悲喜捨，將自己的心念照顧好，於外——能善與人同，推己及人，真心誠意對人，將心意盡到。

其實「力行三好」最重要的是，必須深信因果，對自己的「身、口、意」三業負責任，如此就不會做事隨便、胡亂說話、心術不正。

我們在日常生活當中，若能時時檢視己身，處處觀照自心，在在體恤他人，透過力行三好，將佛法融入個人的三業、六根行持當中，讓三業、六根隨時與佛法相應。如此則煩惱逐漸降伏，身心逐漸輕安，智慧逐漸顯現，心量逐漸開闊，福德逐漸增上，生死逐漸自在。

現代人如何修持「一心不亂」與「正念現前」？

佛教經典裡面在在處處都提到，在日常生活與修行當中，行者要能「一心不亂」與「正念現前」，但是要「如何修持」才能達到「一心不亂」與「正念現前」？這是絕大多數人的疑惑，也是我經常在演講場合遇到聽眾的提問。

「一心」與「正念」

《佛遺教經》云：「制心一處，無事不辦。」這個「制心一處」——也就是「一心正念」的道理與修持法門，其實是共通於「世間法」與「出世間法」的。也就是說，不僅僅是「出世間法」的修道，還包括「世間法」的進德修業，以及從事各行各業，我們若要有所成就，也都必須要有「一心正念」的功夫。

然而，一般人都把「一心不亂」與「正念現前」想像得過於玄妙、神奇而脫離了現實，以致於有一種「不得其門而入」的感覺。其實，佛法的修持是很實際的，一點都不玄，因為，不管理論講得多麼高深玄妙，最後就是要落實在「身、口、意」三業以及「眼、耳、鼻、舌、身、意」六根上面，在日常生活中腳踏實地地實踐。

問題在於我們平日「如何」訓練自己能夠「制心一處、正念現前」？

自我觀照心中有哪些「念」頭？

凡人不可能完全「無念」，所以心中「有念」不是問題，甚至於「有雜念」、「有妄念」也不是問題，問題在於我們「能不能及時察覺」自己的念頭？如果「能夠察覺」自己的念頭不對，那麼接下來，「能不能及時停止、放下或扭轉」自己的不善念頭？而不被自己的雜念、妄念、惡念、邪念等等牽著鼻子走。

然後還要進一步，「能不能降伏」自己的種種不善念及惡念？最後，還要更進一步，「能不能斷除」自己的種種不善念及惡念？純然生起善念及正念。

我們要修持「一心正念」的預備功夫，就是要先察覺及盤點自己的心中到底有哪些念頭？弄清楚了自己心中所含藏的種種念頭，不管是好的、還是不好的，就像是治病一樣，必須先弄清楚所患疾病的症狀、病灶、病根等等，才好對症下藥，也才能夠治癒。

因此，我們要先深刻地反思、省察，在日常生活當中，我們能否清楚地察覺、分辨自己心中究竟有哪些「念頭」？譬如：

(1)慈悲心、隨喜心、布施心、救護心、惻隱之心等等。

(2)無畏心、勇往直前、心甘情願、無怨無悔等等。

(3)發心立志、發憤圖強、勇猛精進、再接再厲、精益求精、鍥而不捨等等。

(4)心存僥倖、得過且過、馬馬虎虎、自欺欺人、心懷不軌、居心叵測等等。

(5)懶惰、懈怠、昏沉、消極、逃避、推託等等。

(6)雜念、貪念、妄念、惡念、邪念等等。

(7)是非心、忌妒心、惱害心、愚癡心等等。

又譬如：

(1)有哪些事情會讓自己念念不忘，或者念茲在茲？

(2)有哪些事情自己總是記不住，而且即使一時記得，也很快就忘了？

(3)有哪些事情一直卡在自己心坎中揮之不去，縈繞心頭，猶如夢魘一般？

(4)有哪些事情會讓自己牽腸掛肚、放心不下、難以割捨？

(5)有哪些事情會讓自己心灰意冷、憂心喪志乃至槁木死灰？

(6)有哪些事情會讓自己氣憤填膺、火冒三丈乃至怒髮衝冠？

(7)有哪些事情會讓自己猶豫不決、舉棋不定乃至進退兩難？

(8)有哪些事情會讓自己興高采烈、喜氣洋洋乃至意氣風發？

以上所述的這些「自我察覺念頭」預備功夫，其實是非常重要的，就像在過年之前家家戶戶都要大掃除一樣，除舊布新。要求「一心正念」，就要先好好察覺、檢視、盤點自己的心中到底哪些念頭，這還不同於世俗的「自我檢討」，而是一種深度的「自我認知」，要很認真、客觀，沒有隱藏地面對「五蘊和合」的自我，做誠實而深度的檢視與省察。有了這一層功夫，接下來的「一心正念」修持就容易上手了。

正念vs.不正念

我們如何能夠自我對治心中的「雜念」與「妄念」？而且能夠生起「正念」？首先我

們必須分辨「正念」與「不正念」的真正意涵與差異。

問題一：所謂「正念」是否就是指「一心念佛」？除此之外皆是「雜念」或「妄念」？

回答：不然！要看「時空情況」而定，在某些「時空情況」下，「念佛」也可能是一種「不正念」、「雜念」，甚至於是「妄念」。

問題二：「念佛」怎麼可能會是一種「不正念」、「雜念」甚至於是「妄念」？

針對這個疑惑，我舉兩個實例來說明，大家就會清楚地了解。四十多年前，我在普門中學任教時，有一天晚間在巡堂時，無意間發現一位高中學生於自習時間在教室看佛經，一問之下才得知他明天有數學科考試，他不讀數學而居然在考試的前一晚看佛經。請問：這是「正念」，還是「不正念」？明天要考數學，今晚不讀數學而看佛經，明天數學考壞了，要怪佛陀不保佑嗎？

另外，有一位導師在教室督導學生早自習時，不關注學生的學習狀況，而是自顧自的數著念珠在念佛。請問：這是「正念」，還是「不正念」？整班的學生都是「未來佛」，擔任導師者早自習時在教室裡（時空情況），就是應該密切關注眼前的「未來佛」，而不是心念著西方的阿彌陀佛。因此，究竟是「正念」或是「不正念」，也要看「時空情況」

而定。

何謂「正念」？何謂「不正念」？

上述的兩個實際案例，可以幫助大家很清楚地了解，所謂「正念」就是「與自我當下的『學習目標、工作職責或修持法門』相應的思惟、信念與行持」，若與當下的「學習、工作或法門」不相應，或是相違背的思惟、信念與行持，就不是正念，而是「雜念」或「妄念」。

以上所說明的「正念」道理與原則，不只是針對出世間法或宗教上的修持，也可以運用在世間法的諸多活動與事務上。更明確地說，「正念」與「不正念」之間的差異與區別，是共通於「世間法」與「出世間法」的。

「正念」的內涵相應於法門的不同而有別

當行者所修持的法門或者所從事的活動不同的時候，「正念」的內涵也就有所不同。

因此，「參禪」、「念佛」與「辯經」這幾種不同的修持法門，其所相應的「正念內涵」也就不同了。

「參禪」的要旨在於行者須先「提起疑情」，「疑情」即是參禪法門的「正念」，因此禪門有「大疑大悟、小疑小悟、不疑不悟」之謂，而「念佛」無關於疑情的提起，故非「參禪」之正念。韓國俗離山法住寺的禪堂，其入門楹聯有云「入此門中，莫存知解」，這就是參禪的正念——「莫存知解」，有別於藏傳佛教「辯經」的「如理思惟」。

至於念佛法門，其要旨與綱領，在於行者能夠切實奉行淨土三要——「信、願、行」，若能夠資糧具足，決定往生佛國淨土。念佛行者若欲「正念現前」與「一心不亂」，「信、願、行」的功夫有如鼎之三足，缺一不可。

「信」者：一、堅信佛言不虛，二、深信法門殊勝，三、自信己力可及。「願」者：深心發願，求生淨土，得與如是諸上善人聚會一處。「行」者：歡喜信受，依教奉行，正助雙修，老實念佛。所言「正修」就是持名念佛，淨念相繼；而「助修」就是廣結善緣，厚植福德因緣。

凡念佛行者，欲往生佛國淨土，信念堅固是根基，深心願往是動力，正助雙修是方便與階梯，而「正念現前」與「一心不亂」是往生的關鍵要素。

一般人念佛，為何無法做到「正念現前」與「一心不亂」呢？其主要原因有二：一者、信念不夠堅固，即使相信佛言不虛、法門殊勝，但是對於自己能否往生，則抱持懷疑，自信心嚴重不足。二者、願力不夠深切，對於佛國淨土「尚未」或「並不」十分嚮往，所以「正念」及「一心」的功夫自然無法到家。因此，念佛法門「正念現前」與「一心不亂」的前提，仍然是在於「信心堅固」與「深心願往」。

「一心不亂」是怎麼樣的一個狀態？

在上文中，我們討論了「正念」的意義與內涵，以及「正念」與「不正念」二者區別之所在，接著要來談「一心不亂」的意義與內涵。

在此先引述龍樹菩薩在《大智度論》（卷第二十六）中的開示：「『定』名一心不亂，亂心中不能得見實事；如水波蕩不得見面，如風中燈不得好照。」龍樹菩薩用「定」來說明「一心不亂」的意義與內涵，然後用「水波」與「風」做為對照反差來說明「亂心」無法明見事實。散亂的心就如同水波蕩漾不停時，不能夠從水面上映現自己的面容；

在風中的燈燭，也無法好好地照亮周遭的環境。

反之，「不亂的一心」有如水波不興，沉靜如鏡，才能清晰反映；處在無風狀態中的燈燭，才能明照四周。因此，我們想要成就佛道修學中的「聞、思、修」三慧與「戒、定、慧」三學，必須以「一心不亂」的「定心」為根基。

此外，「一心不亂」並非只是一種「靜止狀態」的心境，也可以在日常生活中的動態中顯現，甚至於是一種活活潑潑的動態。在《佛說長阿含經》（卷第十三）裡的〈阿摩晝經〉第一當中，佛陀有如下的開示：

云何比丘念無錯亂？如是比丘內身身觀，精勤不懈，憶念不忘，除世貪憂。外身身觀、內外身身觀，精勤不懈，憶念不忘，捨世貪憂。受、意、法觀亦復如是，是為比丘念無錯亂。云何一心？如是比丘，若行步出入，左右顧視，屈伸俯仰，執持衣缽，受取飲食，左右便利，睡眠覺悟，坐立語默，於一切時，常念一心，不失威儀，是為一心。譬如有人與大眾行，若在前行，若在中、後，常得安隱，無有怖畏。摩納！比丘如是行步出入，至於語默，常念一心，無有憂畏。

由上述的經文可以明瞭，佛陀教導弟子們，在日常生活中的行、住、坐、臥、語默、動靜、飲食、便溺等等的一切動態作務當中，都要常念一心，不失威儀。而且不只是個人單獨的行動，還包括與大眾集體的行動，也要能夠常念一心，無有憂畏，這樣才是真正的一心。

由此可知，「一心不亂」的功夫、意念與心境，是共通於「靜態」與「動態」的種種活動。推而廣之，不但在出世間法的修持要能夠成就，必須要有「一心不亂」的功夫，就是世間法的種種活動與事務要能夠成辦，也是如此。換言之，「一心不亂」的必要性，是共通於世間法與出世間法的。舉實例說明，諸如：靜坐、參禪、誦經、持咒、禮佛等等的修持法門，當然必須要「一心不亂」才能夠與法相應；乃至於朗誦詩文、琴棋書畫、歌唱舞蹈、十八般武藝、運動（打籃球、棒球等）等等，也必須要「一心不亂」才能三業相應，有所造詣。

動態中的「一心不亂」

為了幫助大家了解動態中的「一心不亂」，我舉個膾炙人口的籃球賽實例來說明。回憶二〇一二年，有一場紐約尼克隊（Knicks）與多倫多暴龍隊（Raptors）的比賽，令全世界的籃球迷為之瘋狂不已。各位讀者即使不是籃球迷，如果關心國際時事，也應該記憶猶新。

二〇一二年二月十四日（臺灣時間十五日）西洋情人節那一天，哈佛小子林書豪（Jeremy Lin，綽號林來瘋LINSANITY）披著尼克隊的十七號球衣造訪多倫多的加拿大航空中心球場（Air Canada Centre）。在球賽進行的過程中，其實尼克隊是一直落後暴龍隊的，打到終場前六十五秒時，以八十七比八十七平手，球場內情勢十分緊張，球迷情緒極度緊繃。

暴龍隊的最後一波投籃攻勢，被尼克隊的成功防守給化解，倒數四十秒的時候，最後一擊的控球權到了林書豪的手中。林書豪幾度傳球給隊友，讓隊友切入籃下，但是都投球不進，不過隊友搶到了籃板球回傳給林書豪，這時比賽只剩下十八秒鐘。

林書豪很鎮定地在場中央運球，終場前十秒鐘，全場的觀眾都緊張地站起來了。到了最後二秒半時，說時遲那時快，林書豪在三分線弧頂外倏地拔起跳投，暴龍隊後衛卡德倫（Jose Calderon）根本未料到林書豪有此一招，飛身封堵不及，只能眼睜睜地看著球兒畫出完美的弧線，空心破網，九十比八十七，尼克隊勝出。這時比賽只剩下零點五秒，簡直不可思議，全場為之瘋狂，全世界在電視機和電腦螢幕前觀看直播的球迷也為之瘋狂。

林書豪能夠在球賽即將結束而且比數平手的關鍵時刻，很篤定地長射投入一記三分球贏得比賽，他所憑藉的就是動態中的「一心不亂」。

二〇一二年那一場既緊張又精彩的逆轉勝經典球賽，在倒數半秒鐘時林書豪投進的那一記絕殺三分球，在北美洲NBA籃壇可說是「轟動武林，驚動萬教！」全美各大球隊的高手都讚不絕口。為了幫助大家進一步了解動態中的「一心不亂」，我再做一些分析，先大致鋪陳一下當時整場球賽的局勢狀況。

首先，比賽地點是在多倫多的加拿大航空中心球場（Air Canada Centre），這裡也是多倫多暴龍隊的主場球館，而紐約尼克隊是遠來的客隊。其次，在那場比賽之前的一週，尼克隊的戰將大前鋒史陶德邁爾（Amare Stoudemire，暱稱Stat「小史」）返鄉奔喪，四場比賽全部缺席，靠著林書豪崛起帶領尼克單週全勝。那場比賽小史剛剛歸隊，上半場手感不佳，九投僅二中，多次錯失林書豪助攻的機會，而林書豪的手感也同樣普通，三節打完僅有四成的命中率。

反觀暴龍隊的西班牙籍一級控衛卡德倫（Jose Calderon），繼續前一天面對洛杉磯湖人隊攻下生涯新高三十分，這一場的前三節也拿下二十五分，氣勢正盛。客觀而言，就天時、地利、人和三者，暴龍隊佔盡主場優勢，尼克隊屈居下風。

當天，暴龍隊從一開賽至最後倒數一分多鐘，可說是一路領先，最多還一度領先尼克隊達十七分。因此，客觀而言，林書豪和全體隊友的心理壓力是非常巨大的。在那樣的壓力情況下，林書豪上場四十分鐘，三分球投二中二，包括最後的零點五秒絕殺球，全場拿下二十七分，並送出十一次助攻，堪稱隻手帶領尼克隊以九十比八十七攻克多倫多，讓暴龍隊球迷為之心碎。賽後，暴龍隊教練無奈地表示：「領先全場三十九分鐘半，卻不敵林書豪零點五秒逆轉勝。」這就是那場球賽的可觀之處。

在賽後林書豪透露：「最後一擊是我向教練要求的。」終場前四十秒時，尼克隊成功地防守化解了暴龍隊的最後一波投籃攻勢，控球權落在林書豪手中，先傳球給隊友切入投籃，可惜沒進，還好搶到籃板回傳給林書豪，這時只剩下十八秒，全場觀眾情緒沸騰。如果尼克隊不能把握這最後一擊的機會勝出，則會因為比數平手而要進入延長賽，如此一來，勝負難料。因此，在最後攻擊前，林書豪向教練Mike D'Antoni表示要執行最後單打，以結束戰局。經過教練同意後，林書豪才要求隊友讓開。擋在他前方的對手都還來不及反應，林書豪倏地拔身跳投長射，最後球在空中畫出一道美妙的弧線後應聲破網，贏得了最後的勝利。

在最後零點五秒逆轉勝，球迷和網友都非常佩服哈佛豪小子藝高人膽大，能夠在最後這麼關鍵的剎那完成幾乎不可能的艱鉅任務。許多網友表示，林書豪的心臟實在太強、太猛了，他的心臟沒停，電視機和電腦螢幕前面那些球迷的心臟都緊張得快要停了！

不過話說回來，林書豪在那最後二秒半的關鍵時刻出手，一記不可思議的美妙三分球逆轉勝，可不是憑空得來，也絕對不是靠運氣，而是平日下苦功「勤練」出來的。《水滸傳》第六十回有云：「養兵千日，用在一時。」俗諺亦云：「台上一分鐘，台下十年功！」明白地講，「一心不亂」絕對不可能「從天上掉下來」，而是要「苦練」出來的；此外，「一心不亂」不是只有在「風平浪靜」的時候表現出來，更要能夠在「驚濤駭浪」或「千鈞一髮」的時候自然呈現。

林書豪在球場上從容且鎮定的表現，可以說是「動態中一心不亂」的最佳寫照。我們也可以看出他對自己的球技有十足的信心與把握，所以他才敢向教練自動請纓，承擔最後勝敗的任務。

不只是林書豪打籃球這個例子，在現實生活中，其實就有許許多多「動態中一心不亂」的實例。相信各位讀者都觀賞過馬戲團、特技表演、民俗才藝或是江湖雜耍，諸如：空中飛人、走鋼索、獨輪車、疊板凳、轉碟、丟擲技等等，都是必須要「動態中的一心不亂」，才能完成他們的成功表演。大家可不要小看那些藝人，他們是真正用自己的生命實際體現「台上一分鐘，台下十年功」的人！

還有那些從事高度危險「極限運動」的人，諸如：花式滑板、花式單車、花式滑浪、花式滑雪、滑翔、攀岩、衝浪、越野摩托車、山地自行車、高空跳傘等等，稍有一個閃失，就有可能粉身碎骨，因此絕對必須要能「聚精會神」與「動態中的一心不亂」！

「一心」須與「正念」結合及相應

各位讀者看完以上我對林書豪的那一場經典球賽的分析之後，對於「動態中的一心不亂」，應該會有更深一層的理解。不論是在「靜態」或者是「動態」的情境中，如果要想成就「一心不亂」，其中的「一心」都不是「抽象」的「概念」或「空泛」的「玄想」，而是「具體」的「行持」，因此「一心」須與「正念」結合及相應。

我在前文中已經說明，「正念」的真正意涵，就是「與自我當下的『學習目標、工作職責或修持法門』相應的思惟、信念與行持」；反之，就是「不正念」、「雜念」或「妄念」。以球場上的林書豪而言，依照比賽規則，與隊友同心協力進球得勝，就是「正念」，在球場上的「一心」必須要與這樣的「正念」結合與相應。因此，不論是「世間法」或是「出世間法」，都要先掌握到不同情境中「正念」的真正內涵，才能具體修持「一心不亂」，才不會「毫無方向」或「失焦」而「盲修瞎練」。

如何開始自我訓練「一心不亂」？

有了以上的理解，我們可以開始自我訓練「一心不亂」，即使無法在短時間內就練到純然的一心不亂，也可以循序漸進，逐漸接近一心不亂。《楞嚴經》云：「此方真教體，清淨在音聞，欲取三摩提，實以聞中入。」經文中的「三摩提」是「Samadhi」的音譯，亦即「三昧」，定慧等持之意。

如果定慧不平等，有二種情況：一者，「定」多「慧」少，偏於沉寂，容易昏沉，觀力不足，容易增長無明，故不名三昧；二者，「定」少「慧」多，偏於浮躁，容易妄念，觀力無法聚焦，容易增長邪見，也不名三昧。行者必須「定慧等持」，亦即「定力」與「慧力」平衡，才是真正的「三昧」。

娑婆世界的眾生耳根最利，因此充分運用「耳根的聽聞功能」，以此切入「正念現前」的修行，而達到「一心不亂」的意識及心理狀態，其實是一種簡捷卻極有功效的微妙法門。修持佛法的綱領：三慧「聞、思、修」與三學「戒、定、慧」，就是建立在這樣的基礎之上。為了幫助大家了解修持佛法的綱領，以下先簡要說明「三慧」與「三學」的內涵。

三慧「聞、思、修」：智慧的進階

三慧「聞、思、修」是說明智慧的進階層次，第一層「聞所成慧」，是透過前五根「眼、耳、鼻、舌、身」的見聞覺知以增長知識，第二層「思所成慧」，是運用意根的思惟以理解意義，第三層「修所成慧」，是透過三業「身、口、意」來具體實踐佛法，也就是將「聞所成慧」的知識與「思所成慧」的義理，化為具體的行動，換言之，就是以佛法為指南，而令「身、口、意」三業與個人的學習、工作或修持活動相應，這也就是星雲大師所提倡的「三好運動」：做好事、說好話、存好心，「身、口、意」三業與佛法相應，才是真正的修行。

三學「戒、定、慧」：修持的次第與修證的鼎足

「戒」是自我修練的基本功夫，於內攝護六根不受汙染，於外不侵犯他人，慈悲一切眾生，能使身心輕安，而且能夠控制情緒，扭轉習氣，令煩惱不容易起現行。

「定」是修心之禪定功夫，能夠收攝身心，降伏妄想與化解焦慮，能夠對治散亂與懈怠；能夠令心念逐漸止於一境，身心自主，內聚心力，能夠逐漸止息煩惱。

「慧」是修慧之思惟與觀照功夫，能夠觀照自心與外境，開發智慧，能夠通達因果，抉擇真妄，令身心自在解脫。運用觀力，能夠勘破煩惱。

「三學」是通於世間法與出世間法的，世間法要有所成就，也必須要有「戒、定、慧」的功夫。此外，三學「戒、定、慧」不單是修持的次第，也是修證的鼎足。一般都認為「三學」的次第是「先戒、再定、後慧」，其實「戒、定、慧」如鼎之三足，缺一不可。而且三者之間的關係是動態的相輔相成，也就是說，當「戒」的功夫增上時，「定」與「慧」的功夫也相應增上，同理，其中任何一項的功夫增上，其餘兩者的功夫也相應增上。

自我訓練「一心不亂」的基本功夫——藉由「朗誦詩文、持誦經文」入門

雖然廣義的「聞所成慧」，包括了六根「眼、耳、鼻、舌、身、意」的「見、聞、

嗅、嘗、觸、覺知」，但是仍然以「耳根」的「聽聞」為主體。於此再次引用《楞嚴經》，經云：「此方真教體，清淨在音聞，欲取三摩提，實以聞中入。」也就是說，從「音聞」的修持，可以進入「三昧」，可見其殊勝與奧秘。

基於這個道理，修持「一心不亂」的基本功夫，可以藉由心口一如「朗誦詩文、持誦經文」入門。這也是一種從「身、口、意」三業，修持「聞、思、修」三慧的具體功夫，我們可以透過朗誦經文或文章，讓三業及六根與經文義理、文字般若相應，久久功深，一心不亂自然現前。

慧開「悅讀心法」解密——記誦文章與經文的要領與心法口訣

古德有云：「書不成誦，無以致思索之功；書不精思，無以得義理之益。」也就是說，文章（尤其是古文與經文）如果沒有念得滾瓜爛熟，就無法達到思索的功效，如果不深入地思惟，就無法領會義理之益處。當然要達到「思索之功」與得到「義理之益」，絕對不是「有口無心」、「生吞活剝」或者是「囫圇吞棗」的死記、死背、讀死書，而是要能夠透過朗誦以領會文章作者的思想、感情與精神意境，這就是「朗誦文章與經典的要領與秘訣」。

大聲朗讀文章與記誦經文，其實是一種「思想內化」與「智慧孕育及啟發」的具體基本功夫。「大聲朗誦」的具體修持功夫就是：透過自己的舌根朗誦出來的聲音，經由聽聞的功能進入自己的耳根，然後結合意根的思惟功能，進入文章的意境（或經文的理境）與作者（或說法者）的思想及精神世界。

我再強調一次「朗誦與背誦的要訣」，就是透過「音聞」的動態歷程，讓自己的心念融入文章（或經文）的意境與作者的思想及精神世界，達到「神交古人」的心靈境界。

在「大聲朗誦」的「音聞」修持過程中，有一個關鍵要素就是「聲音的奧秘」，而朗誦文章或者記誦經文的要領與心法秘訣，就在於自然地運用「聲音的奧秘」，也就是要能夠高聲地「反覆誦念」，而且要能夠整個段落乃至整篇文章從頭到尾「一氣呵成」，不要間斷，以達到「自然錄音」與「思想內化」的效果，文章或經文自然內化於心中，假以時日，自然心開意解，智慧增長。

而記誦文章與經文的要領與心法口訣有三點：（一）Relax，放鬆，不要無謂地緊張；（二）Enjoy，享受、品味、吟詠，心生歡喜；（三）Appreciate，欣賞、神往、感恩。能夠充分掌握及運用這三點要領與心法口訣，不必死讀、死背，就可以輕鬆地記誦文章與經文，以下舉一個實例來具體說明。

古文記誦舉隅——唐・劉禹錫的〈陋室銘〉

唐朝著名詩人，中唐文學的代表人物之一，有「詩豪」之稱的劉禹錫，作了一首不足百字卻流傳千古、膾炙人口的〈陋室銘〉，原文如下：

山不在高，有仙則名，水不在深，有龍則靈。斯是陋室，唯吾德馨。苔痕上階綠，草色入簾青。談笑有鴻儒，往來無白丁。可以調素琴，閱金經。無絲竹之亂耳，無案牘之勞形。南陽諸葛廬，西蜀子雲亭。孔子云：「何陋之有？」

像這樣的一篇短文，如果要將它背起來，而且不會忘記，還要能夠在大庭廣眾面前，琅琅上口地背誦出來，需要花多少時間？十分鐘？二十分鐘？三十分鐘？一小時？

如果運用我在上文中所述的記誦文章與經文的要領與心法口訣，快的話，五分鐘、十分鐘，慢的話，不超過二十分鐘，就可以將這篇〈陋室銘〉記誦得爛熟，而且可以在大眾面前很流暢地背誦出來，其要領與心法就是Relax、Enjoy、Appreciate。

一九七七至一九八七年間，我在普門中學任教時，大力推動「背書」，還曾經找國中一年級的學生做了一個「朗讀記誦」的實驗。他們絕大部分都沒有讀過〈陋室銘〉，我選了一個清晨早自習的時間，把學生帶到操場，教他們各自找一個地方，大聲地朗誦〈陋室銘〉。我告訴他們，心裡面不要有「死背」的念頭，而是要欣賞〈陋室銘〉的內容和情境，大聲地反覆誦念，而且要一氣呵成，不要間斷，就可以自然而然地背誦起來。結果，絕大多數學生在十分鐘到二十分鐘之間，就可以很流暢地背誦出來。

神交古人：瑞典漢學家的現身說法

我在前文中特別強調「朗誦與背誦的要訣」，就是透過自己「口誦耳聞」的動態歷程，讓自己的心念融入文章（或經文）的意境與作者的思想及精神世界，達到「神交古人」——也就是與古人心靈相通的精神境界。「神交古人」可不是虛幻的想法或抽象的概念，而是一種實際的身心經驗，我引述一位瑞典漢學家的現身說法來證明。

高本漢（Klas Bernhard Johannes Karlgren，一八八九—一九七八）、馬悅然（Goran Malmqvist，一九二四—二〇一九）、羅多弼（Torbjörn Lodén，一九四七—）師徒三代是享譽國際的瑞典漢學家，對於中文及漢學的造詣非常深厚。高本漢的漢學研究涉及許多方面：方言學、語音學、歷史音韻學、考證學以及青銅器的年代學等，其中漢語言研究是他一生最致力、影響最大的一個領域。

馬悅然繼承了高本漢對漢字音韻學的研究，繼而擴大到對中國文學的翻譯，他翻譯了《水滸傳》、《西遊記》等，並向西方介紹了《詩經》、《論語》等中國古典著作。馬悅然對唐詩、宋詞也有很深的研究，他也是諾貝爾文學獎的終身評審委員。

羅多弼著力於研究中國社會現狀、現代政治革命的發端和新文化運動等中國思想和文化課題。羅多弼現任瑞典皇家人文歷史考古科學院院士、斯德哥爾摩孔子學院院長。

二〇〇五年十一月間，由國際佛光會的邀請，馬悅然、羅多弼師徒連袂參訪佛光山，並且到臺灣各地走訪。十一月十二日訪問南華大學，由我（時任人文學院院長）出面接待，並且安排了一場文化論壇，由羅多弼用中文主講「文化傳統與世界和平」。

當天在論壇上，馬悅然談到他的學思經驗，他說當年為了學好漢語及古文，用功到了「廢寢忘食」的地步。馬悅然回憶，有一天晚上，他在讀《莊子》的時候，讀得入神了，忽然間，他感覺到莊子本人「現身在他身旁呼吸」。我一聽之下，大為感動，這就是「神交古人」的經驗境界，我們透過閱讀、朗誦經典、古文，可以跨越時空與諸佛菩薩感應道交，或者與古聖先賢心靈溝通。

如何自我訓練「一心」與培養「定力」：老實修行

我們如何能夠自我訓練「一心」與培養「定力」，而且能夠深入經藏，智慧如海？首先，要有堅實的自我心理建設，就如同一位探險家，為了「尋寶」，要有不斷「冒險探索」的精神、熱情與實際行動，不畏艱困，不計辛勞，鍥而不捨，百折不撓，才能夠深入「寶藏」之所在，進而挖掘到「寶物」。

再者，要如同一位勤學武藝的練家子，一旦獲得了師父的傳授，或者得到了武林秘笈，就要勤於練功，老實修行，才能練就武林絕學。

金庸的武俠小說《神鵰俠侶》裡面有一段情節，有一次老頑童周伯通和小龍女共論武學，老頑童說：武林絕學，聰明的人往往無法煉到爐火純青的地步，反而是有一股傻勁的老實人，才能練到登峰造極的境界。他還以郭靖與黃蓉這對夫婦為例，黃蓉是絕頂聰明又非常機靈的人，而郭靖則是個憨厚老實的人，要論聰明才智，郭靖遠不如黃蓉，但是後來郭靖的武功遠在黃蓉之上，就是因為他實實在在地老實練功。

不論是世間法還是出世間法，道理是一樣的，學藝也好、練功也好、修行也好，要能夠成就，關鍵不在於一個人的聰明才智，而在於有無恆心毅力，鍥而不捨，能否老實修行。

慧開練功心法口絕

我從事教學與弘法工作已逾四十年，有兩句「慧開練功心法口絕」勉勵學生：第一句：「練武不練功，到老一場空。」我這是借用「練武功」做為一個譬喻，「練武」一定要「練功」，就是要練出扎實的內功，否則只是「花拳繡腿」。換言之，練武不能只是學一些招式，依樣畫葫蘆，而是要有內勁，招招扎實，招招到位，招招克敵，乃至招招致命。

第二句：「絕招、絕招，練絕，成招！」大多數人都誤以為「絕招」就是「天下絕無僅有的武功招式」，天下只有我知道，別人都不知道，所以是絕無僅有的「絕招」。非也！

一個人就算擁有了天下唯一的武林秘笈，如果不下決心老實練功，那麼所謂的「絕招」只不過是印刷在書面上的文字而已，至於他自己則永遠都不會擁有真正的「絕招」！其實，不論是文還是武，「絕招」的內容可能稀鬆平常，人人知曉，但是沒有人練的話，不會成為「絕招」。如果有人將某個招式「練到絕頂」的境界，它就會成為那位練家子的「絕招」！

絕招、絕招，練絕，成招！

為了幫助各位讀者進一步了解「練絕，成招」的具體內涵，我再講一個大家小時都讀過的故事——「寫完一缸水」。晉朝的大書法王羲之，他在兒子王獻之小的時候，就開始教他寫書法。王獻之在十二歲的時候，就寫得一手好書法，獲得眾人讚賞。對於兒子這麼小就博得名聲，王羲之夫婦其實很擔心，生怕獻之心生驕傲，反而不能進步。

有一天，獻之寫了幾個字，洋洋得意地認為自己的書法已經寫得很好了，和父親不相上下，興沖沖地拿去給父親看。王羲之看了以後，未置可否，只是用筆在其中的一個「大」字下面加了一點，然後對兒子說：「把這些字拿去給你母親看看吧！」

沒有得到父親的稱讚，獻之心裡頗為失落，但是又不敢違逆父親，就把所寫的字拿去給母親看。母親仔細看了之後，指著那個「太」字說：「你寫的這些字，只有這個『太』字下面的一點，還像你父親寫的，其餘的字都還不夠好，要勤加練習才是。」聽了母親的話之後，獻之的心裡更加失落，也提不起勁練書法了，只想到處遊玩。

有一天，獻之在散步的時候，無意間看到一位眼盲的老婆婆在織布，他覺得很奇怪，就問老婆婆：「您的眼睛看不見，怎麼能織布呢？」老婆婆聽到獻之的問話，就笑著說：「我的眼睛雖然看不見，但是只要用心努力練習，也能夠織布啊！」聽了老婆婆的話之後，獻之突然領悟到：學習必須靠自己不斷地用心練習才能成就。於是他收起玩心，立刻回家。

回到家之後，獻之在院子裡的大水缸中裝滿水，發誓說：「從今日開始，我要天天用這一缸的水磨墨練字，沒有把這缸水用完，絕不休息。」從那一天起，獻之每天都很努力地用心寫書法，不再懈怠。果然，那一缸水還沒用完，他所寫的字就和父親王羲之一樣有名了。

坦白地說，練書法寫字根本就不是什麼「神秘的招式」，譬如「永字八法」，大家都知道，但是光知道是沒有用的，如果沒有人練的話，它永遠不會成為「絕招」，只有當某個人力行實踐將這個人人都知曉的「永字八法」，練到透徹絕頂的地步，它就成了這個人的「絕招」，這就是「練絕，成招」的具體意涵。

這個道理是共通「世間法」與「出世間法」的，不論是琴棋書畫、舞文弄墨、刀槍棍棒、拳腳功夫、騎馬射箭等等十八般武藝，或是禮佛拜懺、誦經持咒、念佛參禪等等修持功夫，都是須「練絕」才能「成招」的！

念佛如何一心不亂——「念佛三昧」的現代意義解秘與啟示

了解了「練絕，成招」的具體內涵之後，接著我們來談念佛如何一心不亂？這是很多佛弟子與淨土行者心中的疑問。不過，大家都把這個問題想得太玄了，以至於覺得「一心不亂」遙不可及。為了幫助大家正確地認知念佛法門，進而培養深切的自信心，然後能夠確實依教奉行，我以《楞嚴經》中的〈大勢至菩薩念佛圓通章〉來解說念佛法門的道理與「一心不亂」的奧秘——就是「念佛三昧」。

在〈念佛圓通章〉裡，大勢至菩薩首先闡明一個「二憶念深」的道理：「譬如有人，一專為憶，一人專忘；如是二人，若逢不逢，或見非見。二人相憶，二憶念深；如是乃至從生至生，同於形影，不相乖異。」意思就是說，譬如有兩個人，其中有一個人一直憶念對方，而另一個人卻一直遺忘對方，如此一來，這二個人即使相逢，也是見面而不相識。反之，如果二人彼此互相深切憶念，就會生生世世相聚不離。

基於這個道理，大勢至菩薩接著說：「十方如來，憐念眾生，如母憶子；若子逃逝，雖憶何為？子若憶母，如母憶時，母子歷生，不相違遠。」意思就是說，十方諸佛憐愍垂念眾生，就像慈母憶念出門在外的遊子一樣，但是如果遊子躲得遠遠的，慈母雖然憶念深切，又有什麼用？反過來說，如果遊子也同時憶念母親，而且就像慈母憶念遊子一樣地深切，那麼母子二人，生生世世都不會分離。

所以大家要明瞭，不是我們凡夫單方面地在念佛而已，其實，十方的諸佛、菩薩更是一直慈悲地護念著我們啊！但是我們都忘了，甚至於根本就不知不覺。

大勢至菩薩接著又說：「若眾生心，憶佛、念佛，現前當來，必定見佛，去佛不遠；不假方便，自得心開。」意思就是說，如果我們凡夫在心中不斷地憶佛、念佛，從目前直到未來，一定會親見佛陀，與佛陀的距離不會很遠；而且最奧妙的是，無須借助什麼特別的方法或技巧，自然而然就得以心開意解。

這就是「念佛三昧」的感應道交：「我念佛，佛也念我；佛念我，我也念佛；佛在我心中，我也在佛心中；我心佛心，佛心我心，心心相印。」當我們已經深心體認到「阿彌陀佛乃至十方的諸佛、菩薩都一直慈悲護念著我們」，我們還會對「生命的未來」以及「未來的生命」覺得徬徨無助而茫茫然嗎？當然不會，而且是充滿無比的信心與歡喜！

一切諸佛所護念經

最後，我再以《阿彌陀經》中所說的「一切諸佛所護念經」來加強大家的信念，也做為本文的總結。在《阿彌陀經》中，釋迦牟尼佛除了介紹阿彌陀佛極樂淨土世界的種種功德莊嚴，讚歎阿彌陀佛的種種不可思議功德之外，還特別介紹了在「東方、南方、西方、北方、下方、上方」等六方世界，都有如是等恆河沙數諸佛，各自在自己的佛國淨土，出「廣長舌相」，宣說微妙法音，而且傳播的範圍，能夠遍覆三千大千世界（註）。

由此可知，整個法界不是只有阿彌陀佛的極樂國土，還包括了「東方、南方、西方、北方、下方、上方」等六方世界，都有無量無邊的佛國淨土，而且所有這些佛國土中的諸佛，他們彼此之間都有聯繫與互動，就如釋迦牟尼佛在《阿彌陀經》中所說的「如我今者稱讚諸佛不可思議功德，彼諸佛等亦稱讚我不可思議功德」。

註：「廣長舌相」是諸佛的三十二相之一，原意是指諸佛之舌相廣而長，伸出來能夠覆蓋面部乃至髮際。凡是具足此相的聖者，有兩種表徵：一、所說的言語必定是真實不虛的，二、辯才無礙，說法無窮。蘇東坡的廬山詩偈第三首〈宿東林寺〉中的第一句「溪聲盡是廣長舌」，就是引用「廣長舌相」來譬喻佛陀的微妙法音，詩文的意思是說，溪水的聲音就像是佛陀在對眾生說法。

《阿彌陀經》中的六方世界諸佛國土，還蘊含著一個個非常先進的現代教育概念，就是諸佛國土有如形成一個「（佛國）國際教學聯盟」，可以相互往來參學，所以阿彌陀佛極樂國土的眾生，才能夠在每天清晨，盛著香花，周遊十方諸佛國土，供養諸佛菩薩。

我再用比較白話的方式，來幫助各位讀者理解「一切諸佛所護念經」其中所蘊含的深意，進而了解我們如何能與十方諸佛相應而感應道交的奧秘。《阿彌陀經》云：

舍利弗，如我今者讚歎阿彌陀佛不可思議功德之利，東方亦有阿閦鞞佛、須彌相佛、大須彌佛、須彌光佛、妙音佛，如是等恆河沙數諸佛，各於其國，出廣長舌相，遍覆三千大千世界，說誠實言。汝等眾生，當信是稱讚，不可思議功德，一切諸佛所護念經。

在《阿彌陀經》中，釋迦佛陀介紹了東方世界各佛國之後，接著又介紹了南方、西方、北方、下方、上方等六方世界的各個佛國，接著進一步解釋「一切諸佛所護念經」的意涵，經文如下：

舍利弗，於汝意云何？何故名為一切諸佛所護念經？舍利弗，若有善男子、善女人，聞是經受持者，及聞諸佛名者，是諸善男子、善女人，皆為一切諸佛之所護念，皆得不退轉於阿耨多羅三藐三菩提。是故舍利弗，汝等皆當信受我語，及諸佛所說。

這裡所說的「一切諸佛所護念經」就是指這一部《阿彌陀經》，凡是聽聞《阿彌陀經》而發心受持者，以及誦念及聽聞六方世界諸佛名號的所有善男子、善女人，都會得到一切諸佛的護念，都能夠不退轉於阿耨多羅三藐三菩提。這句「一切諸佛所護念經」是極有深意的，所以釋迦佛陀還特別對舍利弗強調，我們都應當信受他所說的，以及諸佛所說的法音。

然而，大多數人都不太了解「皆為一切諸佛之所護念」其中的深意，所以，當我們念到六方世界的諸佛名號，例如「阿閦鞞佛、須彌相佛、大須彌佛、須彌光佛、妙音佛……」的時候，往往在心中沒有特別的感覺與感情，這些佛號好像只是陌生的「路人甲、路人乙、路人丙」等等，就這樣糊里糊塗地念過去了，而不覺得跟我們有什麼關聯。我們在稱念這些諸佛名號的時候，如果連一點「感覺」和「感情」都沒有，怎麼會有任何

「感動」與「感應」呢？

那麼，如何才會有感應？這就要運用我在上文中解說過的，大勢至菩薩所開示的「念佛三昧」。也就是，當我們在稱念這些諸佛名號的時候，不能只是有口無心地將他們當成「路人甲、路人乙」似的念過去，而是要有親切的「感覺」與深切的「感情」，打從心底「知道」這些諸佛也正在護念著我們，同時在心中生起一種深深的「感動」與「感激」，就能如大勢至菩薩所說：「若眾生心，憶佛、念佛，現前當來，必定見佛，去佛不遠；不假方便，自得心開」，久而久之，自然感應道交。

雖然誦經、念佛的究竟意義非常深奧，不過我們仍然可以用很淺白的道理來了解，簡單明瞭地說，我們凡夫並不只是單向地持誦經文、稱念佛號而已，而是在我們誦經、念佛的同時，也得到十方諸佛的護念，這是一種雙向溝通的感應道交。換句話說，當我們誦經、念佛的時候，不只是我們在自己心中念佛、念法而已，十方法界的諸佛也在他們的心中護念著我們。

很多人在誦經、念佛的時候，並沒有這樣深刻的體會與信念，甚至於有一些人只是有口無心傻傻地念，這是很可惜的。不過我們只要轉一個念頭，就可以深入體會這種感應道交的奧秘與奧妙。

如果我們在念佛的當下，能夠體認到十方諸佛的慈悲護念，然後時時刻刻、心心念念都能與佛相應，若能如此念佛，持之以恆，則不求一心不亂，也就自然一心不亂了。

一期生命自然謝幕的歷程

前言

二〇一八年十月上旬（十月四日至九日），國際佛光會二〇一八年世界會員代表大會在佛光山舉辦。十月七日下午，來自全世界各地的佛光會啦啦隊，在福慧家園大禮堂（原普門中學體育館）表演，傍晚就在大操場舉辦園遊會，與會大眾在戶外餐敘同樂。

園遊會結束後，我就散步回大智殿男眾佛學院，走到放生池滴水坊涼亭旁邊的時候，心中突然起了一個念頭，想要到旁邊的文教廣場裡面轉一下。一走進文教廣場，就遇到從洛杉磯回來的朱寶秦師姐，她一看到我，就說有一件事要跟我分享，我們就在閱覽區有桌椅的地方坐下來談話。

寶秦師姐說她在西來寺聽過我好幾場演講，包括中文和英文的演講，對於我講的生死自在之道，包括安寧照顧、臨終關懷、親情陪伴、生命永續的靈性開導與往生助念等等，印象非常深刻，而且信受不疑。

四個月前，二〇一八年六月四日，她的同修Ronald H. Chausse在家中往生，高齡九十六歲，她謹記我在演講中所一再強調的臨終關懷過程中應該做到以及必須避免的事項，並沒有將同修送到醫院急救，而是溫馨地陪伴照顧，誦經、念佛、迴向，最後同修很安詳地捨報往生。

然而，同修在往生之前的六天期間，因為咽喉肌肉已經不能運作，不但無法吞嚥，甚至於不能喝水，所以都不吃不喝。當時師姐非常擔心，認為那樣子完全不進飲食，身體如何支撐得了？那時，師姐認為至少也應該要為同修打個點滴什麼的，但是來家裡協助照顧的安寧（Hospice）護士告訴她說：「不需要了，看他的情況，他已經和另外一個世界連上線了，所以不需要我們人間世界的飲食了。」

那位護士還特地送給師姐一本有關臨終關懷的小冊子*Gone From My Sight*，裡面對於臨終病人身心變化的跡象、徵兆與症狀，有很清楚而且完整的描述，可以幫助那些照顧病人的家屬，知道如何因應臨終的現象與情境。

其實，臨終的人是不需要任何飲食的，他所需要的養分是另外一種靈性的能量，是來自另外一個世界，所以不吃不喝是正常的現象，完全不用罣礙，師姐聽了那位美國護士的說明之後就放心了。

在同修往生前的最後那六天當中，寶秦師姐用佛法來陪伴與照顧同修，不可思議的是，同修身上的黑斑都很神奇地去除了，而且臉上的皺紋也都消失了，看上去非常地平靜，而且非常地高興，就好像剛剛從禪定當中出來的樣子，讓師姐不得不相信護士的話以及小冊子裡的資訊。師姐跟我說，等她回到美國後，會將那本小冊子找出來送給我。

二〇一九年農曆新年期間，寶秦師姐回到佛光山過年，同時在佛陀紀念館擔任英語導覽義工。我們在山上見面時，她就將那本*Gone From My Sight*小冊子送給我。

開學後，我在南華大學的生死學研究所、宗教學研究所以及樂齡大學的課堂上，在談到臨終關懷的課題時，我就將小冊子裡所述的內容，與同學們分享及討論，大家都覺得其內容不但寶貴而且非常實用，對於臨終關懷的理論理解與實務操作，都有極大的助益。但是很可惜的，環顧臺灣的各大醫院裡面，竟然缺乏這麼重要的資訊。

以下我就根據*Gone From My Sight*這本小冊子，再參考一些相關的文獻資料，加上當年我們兄弟陪伴照顧父母親往生的親身經驗，並且融合佛教的觀點，以「一期生命自然謝幕的歷程」做為本文的標題，將一個人一期生命謝幕之前，他的身（生理）、心（心理）、靈（靈性）變化的歷程，以客觀的立場與科學的角度來敘述，讓大家如實了解「自然死亡」的過程，以及如何陪伴、照顧臨終的親人，協助他們如願善終往生。

***Gone From My Sight*（《從我的視野中消逝》）簡介**

Gone From My Sight（《從我的視野中消逝》）這本小冊子，還有個副書名是「The Dying Experience（臨終的經驗）」，作者Barbara Karnes，是美國一位多年從事安寧照顧、臨終關懷與臨終教育而且獲獎的專業護理師，一共出版了五本臨終關懷的小冊子，這是其中之一。「Gone From My Sight」原本是一首英文散文詩的題目，用來比喻「死亡的旅程」與「生命的延續」，這首詩的內容收錄在小冊子的文末，在此先不敘述，等到本文要結束前，再和大家分享其內容。

有關「自然死」的基礎心理建設

我們每一個人在自我自然生命週期的最後，都會以自己獨特的方式謝幕而邁向死亡。在下文中所敘述的臨終過程，就像是一個指南或是引導，有如一張指引路線的地圖。就如同任何地圖一樣，會有許多條不同的道路都能抵達同一個目的地，也可以有很多種方式進入同一座城市。

下文所揭示的這些指南，大家在了解其內涵與進一步實際運用的同時，務必要記得，其中所講述的內容，並不是絕對與單一的標準，也不是固定且僵化的公式，而是非常有彈性與變化的生命情境。我們每一個人在臨終往生之際，身心都必然會出現各種輕重程度不等的轉換與變化，而且這些變化的現象、徵兆與症狀，除了有「共通性」與「普遍性」之外，同時也會有相當程度的「獨特性」與「個別差異」，也就是說會「因人而異」。客觀而言，我們每一個人都會以自己的獨特方式告別世間，就像是我們每一個人活在世間的時候，也都是以各自獨特的方式度過一生。

下文中所敘述的那些現象，有些人可能全部都會出現，有些人可能某些部分會出現，其他一些部分不會出現，情況不一而足。此外，有些人可能要花上幾個月時間才會告別世間，有些人可能要幾個星期或幾天，也有些人很快，只須幾個小時，甚至於幾分鐘就走了。

雖然如此，我們仍然可以經由臨床經驗與實地觀察，進而歸納、整理出一套臨終身心變化的「通則」與「常模」，有助於我們在面對與照顧臨終親人之際，得以實際地觀察、認知與了解生命末期身心變化的現象與進程，而得以適當、正確地因應與處理。

值得慶幸的是，這些臨終身心變化的現象，只要我們真心誠意接受「自然死」的來臨，其實是可以很明顯地觀察得到的，而得以及早準備與適當因應，讓親人能夠安詳善終與如願往生。

然而遺憾的是，由於絕大多數人對於「自然死」的無知與心理排斥，對於這些臨終現象的出現，往往無視、忽視、漠視或視而不見，以至於錯失了應有的照顧關懷與適當因應的寶貴時機，乃至做出錯誤的判斷與處置，甚至讓親人遭受不當的醫療干預及摧殘，最後導致親人不僅僅是不得善終，而且是非常痛苦地在多重器官衰竭的情況下死亡。在親人往生之後，才追悔莫及，抱憾終生。

俗話說：「千金難買早知道，萬金難買後悔藥。」以下所述，就是「千金難買」的「早知道」，以及「萬金難買」而可以「預防後悔」的藥，大家可「千萬不要等閒視之」，而要牢記在心！

臨終之際身心變化的歷程

以下將一個人「臨終之際身心變化的歷程」，按照時間的進程而逐項說明，並且提出因應之方。但是，我要先特別強調，以下所談的內容，主要是針對「自然死」，也就是是指因為「自然老化、自然死亡」的「自然謝幕」歷程；並不包括「拖過人生的賞味期」，而已經全然陷入「老年癡呆、失智」，或者因為急救、插管、氣切等不當醫療干預，而已經陷入「生命的延畢生」等等困境，最後拖到「多重器官衰竭」的「不自然死」。

如果我們將一個人臨終往生之際，其身心變化的情況放入一個時間表的話，那麼可以說，這會是一個非常有彈性的時間表。客觀而言，從「自然臨終」的現象出現，直至「實際死亡」發生之前的身心變化歷程，通常會在「實際捨報（斷氣）」之前的一到三個月開始，而實際最後階段的「臨終過程」（dying process）會在「最終捨報」之前的兩週內開始。

其實，任何人只要沒有癡呆或者失智，到了生命的末期階段，他的身心都必然會有一種「大限將至」的感覺，然後在他的心中會確實知道「自己的時間快到了」。這一種「預知時至」的能力，其實是我們每一個人天賦的本能，而且還不限於人類。大家養的寵物——貓咪、狗狗，乃至森林中的大象，都可以預知時至，當然其前提是沒有癡呆、失智。可惜的是，這樣的理解很少有機會能與大眾分享，所以絕大多數人都不知道。【慧開按：有關「預知時至」的討論，請參閱《生命是一種連續函數》一書，第一七八—一八九頁，〈我們能不能預知自己的死亡？〉一文。】

壹、自然往生（捨報）之前的一個月至三個月

一、**退隱**（Withdrawal）

如果一個人神智清晰，沒有失智、癡呆，也沒有遭遇到醫療的不當干預，乃至陷入昏迷，而有幸經歷「自然死」的話，在他自然往生（捨報）之前的一個月至三個月，開始會有「我要走了」的感覺，隨著這種感覺與認知變得愈來愈明顯與真切，第一個出現的徵兆與現象就是「退隱（withdrawal）」。一個人會開始從他的周遭世界開始退隱，這也就是

「分離」與「告別」的開始，首先是從他的外在世界退隱，而不再對新聞、報紙或電視等等感到興趣了。

我的母親就是一個實例，她在生前是非常關心國家大事乃至世界局勢的，每天都會觀看電視新聞報導，而且還很有自己的立場與見解，但是在她往生前六個月左右，就開始對電視不感興趣而逐漸少看，到後來就完全不看電視了。

然後，有些人可能會從人群退隱，不再和街坊鄰居互動往來，接著是自己的兒女、孫兒、孫女等等，最後甚至於可能和最親愛或最親近的人都沒有互動。

這裡所說的「退隱」，簡而言之，就是一個人在他一期生命的最後階段，會逐漸失去和旁人以及外界互動的興趣，而不再與旁人交流，同時對於外在世界的一切事物，也逐漸失去了興趣，而不再關心與聞問。進入這一個階段的徵兆就是，一個人從外在的世界自我退隱，而將心思、心念轉移進入內心的世界，在這裡面只有自己一個人的空間。

從外表看起來，大部分時間「退隱」的人都是靜靜的，好像沒有任何活動，但是在他的內心裡面，其實是有很多活動在進行，只是旁人無從知道，也無法看出來。他會開始回憶往事，同時整理、盤點、評估自我的一生，就好像是在「結束營業」之前，店主要清點所有的財物資產一樣。

通常，這種在內心回溯自己過往一生的心理活動，是在閉著眼睛的情況下進行的，因此，睡眠的時間會顯著地增加，除了通常的午後小睡，還會在早餐之後加上晨間小睡。在這個階段，有些人可能幾乎整天都躺在床上，很少起床活動，即使在大白天，睡眠的時間也比清醒的時間長，而且成了常態。以我的母親為例，她在往生前的三個月期間，大部分時間都在睡覺。

從外表上看起來，末期的親人似乎只是在睡覺，但其實在「外人」所不知道也覺察不到的心靈層次，他有著重要的靈性工作正在內心進行。

隨著這種「退隱」的狀態持續深化，臨終者的話語會愈來愈少，愈來愈不需要與他人溝通。在一般人的物質世界與物質生活當中，語言是人我溝通聯繫的重要媒介，但是到了生命最後階段，在臨終者的內心靈性層次，語言便失去了它的重要性；反而無須言語的身體接觸，譬如握手、撫摸、拍背和擁抱具有更多的溝通意義。

因應之道：靜靜地坐在末期親人的床邊陪伴著就好，不要刻意地吵醒他們。可以握著他們的手，用平常的語調跟他們說話，就好像他們可以聽到你所說的每一句話，他們也可能真的聽得到。

二、飲食

我們在活著的時候，需要食物、飲水，以維持身體所需的能量。但是當一個人準備要告別世間的時候，飲食就會自動停止，這是完全自然而然的。可是，對家人而言，這卻是最最最困難接受的觀念之一。

以我個人的親身經驗，我的父母親在告別世間之前，幾乎都是不吃不喝的。特別是我的母親，在往生之前，因為吞嚥有困難而無法進食，她就乾脆不吃不喝。就連我要餵她喝水，她都主動拒絕，把我的手推開。我了解母親的心意，為了不讓她身心受苦，所以堅持不插鼻胃管灌食。後來母親靠著打點滴，每天一袋點滴、一袋營養液，維持了四十三天的壽命。我的父親在往生之前，也是因為吞嚥有困難而無法進食，我們就以亞培安素混合布丁來幫他餵食，後來也是靠著打點滴維持體力，而沒有插鼻胃管灌食。

對臨終的親人而言，因為他的身體要開始準備「關機」了，所以飲食的部分會自動地開始逐漸減少，不管是什麼食物，吃起來都沒有什麼味道，食欲愈來愈低，有時候想吃，有時候不想吃。很多人會說：「我就是不想吃東西了嘛！」在這個時候，可以讓親人吃一些流質的食物，而避免吃固態的食物，以利他的腸胃準備「關機」。一開始，肉類是首先去除不吃的，其次是蔬菜和其他難以消化的食物，直到後來連軟性的食物都不再吃了。

這是一般人最難接受的觀念，然而也是最重要而且涉及能否善終的關鍵。看到臨終親人不吃不喝，家人就緊張了——「什麼東西都不吃，怎麼可以呢？」於是就想方設法為親人插管、灌食。最後害得親人的身心不得順利「自然關機」，而導致「當機」，無法善終，真的是「非常冤枉啊！」

在*Gone From My Sight*這本小冊子上說：「It is okay not to eat. A different kind of energy is needed now. A spiritual energy, not a physical one, will sustain from here on.」以上這段話翻譯如下：不吃東西是OK的，親人現在所需要的是一種不同的能量。從現在開始，維繫生命的，是一種靈性的能量，而不是物質的能量。【慧開按：為了加強讀者的印象與信心，我特別引述英文原文，再加上中文翻譯。】

以上這一段美國護士所說的話，和我所主張的臨終關懷之道，不謀而合。在親人生命的最後階段，絕對不要為他插管灌食，以免嚴重影響乃至阻礙其肉體「自然關機」的過程而不得善終。當務之急是幫親人念佛或者祈禱，那才是親人最需要的精神與靈性能量，絕對不是妨礙親人善終的物質飲食。【慧開按：有關「是否應該插鼻胃管灌食」的討論，請參閱《生命是一種連續函數》一書，第三五一—三六八頁，〈臨終親人該不該插鼻胃管的再省思〉一文。】

有關末期與臨終親人的飲食狀況，我另外參考了美國的「十字路安寧緩和照顧機構」（Crossroads Hospice & Palliative Care）所發行的臨終照顧手冊*Here and Now*（《此地此刻》），其中有關臨終者的飲食狀況，以及如何因應，也有很務實與建設性的指引，我綜合其內容，再加上自己照顧父母親的親身經驗，敘述如下供大家參考。

飲食的減少：臨終的親人可能只會想要一點點的飲食，或者完全都不想要進食或喝水。他們的身體會自然地保持能量，以做為未來任務（善終往生）之用，在生命最後的轉換階段，食物已經不再是他們所需要的了。

因應之道：如果臨終者不想進食，家人千萬不要強迫他們吃東西或喝水，這樣只會讓他們更不舒服。如果擔心他們缺乏水分，可以試著用小冰塊或者小塊冷凍果汁讓他們吸吮，幫他們潤喉，也可以使用口腔清潔棒（glycerin swabs）或口腔潔牙棒（toothette）沾礦泉水或果汁，輕輕地擦拭他們的嘴唇，以保持口唇濕潤，這樣會讓他們覺得更為舒適。也可以在他們的額頭上，墊一塊涼爽濕潤的小毛巾或手帕，這也會對他們有幫助。

我們兄弟照顧雙親的經驗：我的母親（二〇一二年十一月二十四日往生）和父親（二〇一四年八月十八日往生）在往生前的三個月左右，都不約而同地出現了吞嚥困難的情況，其原因是由於喉頭的會厭軟骨老化，就好像零件生鏽了，導致在飲食的時候無法完全蓋緊氣管而有縫隙，以至於食物或水會滲入氣管而嗆到，所以飲食吞嚥會產生困難。

其實吞嚥困難的情況，並非我父母親獨有，而是幾乎所有上了年紀的老人都普遍會發生的，這也就是我講的，「人生的賞味期」將盡的徵兆。那時候，我母親的反應是主動拒絕飲食，而且因為她已經預知時至，所以一心一意求往生。我很了解母親的心意，所以堅持不讓醫護人員為她插鼻胃管灌食，而以每天一袋點滴、一袋（台大五號）營養液維持身體所需。

起初，臺大醫院安寧病房的醫師不以為然，認為每天一袋點滴、一袋營養液不足以維持母親的身體所需，應該要插鼻胃管灌食才行。醫師還說就算要打點滴輸液，台大五號也嫌不夠營養，還有更為營養的輸液，最好是插管灌食。二弟開憲就反問醫師：如果插管灌食，或者打更營養的點滴輸液，但是身體已經吸收不了，而又排不出去，那怎麼辦？結果醫師聞之語塞，答不出話來。

我堅持不讓母親插鼻胃管灌食，結果她的氣色反而愈來愈好，感覺一點都不像「末期」或「臨終」的病人，很多人看了都覺得不可思議。這也是絕大多數人的成見與誤解，以為末期或臨終的病人就必定會呈現一副「衰竭」或是「死相」的樣子，其實不然，「自然捨報」絕對不會拖到「奄奄一息」，「如願往生」也絕對不是「衰竭而死」，而是保有最後足夠的精神與體力讓自己的身體順利關機。

到了最後要捨報之前，二弟發現母親的呼吸有蛋白質的氣味，表示她的身體已經無法吸收點滴輸液，也就是，她的身體已經完全不需要外來的養分了，所以我們就決定連點滴都停掉了。

我父親在生命最後階段，因為免疫系統失調，加上體能嚴重退化而不幸感染肺炎，結果左邊肺葉發炎浸潤（X光片顯示整個左肺是白色的），情況非常嚴重，由於血氧不足而導致呼吸困難，因此需要補充營養，以改善肺部發炎的情況。父親沒有主動拒絕飲食，然而由於吞嚥困難，喝水也會嗆到，無法正常進食，我們就以亞培安素混合布丁來幫他餵食。因為布丁不是液體而是黏稠狀的半固體，慢慢地餵食，可以滑入食道，而不會滲入氣管，就不致於嗆到。後來左邊肺部發炎的情況大幅改善，呼吸困難的情況也得到緩解。最後，父親也是靠著打點滴維持體力，而沒有插鼻胃管灌食。

我在上文中已經提到，臨終者的身體因為要準備「關機」了，所以飲食的部分會自動地開始逐漸減少，終至完全都不需要飲食。但不幸的是，絕大多數人都不知道、也不了解這個道理，當臨終的親人無法自行進食的時候，就為他插鼻胃管，然後不斷地灌食，誤以為是幫他的身體供給營養，其實是一種可怕的錯誤，而且是嚴重違反生命自然歷程的干擾與破壞，最後害得親人的身體無法順利「自然關機」，而導致「當機」，在身心俱疲的情況下，痛苦而終。

我的父母親在他們這一世生命的最後一刻，不但沒有陷入昏迷，而且都是在意識清楚的情況下，沐浴在「南無阿彌陀佛」的佛號聲中，呼吸了最後一口氣，含笑捨報往生；如果他們沒有足夠的精神和體力，是絕對不可能有如此圓滿的結局的。臨終親人最後所需的精神和體力，根本就不是來自飲食，而是來自家人的親情陪伴，以及為他們開導、誦經、念佛、迴向或者祈禱等等的靈性關懷。

貳、捨報前一到兩個星期

一、迷惘／迷失方向（Confusion / Disorientation）

當臨終者進入「捨報前一到兩個星期」這個階段，大部分時間都在睡眠，旁人似乎無法讓他們睜開眼睛。不過，他們還是可以從睡眠中被叫醒的。我們可以說，他們的兩隻腳，分別踏在兩個世界——「這個世界」和「未來要去的世界」。旁人面對這個階段的臨終者，往往會變得困惑，因為他們所談的人物、地方和事情，很可能都是身邊的親人所不知道的，或者從未聽過的。甚至於臨終者可能會看到並和已經過世的親人交談。

在*Here and Now*（《此地此刻》）這本小冊子裡面，則提到臨終者可能不知道此刻的時間，或者自己身在何處，也可能無法識別身旁的人。此外，他們還往往會出現一種「臨終視覺經驗（vision-like experiences）」，也就是他們會說他們和已經去世的人談過話。他們也可能會說，他們待過哪些地方，或者看到的哪些東西，卻是你所不知道的，或者看不到的。這些都不是幻覺，也不是藥物反應，而是常見的現象。

因應之道：在和臨終者說話之前，先表明你自己是誰，然後用平常的語調和速度，清晰而真誠地說話。面對臨終者出現這種「看到過世的人」，或者「和過世的人講話」的情況，不要反駁、辯解或是貶損他的這種體驗，而是要用平常心肯定他們。如果他們自己似乎被這一種經驗嚇到的話，就要安慰他們，跟他們說：這是很常見的，而且也是很正常的，這些事情是會發生的。

二、**躁動不安**（Restlessness）

臨終者可能會抓取或拉扯床單、被褥等床上用品，也可能會激動揮舞手臂，這些動作可能會不斷地重複。所有這些身體的活動，從外表看起來，都有一種似乎無目的、無意義的感覺。他們的生命焦點正在從這個世界轉換到另一個世界，他們在這個世間的立足點正在逐漸流失，部分原因是身體內的氧氣逐漸減少。

因應之道：不要干預他們這些身體的活動，也不要試圖約束或阻止他們。要以一種平靜、自然的方式和他們說話。輕輕地按摩他們的額頭，可以讀文章、講故事或者誦經給他們聽，也可以播放舒緩的音樂。

三、身體的生理變化

在這個階段，臨終者的身體開始有一些生理上的變化，顯示他們的色身（肉體）原有的自我維持功能正在逐漸流失。

血壓：首先，血壓往往會降低。

脈搏：接著，脈搏也會有明顯的變化，要麼可能從正常的每分鐘八十下，一直向上增加到一百五十下以上，要麼可能向下降到任何數值，甚至於一路降到零。

體溫：體溫可能會在發燒和發冷之間上下來回波動。

排汗：排汗可能會增加的，所以身上往往會潮濕而黏黏的。

膚色：皮膚的顏色會改變，發燒的時候會通紅，發冷的時候會紫青。在趨近死亡的時候，往往會伴隨著一種淡黃色的蒼白（不要與黃疸相混淆）。指甲床、雙手和雙腳往往是蒼白或瘀青的，那是因為心臟已經無法以正常的動力輸送血液通過身體。

呼吸：呼吸也會發生變化。呼吸的頻率可能會從正常的每分鐘十六下增加到二十下，甚至可能增加四十下或五十下；也可能減少到每分鐘九下，甚至於六下。在呼氣的時候，可能會出現吹嘴唇呼氣（puffing, blowing of the lips），然後暫時停止有節奏的呼吸，過一會兒才恢復，這些情況通常發生在睡眠期間。可能會發生呼吸阻塞（congestion）的情況，也就是在肺部和上喉嚨會發出嘎嘎般的聲音。可能會有咳嗽的情況發生，但是通常並沒有什麼東西咳出來。不過，所有這些呼吸的變化和阻塞，都會有「一陣子來、一陣子去」的趨勢。前一分鐘，任何或所有這些症狀都有可能出現，到了下一分鐘，呼吸可能會清爽、暢通且平穩。

因應之道：藉由調整醫療床的角度，將他們的頭及上半身抬高，或者幫他們翻身側臥，以便排出分泌物，用濕布輕輕擦拭嘴巴，會讓他們比較舒服。握住他們的手，輕柔地和他們說話。

我們兄弟照顧雙親的經驗：我的母親於二〇一二年十一月二十四日往生，在她往生的十天前，從十一月十四日晚上九點開始，媽媽的呼吸變得非常急促，喘得很厲害，由小弟開定在家中陪伴照顧，當時我正在南華大學。過了午夜十二點，媽媽氣喘的情況未見緩和，小弟就打電話給我。我跟小弟說：現在已經半夜了，如果送醫院掛急診又要折騰一陣子，媽媽不一定受得了，我試著連絡賈淑麗科長（現任衛生福利部國民健康署副署長）看看，請她提供醫護專業意見。

後來聯絡上了賈淑麗科長，問她該怎麼辦？她說：這是體內缺氧的反應，先調高醫療床的角度至45度，讓媽媽的上身仰起半坐，頭部墊高，氣喘的狀況可以緩解，天明後趕快去找一台氧氣機。然後我趕緊回電話給小弟，請他按照淑麗科長的指示，調整媽媽的臥床角度。後來小弟跟我說，媽媽的喘氣情況，一直到凌晨三點才逐漸平復。

參、最後一、兩天，到捨報之前數小時

迴光返照

當一期生命接近尾聲，在這個階段，有一些臨終者會出現「迴光返照」（a surge of energy）的現象。在這個階段之前，他可能是處於「迷惘（confusion）」或「迷失方向（disorientation）」的狀態；但是在這個時候，他卻可以說話說得很清楚，腦筋也很警

覺。他可能已經好幾天什麼東西都沒有吃了，但是在這個時候，卻會要求吃一頓最喜好的飯菜。他也可能已經有相當長的一段時間都不想要見任何人，但是在這個時候，卻可能會坐在客廳裡接見親朋好友和訪客。

這種「迴光返照」，英文作「a surge of energy」，意思是一種「能量的衝擊爆發」，表示他「從這個世界要轉換到下一個世界」的「精神能量」已經來臨，它被用來做為這一期生命最後階段的行動表達，然後再繼續向前邁進。雖然迴光返照並不總是如上述的那幾個例子所表現的那麼顯而易見，不過在事後看來，它通常是可以被察覺及認知到的。也就是，在當時家屬並未明顯意識到，而往往在事後才恍然大悟，可惜已經事過境遷而後悔沒有及早知道。關鍵就在於家屬是否有接受「自然死」的心理準備，是的話就容易察覺，否則就會視而不見。

隨著死亡的降臨與迫近，在先前的一至兩週，臨終者的身體所曾經出現過的跡象與症狀，到了最後這一、兩天，會變得更加密集而強烈，略述如下：

躁動不安（Restlessness）：由於臨終者血液中缺乏氧氣，躁動不安的反應，會進一步增加或增強。

呼吸模式（Breathing patterns）：臨終者最後階段的呼吸模式會變得更快或更慢，也更為不規則。快的話，呼吸可能會快到每一分鐘六十下，比跑百米衝刺還要喘。慢的話，呼吸通常會停止十到十五秒，甚至於三十到四十五秒，然後再恢復。

呼吸阻塞（Congestion）：最後階段的呼吸阻塞可能會非常大聲，這個現象會受到身體側臥（不管是左側或右側）的影響，不過也是來來去去，一會兒有、一會兒沒有。

眼睛：臨終者的眼睛可能是睜開的，也可能是半開半閉著，但是並沒有真正在注視什麼東西，類似一種「視而不見」的狀態。他們眼睛看起來會有些呆滯無神，通常會帶著淚水。

手腳：在最後階段，臨終者的手和腳都可能會變成紫色，也就是「瘀青」的現象，同時膝蓋、腳踝和手肘也都可能會出現斑點，胳膊、雙腿、背部和臀部的底部（躺臥在床上時，身體貼著床鋪的部分）也可能會出現斑點。原因是血液循環變得遲緩停滯，又因為地心引力的關係，血液會向下沉澱，所以會產生這些現象，其實這是很自然，也是很正常的。

沒有反應（Non-responsive）：一般而言，臨終者在死亡前的某些時刻會變得沒有反應，也就是無法對其周遭的環境有反應。

肆、最後捨報

最後，我們會如何面對自我死亡的來臨，將取決於我們面對生命時所產生的恐懼程度，以及我們面對生命的參與程度，還有我們會多願意放手已知的過去，而勇於邁入新的未來？「對於未來的恐懼」以及「之前尚未完成的事務」，是決定我們在面對自我的死亡時，會有多少抗拒的兩大因素。

當呼吸最後停止的時候，分離就會完成。最後一口氣，往往會伴隨著一、兩次長間隔的呼吸，然後身體就放空了。車主已經不再需要一輛沉重而無法運作的老爺車了，他已經進入了一座新的城池，展開下一期新的生命。

我們兄弟照顧雙親的經驗：

我的母親往生前（二〇一二年十一月），曾經先後住在永和耕莘醫院和臺大醫院安寧病房，在整個住院期間，雖然大部分時間都在昏睡，但是睡飽了就會醒來。醒著的時候，會睜開眼睛、轉頭，還會伸出左手揉眼睛、抓癢等等。小弟開定在她面前回憶童年的趣事和講笑話的時候，她不但會開口笑，還會發出「呵、呵、呵……」的聲音。這些情況在在顯示母親的意識是相當清楚的，其實這也是母親能夠安詳善終與如願往生的寶貴契機。

在母親往生前最後兩週（剛好十四天），我們將她從臺大醫院安寧病房接回家中，她幾乎都在昏睡的狀態。但是在最後捨報之前醒來了，她睜開了眼睛看著二弟開憲一家四口隨侍在側，二弟對著媽媽訴說當年她帶著孫兒弘觀在佛光山大雄寶殿的溫馨回憶，她眼角含著淚水，聽到了兒孫話當年的美好回憶，她開口笑了。那時二弟就對弘觀、弘音說，你們大聲念佛一百零八聲給奶奶聽，弘觀、弘音就高聲誦念佛號，到第一百聲的時候，母親深深地呼吸了最後一口氣，安然地捨報往生。

母親在往生前大約十二小時，因為血液循環遲緩停滯，就如上文所述，在身體各部位都出現的嚴重瘀青現象，整個腳底板呈現很深沉的紫色。

母親在捨報之後，印堂發亮，臉上沒有皺紋。母親剛走的時候，嘴巴是張開的，在助念九個小時之後，就自己闔起來了。原本母親因為血液循環遲緩停滯而在身體各部位出現的嚴重瘀青現象，也在助念二十二小時之後，不可思議地全部都消退了。

我母親是在二〇一二年十一月往生，父親是在二〇一四年八月往生，前後相差將近兩年。我們兄弟有了之前陪伴及照顧母親往生的經驗，在陪伴及照顧父親的最後那段時光，更為信心堅定與態度從容。在父親往生的十天前，我們將他從永和耕莘醫院接回家中，兄弟們共同的決定，在任何情況下都不會再送爸爸進醫院了，大家一心一意念佛，積極旁助爸爸求生淨土。

在之後的十天當中，爸爸的意識清晰，正念穩定，往生前二至三天，二弟開憲與小弟開定在爸爸面前念《阿彌陀經》時，爸爸多次向前伸開雙手，好像在迎接人的樣子，目光有神。

最後，爸爸在二弟開憲和小弟妹贏裕的陪伴下，以及在聽聞心定和尚的佛號聲中，意識清楚地睜開眼睛注視著前方的接引佛像，緩緩地呼吸，閉上眼睛又再睜開，最後又閉上眼睛，很祥和地呼吸了最後一口氣，蒙阿彌陀佛接引，捨報往生佛國淨土了。

父親往生前的情況，和母親不盡相同，有一些相同或者類似的情況，也有各自獨特的情況。先講父母親兩人相同及類似的部分，例如：吞嚥困難、呼吸困難、血氧不足，需要用養氣機，都有打點滴。父母親都是預知時至，在最後捨報前，都是清醒的，意識清楚，安詳地呼出最後一口氣而往生。

再談父母親兩人不同的部分，因為老化的關係，母親的腦部有鈣化的情況而輕度失智，後來出現缺血型的腦中風，所以大部分的時間都在昏睡；父親沒有失智，後來是因為免疫系統退化，感染急性肺炎，發高燒而送醫。父親的睡眠情況正常，清醒的時間比較長，意識很清楚。

到。

母親沒有抽痰的問題，父親因為有痰咳不出來，必須定時抽痰。母親因為喝水會嗆到，而主動拒絕飲食，在最後一個半月，完全不吃不喝，靠著每天一袋點滴、一袋營養液維持體力；父親也打點滴，但也進食亞培安素混合布丁，但是不能直接喝水，因為會嗆到。

母親在往生前的兩個月期間，最苦惱的是排便的問題，因為肛門無力，所以排便有困難，後來住在臺大醫院安寧病房期間，感謝護理人員的專業協助，而得以將腸道中的穢物排泄得乾乾淨淨的，讓她得以身心清爽地捨報往生。父親沒有排便困難的問題。

在往生前，母親的腳底出現明顯的瘀血情況，父親則沒有這種狀況。母親在捨報前一小時，血壓一〇三／五十四，脈搏六十，體溫三十六點八度，可以說是維持正常的生命情況，完全沒有衰竭的現象。父親在捨報前十三小時，血氧九十六，血壓七十一／四十，脈搏一三〇，體溫三十七點七度；在捨報前二小時，體溫三十七點八度，雖然用血氧機已經無法量到數值了，用手按脈搏也感覺不到了，但意識仍然很清楚，也沒有衰竭的現象。

我的父母親在捨報之前，仍然都保留有相當的精神與體力，因此能夠保持意識清楚，而沒有陷入昏迷，最後都是沐浴在佛號聲中，安詳地呼吸最後一口氣而往生，並不是因為身體機能完全衰竭而死，所以我們兄弟都覺得十分安慰。

臨終症狀及照顧指南摘要

我在前文中已經說過，我們每一個人在臨終與往生（捨報）之際，身心狀態都必然會出現種種轉換與變化，而且這些變化的現象、徵兆與症狀，除了有「共通性」與「普遍性」之外，同時也會有相當程度的「獨特性」與「個別差異」，不可能完全一個模式。

此外，其出現的症狀多寡、頻率、輕重緩急的程度，也都有所不同，也就是說，都會因人而異，所以大家不要有先入為主的預設立場，而要以「開放的態度」來面對及接受，然後要以溫馨關懷的心情來陪伴及照顧臨終的親人。

以下將上文中所敘述的「臨終症狀及照顧指南」，做一個完整的摘要整理，條列如下，供大家參考：

往生（捨報）前一個到三個月

- 從世界及人群退隱
- 飲食減少

・睡眠增加
・心思轉向內在
・外在溝通減少

往生（捨報）前一個到兩個星期

心智的變化：
・迷失方向
・迷惘
・躁動不安
・與無形對話
・抓取或拉扯床單被褥

身體的生理變化：
・血壓降低
・脈搏升高或降低
・膚色改變：蒼白或紫青等等

- 排汗增加
- 呼吸不規則：急促或減緩
- 呼吸阻塞
- 嗜睡但有反應
- 抱怨身體疲憊且沉重
- 不吃不喝
- 體溫不定：發熱或發冷

最後一、兩天，到捨報之前數小時

- 之前一到兩週症狀的頻繁與強化
- 迴光返照
- 血壓降低
- 眼神呆滯、帶淚、半開半閉
- 呼吸不規則：停頓、開始
- 躁動不安或靜止不動

・手腳、膝蓋出現紫色或斑點
・脈搏微弱，難以察覺
・尿液減少
・可能會尿床或排便

往生（捨報）前數分鐘

・像「魚離開水」那樣地呼吸
・無法叫醒

以開放的態度面對及接納自然死亡的歷程

我要再次特別指出，在上文中所敘述的「臨終症狀及照顧指南」，都是根據臨床實務經驗所觀察、蒐集、整理、歸納出來的臨終者身心變化的「通則」與「常模」，可以做為我們陪伴及照顧臨終親人的重要參考指南，但是大家要記得：這些絕不是金科玉律，也非一成不變的鐵則，而是極有彈性的通則，並且因人而異，個別差異頗大。

除此之外，我還要強調一點，前文所述的內容，乃是一般及通常情況下的「自然老死」，並不包括「拖過人生的賞味期」，而已經全然陷入「老年癡呆、失智」，或者因為急救、插管、氣切等等不當的醫療干預，而已經陷入「生命的延畢生」等等困境，最後拖到「多重器官衰竭」的「不自然死」。也不包括精進修行者的「自在往生」，而這裡所說的「修行者」，也不限於佛教，包括道教、印度教、猶太教、基督宗教、伊斯蘭教等等世界各大宗教的修行者，甚至於堅定不信鬼神的儒者。

至於信念堅固、修持精進或者念佛多年之淨土行者的自在往生，臨終前的身心變化狀況，就不完全如前文所描述的那樣，而是所作皆辦（意即：該完成的任務都已經完成了，該盡的責任也都盡到了，了無遺憾或牽掛了），預知時至，正念現前；捨報之前的身心狀態是：如入禪定，身無病苦，心無罣礙，心不貪戀，意不顛倒，無有恐怖；最後捨報安詳，蒙佛接引。

要達到如此生死自在的瀟灑境界，絕對不是遙不可及的天方夜譚，而是具體可行的，也是人人都可以做得到的。當然，千萬不能「平日不燒香，臨時抱佛腳」，而是必須平日就要努力用功，精進修持。如果信心堅固、願力深厚、行持圓滿，「信、願、行」的功夫與資糧具足，決定可以生死自在、瀟灑去來。

結語：現代醫學面對人類「善終」需求的未來展望
——現代醫學應該深入且有系統地研究人類「自然死亡」的現象及過程

其實，自古以來，無論東方還是西方文化，對於「死亡」與「善終」的看法，原本就不只是侷限於肉體的層次，還有心理與靈性的層次與向度；因此，幾乎在各個文化傳統當中，都有「死後生命」與「死後世界」的說法與論述。

弔詭的是，及至科學昌盛而又醫學進步的現代文明，對於「生命」與「死亡」的看法反而愈來愈窄化，只是侷限在肉體軀殼的層面來定義及處置，而完全沒有「善終」與「往生」的認知、準備與做法。至於「靈性的層面」，則幾乎完全被忽略、抹煞、排除了，這就是現代人難以善終的最根本原因。

現代醫療的未來發展，應該突破現行的理論與思維框架，接納並且正視與重視人體原本就會「自然死亡」以及能夠「自在善終」的本有機制。現代醫學應該以開放的態度，深入研究人類「自然死亡」的現象，以及在臨終過程中人體身心變化的歷程與症狀，積極面對及回應臨終病人的「身、心、靈」面向與靈性層次的需求，進而研究並提出如何因應之道。

其實，我們每一個人未來都必然要面對個人臨終時的種種身心變化與症狀，所以，這也是現代醫學不得不面對的重大課題與挑戰，同時也是醫療科技未來的展望。因此，我由衷地呼籲現代的醫師們，也寄望現代醫療科學，能夠破除傳統上「一味對抗死亡」與「消滅症狀」的侷限與困境，客觀而有系統地研究人類在「自然死亡」的過程中，所可能呈現的種種症狀及身心變化現象，進而能夠幫助社會大眾理解「自然死亡」的過程中，種種臨終症狀與身心變化的訊息意義，讓社會大眾知道如何陪伴及照顧末期與臨終的親人，讓他們得以自然善終與如願往生。

如此，當我們實際在面對親人的生命末期與臨終階段時，能夠以「轉化身心、提升靈性、邁向未來生命」的方式，來陪伴及照顧臨終親人，而達到生死兩相安的臨終照顧目的，實質地維護並提升其「死亡的品質」與「死亡的尊嚴」，讓親人最後能夠真正「瀟灑走一回」，為這一期的生命畫下圓滿的句點！

從我的視野中消逝（Gone From My Sight）

在本文的開頭，我提到了那本*Gone From My Sight*（《從我的視野中消逝》）的臨終關懷小冊子，「Gone From My Sight」原本是一首英文散文詩的題目，用來比喻「死亡的旅程」，同時隱喻「生命的延續」。在這本小冊子中，註明「Gone From My Sight」這首詩的作者是Henry Pan Dyke，不過我後來查詢了維基百科（Wikipedia），作者卻另有其人，當然這不是本文要討論的重點，只是點出有這麼一項懸疑。

行文至此，我將這一首散文詩翻譯如下。因為是首散文詩，所以我採取比較偏於意譯的筆法，而非用直譯的方式呈現。

我站在海岸邊上，身邊的一艘船，
伸展開她白色的風帆，迎向清晨的微風，開始航向藍色的海洋。
她是美麗和力量的化身。
我站在那兒看著她，直到最後她像一朵白雲，懸掛在海天一線之處。
然後，身邊有人說道：「看啊，她走了！」
「去哪了？」
從我的視野中消逝了。

就這樣，當她離開我身邊時，她的身軀巨大，桅杆高聳，
而且能夠承載著大量的生活物資，前往她預定的港口。
她逐漸縮小的身形，是在我的眼中，而不是在她身上。
就在我身邊，當有人說道：「看啊，她走了！」的時候，
還有其他的眼睛注視著她的到來，其他的聲音準備好迎接她，
高興地呼喊著：「看啊，她來了！」
這就是「死亡（消逝而去）」……

「植物人」困境的佛法解套之方

前言

我曾經於二〇一七年一月八日至四月二日，在《人間福報》「生死自在」專欄以〈「安樂死」的迷思與解套之方〉為題，寫了十二篇系列文章，其中有兩節文字特別討論到「植物人」的問題及其可能解套的方法，小標題分別是〈「植物人」與「安樂死」困境的可能解套之方〉及〈宗教信念與行持能為「植物人」與「安樂死」的困境解套〉。而〈「安樂死」的迷思與解套之方〉一文也收錄在本系列叢書《生命的永續經營》中冊，請各位讀者自行參閱。

二〇一九年八月中旬，「彌陀學苑」微信公眾號平台轉來一個問題，希望我能為大眾解惑。問題的內容如下：

我爸爸腦出血住院，醫師說已經是植物人，請問：在所有人都勸我放棄的時候，我要不要堅持？這樣子下去，有沒有奇蹟出現？

針對這個問題，我將在下文中提出一些分析和建議，供各位讀者參考。

「植物人」狀態必須經由醫療專業診療驗證判定

首先，我必須指出，坊間媒體報導所提及的「植物人」案例，絕大多數都是道聽塗說、以訛傳訛，而非經由醫療專業診斷驗證判定的。即使醫師說已經是植物人，也必須要有醫療專業診斷驗證判定的證據，不能信口而言。就以臥床長達將近半個世紀（四十七年）之久的王曉民（從一九六三年九月至二〇一〇年三月）為例，大家都說她是「植物人」，但是以醫療專業的角度來判定，王曉民根本就不是植物人，她的病情比真正的植物人猶勝許多。所以上面的問題中「爸爸腦出血住院，醫師說已經是植物人」，只是因為

「腦出血住院」就變成「植物人」了？這一點我高度存疑。

其實，真正的「植物人」是很少見的，多半都只是「類似」或「接近」植物人狀態」，而非「真正」的「植物人」。不過，為了討論的方便，在本文中我還是權宜採用「植物人」一詞做為討論的對象，但是其意涵則包括了「類似或接近植物人狀態」的病人。

即使是真正的植物人狀態，醫療界也僅止於考量不進行積極治療，或者不施行維生醫療，而絕對不贊成以人為加工的干預方式（譬如「安樂死」或「醫師協助的自殺」）令其提前死亡。

究竟要放棄什麼？或者要堅持什麼？

問題中說道：「在所有人都勸我放棄的時候，我要不要堅持？」而我要問的是：「究竟要『放棄』什麼？或者要『堅持』什麼？」

一般而言，我們說「放棄」就是「放棄生命」，不再救治了，而「堅持」就是「不放棄生命」，救治到底；好像到了最後關頭，生命就只剩下這兩種選項：「放棄」或者「堅持」，而沒有任何其他的可能。好吧！就算你「堅持」救治到底，有沒有想過：結局會是什麼樣的情況？很不幸的，結局幾乎都是「多重器官衰竭而死」，遠比「放棄」還要痛苦而悲慘！

因此，「放棄」也好，「堅持」也好，都是對「生命」與「死亡」的嚴重誤解與誤判，借用禪宗的說法，都是「錯用心」而作繭自縛！因為這兩種選擇有一個共通的盲點，就是，都看不到「生命的未來」與「未來的生命」，所以都會讓生命走入死胡同！

如果我們了解自身內在靈性的生命是永續的，既不會斷滅也是不曾斷滅的，那麼根本就沒有所謂「放棄」或「不放棄」生命的問題；如果我們了解個人色身肉體的物質生命是有限的，當使用年限屆滿，就必須汰舊換新，那麼根本就沒有所謂「堅持」或「不堅持」救治的問題。

基於佛教的生命觀點與生死信念，我認為即使陷入「植物人」的困境，其實仍然是有解套之方的，以下就我個人對佛教的了解，對此問題提出一些看法與建議，供大家參考。

靈性生命的永續vs.肉體生命的有限

如果我們想要徹底超越克服「生命」與「死亡」的困境，就要先深入了解有情眾生的意識結構，以及「生命」與「死亡」的流轉狀態。

從佛教唯識學的觀點而言，有情眾生的意識結構有八項：眼識、耳識、鼻識、舌識、身識、意識、末那識與阿賴耶識。末那識即是第七意識，亦即芸芸眾生「我執」之所繫。阿賴耶識即是第八意識，亦名「藏識」，也就是我們所有「身、口、意」三業的造作，都會留下紀錄在阿賴耶識裡面。

阿賴耶識的狀態，是永恆地轉動而不曾停止的，根據《唯識三十頌》所述：阿賴耶識「恆轉如瀑流，阿羅漢位捨」，也就是說，阿賴耶識就有如瀑布一般地永恆地流轉，即使在我們一期生命的肉體死亡的那一剎那仍然如此，然後流轉展開下一期生命。要等到有朝一日證到阿羅漢果的時候，因為已經「轉識成智」，此時，屬於凡夫層次的意識之流（亦即「妄念」）就會終止。

深入了解了《唯識三十頌》所闡述的心識流轉，就可以清楚地理解到，我們在證悟到阿羅漢的果位之前，處於凡夫狀態的意識之流，是恆常轉動的妄念，但也根本就「不曾、也不會」間斷或停止，而且是像瀑布一般地洶湧流動。

如果我們將「死亡」定義為「生命的徹底斷除與絕滅」，那麼我們的「靈性生命」是從來就「不曾、也不會」死亡的。不論是從科學、醫學的觀點，或是一般常識的看法，客觀如實而言，所謂的「死亡」，只是我們的色身肉體由於老朽、衰敗或者重傷、絕症，導致不堪使用而終於停擺的現象。我們內在的靈性生命與心識流轉，從來就不曾片刻停頓，更不可能斷滅。簡言之，生命是「不會，也不曾」死亡的。

從生死流轉的層次與現象而論，我們的色身肉體並非生命的主體，只是生命的「載體」。再者，肉體是物質的結構，有其相應的使用年限，必然會經歷汰舊換新的歷程，因此肉體的生命終究會面臨「死亡」的關卡。靈性生命的意識之流才是生命真正的「主體」，此一生命的主體是無始無終的，沒有使用年限的，因而也沒有所謂的「死亡」關卡，只是永恆不斷地流轉。

就是因為我們凡夫身處於「靈性生命的永續」與「肉體生命的有限」這一種弔詭的情境當中，所以我們的生命就以「生了又死，死了又生，生生死死，生死交替」的方式呈現，因而產生了「一期接著一期」的生死輪轉現象，佛法稱之為「分段生死」。

至於已經證果的羅漢與登地的菩薩，由於他們已經斷除了「見惑」與「思惑」，凡夫的意識之流（亦即「妄念」與「煩惱」）就會停止，但不是斷滅，而是「轉識成智」，也就是將凡夫意識的虛妄雜念，轉化成深觀明照因緣性空的般若智慧，因此徹底解脫煩惱而不再受到生死輪轉的束縛，並且能夠不斷地將生命層次提升到更高的境界，他們所經歷的就不再是「分段生死」，而是「變易生死」。

「生命永續」與「心識不滅」的進一步解析

《唯識三十頌》經文裡面有關有情眾生心識的說明與闡述，揭示了一個非常關鍵而重要的道理，就是「心識不滅」，而且可以「轉化升級」；換言之，我們的「心識」（或者「意識之流」），是不會，也不曾斷滅的。不但如此，我們的心識狀態還可以經由正勤修持「聞、思、修」與「戒、定、慧」的心性功夫，最終可以達到「轉識成智」的境界。

在一般日常生活當中，我們的意識之流本來就是經年累月二十四小時不停地轉動，即使在睡眠之中也片刻不曾停止。在我們的睡眠狀態中，意識的作用其實是非常活絡的，遠遠超過大眾的理解與覺察，在睡夢之中「色、聲、香、味、觸、法」樣樣具足。具體地說，我們在睡夢中，隨著夢境裡面的六識之生起與變化，「眼識」可以「看到」五光十色，「耳識」可以「聽到」歌聲音樂蟲鳴鳥唱等各種聲音，「鼻識」可以「聞到」各種香臭的氣味，「舌識」可以「嘗到」酸甜苦辣等味道，「身識」可以「感覺到」冷熱冰涼軟硬澀滑等觸覺，而且「意識」會經驗到「喜怒哀樂、生離死別、悲歡離合、恩怨情仇等等」的情緒反應。夢中的世界就是一個大千世界，所以〈永嘉大師證道歌〉云：「夢裡明明有六趣，覺後空空無大千。」

不單是在睡夢當中，就連我們在昏迷當中——不論是因為意外撞擊受傷而昏迷，或者是因為醫療手術麻醉而昏迷——意識的作用也不曾片刻停止。甚至於有人還有「靈魂出竅（out of body experience）」的經驗，或是「瀕死經驗（near death experience）」，種種這些「心識不滅」的現象與經驗，已經有許多國際的學術研究報告，在在顯示「意識之流」綿延不絕。

不僅如此，甚至於在我們的肉體經歷「死亡」（佛教說「捨報」）的那一剎那，意識之流也沒有片刻停頓，而是肉體的運作停擺終止，意識則逐漸脫離肉體，轉移進入另外一個時空環境。

在持續性植物人狀態（Persistent Vegetative State, PVS）下，因為肉體尚未死亡，所以其意識還無法脫離肉體，然而意識之流並未停止，而且也不會停止，但是因為肉體陷入昏迷，故而意識的作用無法彰顯，這一點我在下文中再進一步解析。

理解與信受「心識不滅」與「生命永續」的重要性

經由以上的分析，我們可以清楚地知道，在凡夫的層次，肉體的「自然死亡」是我們「一期生命」遲早必然要面對的「自然現象與歷程」。從當世的角度來看，「死亡」的現象只不過是我們「一期生命」的「謝幕」；而從來世的角度觀之，「死亡」也是過渡到「下一期生命」的「序曲」。

但是，由於我們凡夫的肉眼看不到「生命的未來」與「未來的生命」，因而對於「這一期」肉體生命的自然「死亡」現象就產生了極大的誤解與臆測，以為「死亡」就是「生命的斷滅」，而導致極大的恐懼而極力抗拒，也因此在面臨自我或親人一期生命的末期時，不論是惡疾絕症，還是持續性植物人的現象，就產生了「放棄」或「堅持」的兩難困境。

一旦我們理解了「生命永續」的道理，確實信受「生命的未來」與「未來的生命」，就看穿了「死亡」的面紗，透析了「死亡」的實相，破除了對於「死亡」的恐懼與抗拒，就能跳脫「放棄」或「堅持」的兩難困境。

從佛法的觀點解析「植物人」的意識狀態

我在前文中已經說過，吾人生命的真正「主體」是「意識之流」，而色身肉體只是意識之流的「載體」。然而，在吾人的一期生命當中，「眼、耳、鼻、舌、身、意」六識的作用不能離開色身肉體，六識要能正常運作，必須是在身體相對健康的情況下才能發揮功能。身體的健康狀況愈好，六識的功能就愈能發揮；反之，身體的健康狀況愈差，六識的運作就愈加受到限制。

此外，當我們的色身肉體受到諸如藥物、酒精、毒品等等的負面影響之下，六根都會受到深淺程度不等的毒害與麻痺，六識的功能與作用也會受到輕重程度不等的干擾與扭曲，無法正常地運作，乃至於時間久暫不等的停擺，甚至於造成身體永久性的傷害，無法復原，也由此可知，身體與六識之間的密切相依程度。

在「持續性植物人的狀態」（PVS）下，一個人的六識功能及其運作就好像是被他的病體給「鎖住」了，或者說是處於「當機」的狀態下。就像是電腦在當機的情況下，電腦其實是開著的，power是on的，螢幕也是亮著，硬碟也一直持續在轉，但是鍵盤及滑鼠卻都不聽使喚，完全沒有任何反應——卡住了，這時候的電腦就有如「持續性植物人狀態」，必須要找電腦高手來解套。

在前文中已經說過，吾人的「意識之流」不曾片刻停止，但是在其所依止的色身肉體最後終止運作（也就是「死亡」）的時候，心識就會逐漸脫離遺體，這也就是佛教講的「捨報」——捨棄而脫離已經死亡的肉體報身，時間的遲速久暫，則因人而異。然後，吾人的「意識之流」會轉移進入到另外一個時空環境的色身肉體裡面，也就是通俗所說的「投胎轉世」。

在持續性植物人的狀態下，因為他的肉體還沒有真正死亡，所以心識也就無法「捨報」而脫離，這就造成了進退維谷的生命難題，一方面，心識還無法脫離肉體，另一方面，意識之流也沒有停止，但是因為身體「當機」了，六識等於是被「鎖住」了而無法運作，這確實是一個進退兩難的終極困境。

就表象上來觀察，持續性植物人狀態幾乎毫無意識反應，而又了無生趣，處在這樣的情況下，生不如死。大家一定會問：他為什麼還不走呢？或者說，他為什麼還走不了？

在這樣的情況下，可能有以下幾個原因：一者、壽命未盡，二者、業報未盡，三者、與親人的緣未盡，四者、對殘存的病體生命仍然有很深的執著，不願意或捨不得放下。

從表面上來看，病人的「眼、耳、鼻、舌、身、意」六根幾乎完全無法運作，等於已經停擺，所以稱之為「持續性植物人狀態」，然而在其潛意識中，對於這個殘存的色身肉體，或者對於親情以及世俗的種種因緣仍然有很深的執著，所以抗拒死亡，因而勉強維繫著苟延殘喘的存活狀態。

雖然「植物人」的六根，看起來幾乎都已經喪失了正常的運作功能，但是只要生命的現象仍然維繫著，那就表示六根並未完全敗壞，他與至親之間還是可以進行某種程度的溝通。我在前文中已經提到，所謂「植物人」並非完全沒有意識，況且大多數的案例，嚴格來說，都不算是真正的「植物人」。

「持續植物人狀態」的兩難困境與解套的可能

如果病人不幸陷入「持續性植物人狀態」的困境之下，藥石罔效，醫師束手，而且就那樣子拖延著，苟延殘喘且遙遙無期。他的家人可否能為其解套？又如何能為其解套？

我的答案是肯定的：「能！而且一定能！」但是首先要充分了解其「困境所在」及「解套的可能」，然後我們再來談「如何解套之方」。

在前文中，我們已經討論了「靈性生命的永續vs.肉體生命的有限」、「心識不滅」與

「生命永續」，以及「植物人」的意識狀態等問題，有了這些理解之後，我們接下來分析「植物人」的困境與解套的可能，再提出解套之方。

有關「植物人」的困境，要分成內外兩方面來分析，內在的方面又有身、心兩層：一、身體機能嚴重損壞，二、心識功能幾近停擺。第一層困境當然是身體嚴重損傷，無法修復，無論是意外傷害或是惡疾絕症，身體及生命機能不但無法正常運作，而且無法恢復。因此就導致了第二層困境，心識功能與意識作用被病體「鎖住」了，陷入持續昏迷、睡眠狀態，無法與旁人及外界溝通。

雖然從外表來看，病人的六根（眼、耳、鼻、舌、身、意）都幾近停擺——所以稱為「植物人」，但是在其潛意識中，對這個色身（肉體），或者是對於親情仍然有很深的執著，因此抗拒死亡，而維繫著苟延殘喘的狀態。就如同《瑜伽師地論》卷九十四中所云：「由能執受諸根大種識故，令彼諸根大種，並壽並煖，與識不離身為因而住。」

換言之，在病人的深層自我意識之中，對於自我肉體的生命還是有著強烈的執著，所以就「卡」在那裡，進退不得。這樣的困境，會一直拖到身體殘餘的能量完全消耗殆盡，最後因為衰竭而步入死亡，這也是絕大多數「持續植物人狀態」的結局。

至於「植物人」的外在困境，就是家屬的親情牽絆，即使家人都知道病人根本不可能治癒復原，也不捨得讓他離去。當然，家屬多半都會期盼有「奇蹟」出現，也許哪一天病人就突然醒了。然而，即使是「奇蹟」也要有因緣條件，絕對不會無緣無故就出現，而且機率微乎其微。

如果遲遲等不到奇蹟而一直拖下去的話，家屬遲早一定會面臨「要不要再這樣子拖下去」？到底要「放棄」還是繼續「堅持」？——這樣的兩難困境，也因此很多人開始會有「安樂死」的考量。

當「植物人」的一期生命到了這個關鍵點，家屬無論是「放棄」還是「堅持」，都是「錯用心」，其實還有第三種選擇——也是生命唯一的出路，就是家屬和病人都願意「放下無謂的執著」而「求往生」。首先是家屬願意「放下」親情的牽絆與執著，而且看到生命的未來，然後運用佛法開導病人也願意「放下」病體，才能邁向未來的生命。

就如同在現實的人生道路上，當我們無法回頭的時候，如果不想被困住，唯一的出路就是「向前邁進」。同樣的道理，「植物人」的唯一出路就是心甘情願地「捨報」——捨棄病體的報身，也就是「放下、捨棄」這個已經不堪使用的色身，而一心一意「求往生」——邁向未來的生命。

道理其實很簡單，一部老爺車開了數十萬公里，飽經風霜雨露，年久失修，已經離離落落，不堪使用了，又無法修復，唯一能做的，也是唯一要做的，就是「換新車」。

或問：「您說得倒輕鬆，換車也不是那麼容易的呀！更何況身體要怎麼換？怎麼可能！」答曰：「說容易嘛，當然也不那麼容易，說難嘛，也沒您想像的那麼難！」就如同孫中山先生所說的「知難行易」，道理非常深奧，要徹底了解很難，但是其做法並不難，只要依教奉行，必有不可思議的感應。

其實「生死輪轉」本來就是宇宙生命的大自然機制，我們的肉體色身，無論再怎麼健康，本來就有其使用年限，更何況是老病傷殘的身體，時間到了自然要換，而且必然要換。

身體汰舊換新的途徑就是「生死輪轉」，也就是俗話說的「投胎轉世」，而理想的方式有二：「發願往生佛國淨土」或是「乘願再來娑婆世界」，自然就換了新的身體，而且是品質優良的「原裝進口」，絕非「修修補補的二手拼裝車」。

如何幫助「植物人」脫離困境

在「持續性植物人狀態」這種情況下，如果要幫助病人解脫這種生不如死的痛苦與困境，同時也是幫助家屬解脫精神上的壓力與經濟上的沉重負擔，已經遠遠超過醫護科技的範疇，而必須仰仗「宗教信仰」與「靈性關懷」的力量，才能提供「比較圓滿」的解決方法。

我所說的「比較圓滿」之意涵，就是要開導病人能自然而然地「放下對自身病體的執著」，發願往生佛國淨土或天國樂園，或者乘願再來娑婆世界，如此就可以自然地捨報往生，而得以提早脫離生命的困境，並無須刻意中止其人工生命維持系統，更無須藉由醫療干預方式（譬如「安樂死」或「醫師協助的自殺」，那樣等於是殺生）。

而我所說的「宗教信仰」與「靈性關懷」的力量，當然不限於佛教的方式，其他的宗教也都有其「比較圓滿」的方法。我在此僅提出佛教的觀點與做法，但是其道理也有與其他宗教相通之處，可以做為其他宗教信仰與做法的參考。

就是因為靈性的生命是不死的、是永續的，所以，如果在「植物人」的內心裡，能夠放下、捨棄無法康復的病體，而願意展開未來的生命，他就可以自然而然地捨報（放下、捨棄病體報身）而往生，至於如何幫助病人放下對自我色身的無謂執著，就是關鍵之所在。

佛教的經典中都說，娑婆世界（亦即我們這個世間）的眾生耳根最利，即使是剛剛過世的人，他仍然可以聽到周圍的聲音，這也是為什麼淨土宗強調，病人臨終之際以及亡者捨報之後八小時內，要為其助念佛號的原因。因為初終亡者的耳根還可以接受到聲音的訊息，所以其家人就可以透過語言，與亡者的深層意識與自我意志溝通，安慰他以及開導他，肉體的死亡並不是自我生命的終結，而是靈性生命另一個光明的開始，勸導他放下對這個老病色身的執著，鼓勵他放下且告別這個病體軀殼的桎梏，邁向另一個嶄新的人生。

然而，在「持續性植物人狀態」這種情況下，他的耳根等於是被嚴重損壞的病體給鎖住，導致耳識的功能也等於停頓，而且與意識的連結中斷；不過，也無須因此而絕望。這時候，家人就必須運用心念與意志的力量，來與植物人的深層意識溝通，同時至誠懇切地祈求佛、菩薩的大慈大悲接引攝受。

當家人（身為助念者）面對「植物人」的時候，如果能夠至誠懇切地持誦經文或是稱念佛、菩薩的聖號，其誦經及稱念聖號的聲調與音韻，可以藉由至誠懇切的心念與意志，與佛、菩薩感應道交而穿透植物人的分別智，直入其深層意識中，開導病人，令其放下執著而提起往生正念。家人可持續為他開導及助念佛號，幫助他發願往生。

同樣的道理也可以運用到其他任何宗教，如果是基督宗教的教友，則可以誦念《聖經》，稱念耶穌基督的聖號，祈禱能夠得到耶穌基督的聖靈感召；如果是穆斯林，則可以誦念《古蘭經》，稱念真主安拉的聖號，祈禱能夠得到真主安拉的聖靈感召。其他宗教諸如道教、猶太教、印度教等等，也可以依此類推。

如果病人原本就有宗教（不一定是佛教）信仰，或者曾經接受過「生死學」或「生死教育」的薰陶，對於死亡及善終已經有了心理準備，那麼按照以上所述的做法，就會比較容易達到效果。如果病人原本就有淨土法門的信仰，也有往生的意願，則效果會更為顯著。如果病人原本就沒有任何宗教信仰，或者談不上有什麼宗教信仰，家人也不用罣礙。

我再用一個比方來幫大家了解，就像是一個人不會游泳，掉到水裡面，就快要滅頂了，在這個緊要的當下，我們拋個救生圈給他，同時呼喊著他去抓取這個救生圈，您說他會不會奮力去抓取這個救生圈？一定會的！但是我們要先喚醒他去抓取這個救生圈的意識與動力！

當然，要能有效地與「植物人」溝通，必須有一段時間，而不是一蹴可幾的，但是也絕對不用拖到三年五載，如果家人能夠信念堅定而且依教奉行，一年半載就會有感應！這就要看病人家屬的共識、誠心與毅力了！

結語

我所堅定信仰的，同時也極力主張的，就是回歸生命本有的自然機制，拒絕（而非放棄）現代醫療的不當干預，藉由宗教（不限定佛教）靈性關懷的力量，來為「植物人」的困境解套，而且無須訴諸「安樂死」或「醫師協助的自殺」，就能夠讓病人免於痛苦，自然而且安然地告別這一期的生命。這樣的主張，是基於一個堅定的信念：「生命是永續的，而且有其自然的機制，色身（肉體）只是生命的載體，我們必須順應及回歸生命本有的自然機制。」

「人有誠心，佛有感應」，只要病人的家屬能夠形成共識而且信念堅固，然後依照自家的宗教信仰，持誦經文與稱念聖號的功課須持之以恆，同時祈求佛、菩薩（或耶穌基督、真主安拉……）等聖靈的慈悲加持，用堅定的心念以及溫馨的語氣和病人的深層意識溝通，必然能夠「感應道交」，讓「植物人」自然而然地捨報往生，根本就不會落入「放棄（生命）」或「堅持（救治）」的兩難困境。

「生死」問題與「生命」疑難解惑

前言

二〇一七年十二月上旬，我應西北大學李利安教授的邀請到西安參訪講學，前後有一週的時間，分別在西北大學北校區、西安歸元寺、陝南鎮安興隆寺、西北金行等處演講及座談。在那幾場講座當中，都有不少聽眾提出有關「生、老、病、死」的各種問題，結束西安之行回到臺灣以後，還陸續有聽眾透過LINE或微信（WeChat）傳來與有關「生死」的抉擇問題或者有關「生命」的疑惑。

後來我在整理文稿的時候，無意間看到這些問答的資料，覺得其中有幾個提問頗為值得思考與探討，其內容都是我們在日常生活中經常會遇到，也是在生命中必然會思考的，而且是經常被問到的，又是共通於在臺灣、大陸或者世界各地的，所以就重新整理其內容，先是發表在《人間福報》「生死自在」專欄，然後收錄在本系列叢書《生命的永續經營》之中，與各位讀者分享。

一、想遺愛人間而欲捐贈器官，應該如何處理？

問題與情境：

曾在網路上或是現場講座，多次聽聞慧開法師講解臨終關懷的觀念，與如何實踐的做法。末學想問：淨土宗念佛法門，重視往生助念八小時，若是遇上想遺愛人間而欲捐贈器官，應該如何處理？

分析與解答：

一般而言，器官捐贈的方式主要分為三類：「活體捐贈」、「死體捐贈」與「腦死捐贈」。「活體捐贈」的情況是，成年人在不危害自身生命安全的原則下，可以捐贈一枚腎臟及部分肝臟，因為腎臟有兩枚，所以捐贈一枚不會危及生命安全。而「死體捐贈」的情況是，器官捐贈者必須經其診治醫師判定死亡之後，才能進行器官或組織的摘除與移植。

至於「腦死捐贈」的情況，在器官捐贈之前，必須經過相關專科醫師，依衛生主管機關規定之判定程序，確實判定為「腦死者」，才得以進行器官或組織的摘除與移植。

而從捐贈的器官項目來分，則有兩大類：「重大器官」與「非重大器官」，前者例如：心、肝、脾、肺、腎等；後者例如：小腸、骨骼、皮膚、眼角膜等等。如果是要捐贈「非重大器官」，以眼角膜為例，那麼等到病人過世，往生助念八小時以後再捐贈也是OK的，因為捐贈眼角膜等這一類「非重大器官」，並沒有及時性或時間的急迫性，無須馬上摘取，可以等到助念結束後才摘取，所以完全不影響往生助念的進行。再者，經過助念的往生者，會有「身軀柔軟、面容安詳」等瑞相，他的眼角膜等「非重大器官」的品質不會衰減。

至於心臟、肺臟、胰臟等「重大器官」的捐贈，就有及時性與急迫性了，必須是處於「心臟還在跳動、血液仍在循環」的情況下就要摘取，接著就進行器官移植，所以只有在捐贈者「腦死」而「心肺功能正常」的情況下才能夠進行。因此，重大器官不是我們「想要」捐贈就「能夠」捐贈的，而是必須在特定的因緣條件下——也就是捐贈者必須處於「腦死」但「心肺功能還維持運作」的情況，而且其重大器官是健康完好的，譬如捐贈者遭遇車禍，經醫師判定為腦死，但是心臟、肺臟、胰臟等重大器官並未受到損傷，這就符合重大器官捐贈的條件。

當然，意欲捐贈器官者，可以事先表達意願，以美國為例，在汽車駕照上，有一個欄位可以註明個人捐贈器官的意願。願意捐贈的話，在照片正下方的欄位會打出綠色的「organ donor」（器官捐贈者）的字樣，如果個人無此意願，該欄位就留白。萬一不幸出了意外，譬如發生車禍被判定「腦死」，醫師可以根據汽車駕照上所標示的捐贈意願，摘取他的器官去救人。在臺灣，可以透過「生前預囑」明白表達捐贈器官的心願，如果是未成年者，可以由父母親為他做決定，想遺愛人間，也沒有問題。

不過，捐增重大器官還有另外一種情況，就是「活體捐贈」，例如腎臟及肝臟，因為腎臟有兩枚，捐贈一枚不會危及生命安全，肝臟雖然只有一個，但捐贈一部分也不會危及生命安全，所以活著就可以捐贈，當然有一些法律的規範。

以上簡要地回答，如果想要進一步了解有關「器官捐贈」的問題，可以上《人間福報》的網頁，搜尋「生死自在」專欄的兩篇文章〈從佛教觀點談「器官移植」與「器官捐贈」〉及〈關於「器官捐贈」與「器官移植」的一些觀念釐清與補充說明〉，這兩篇文章也收錄在本系列叢書《生命的永續經營》中冊，請各位讀者自行參閱。

二、在現實生活中，遇到親人遭遇疾病重症，面臨生死交關之際，我們如何界定是「疾病」，還是到了「臨終」？

問題與情境：

聽了慧開法師的演講受益匪淺，然而，關於生死還是有很多疑惑。之前剛好遇到兩位親人去世，一位是如法師說的「自然死亡」，另一位則是剛做完「開顱手術」，插管一週之後死亡，很惋惜！家人在決定做手術之前，也是矛盾、掙扎了很久，病人是因為突發腦瘀血暈倒而住進醫院的，之前身體還不錯。當時如果不做手術就是等死，做了手術或許還有一線希望。我感到非常困惑的是，在現實生活中，我們如何來界定親人的狀況究竟是「疾病」，還是到了「臨終」？

問題脈絡分析：

以上這個問題中所敘述的情境，不僅是攸關生死大事的抉擇課題，也是在日常生活中普遍會發生的事件。客觀而言，這也是我們每一個人在生命當中遲早不得不面對的生命功課，所以有必要「及早」做好準備。

問題中提到了兩個對照的案例，一個是「自然死亡」，另一個是「開顱手術」後病故，前一個「自然死亡」的案例就不在此討論，我針對後一個案例先做脈絡分析，然後再提出建議。

問題的脈絡是，病人因為「突發腦瘀血」暈倒，而被家人送到醫院，在決定要不要做手術之前，一度矛盾，掙扎了很久，如果不做手術的話，那就是「等死」，但如果做手術急救的話，或許還有一線希望。最後，家屬想拚那最後一線希望，還是決定做了手術，然而非常不幸，病人在手術後一週死亡。所以，提問的這位聽友感到非常困惑，在現實生活中遇到這樣的情境，我們應該如何來界定親人的身體狀況究竟是「疾病」，還是到了「臨終」？

其實，這個問題沒有（也不可能有）直截了當的答案，所以我只能做建議，而無法給答案，但是必須先做一些脈絡分析。按照這位聽友提問的脈絡來看，如果能確定是「疾病」的話，就可以進行救治，而如果能確定是「臨終」的話，當然就不必救治，而準備求往生。然而，面臨像這樣生死交關的問題，一者，我們無法如此簡單地只用「疾病」和「臨終」這兩個選項來劃分及決定；二者，還有更多相關的情境及條件，都必須要列入考量及分析，諸如：病人的年齡、身心健康情況、生活作息起居、飲食習慣、過往病歷、服藥習慣、是否吸菸飲酒、工作型態及運動習慣等等。

這位聽友在問題中特別提到：病人「之前身體還不錯」，所以對於他手術後一週就病故，感到不解與惋惜！然而，根據我的經驗判斷，這種「身體還不錯」的印象，很可能只是一種表面的假象，其實健康狀況已經有嚴重的潛在問題，只是當事人不知道也不察覺，否則怎麼會「突發腦瘀血」暈倒？客觀而言，「腦瘀血」不可能無緣無故地「突發」，而是逐漸「累積」到相當嚴重的程度而「爆發」出來，當然「引發」的因素不一而足，但也絕對不會只是某個單一的因素，而是諸多因素匯集而至，再加上「最後一根稻草（麥稈）」，導致一發不可收拾。

其實，我們的身體適時地「生病」是一件好事，如果長時間都「不生病」，連「小毛病」也都沒有，除非是平日就勤於練功的養生高手，否則很可能身體內部已經危機四伏，但是我們卻渾然不覺，一旦爆發就兵敗如山倒，乃至回生乏術。所以每年或每半年定期的健康檢查是有必要的，可以及早預防重大疾病。

在我們的日常生活經驗裡，常常會聽聞到，某人（可能是自己的親朋好友或是公眾人物）身體「很健康」，沒聽過生什麼病，也沒什麼不好的徵兆，卻突然倒地就走了；反而那些經常小病不斷的人，活到七老八十還活得好好的。

上述這種與我們一般認知完全相反的現象，大家會覺得很奇怪，是不是？其實一點都不奇怪，其中有另一層深刻的道理，卻被大家忽略了！有一句古諺「微恙彌珍」，就是說如果我們的身體出現微小疾病的警訊，是彌足珍貴的，因為它顯示出身體的免疫功能與機制正常運作，在身體受到外來的侵襲或內部發生病變時，會自動發出的訊息，比如說：頭疼、發燒、咳嗽、流鼻水、起疹子等等，就等於是身體主動告訴我們：要注意了，身體出狀況了，必須去看醫師了。按這位聽友在問題中的描述，病人「之前身體還不錯」，其實很可能他的身體問題已經很嚴重了，但是一直未察覺，所以才會「突發腦瘀血」暈倒。

當我們面臨自己的親人遭逢疾病重症的「危急情況」乃至「生死交關」的情境時，我們應該如何來判斷及界定，親人的境況究竟只是單純的「疾病」？還是已經到了「臨終」的階段？

這個問題，其實問得非常切要，也必須要問，因為「疾病」與「臨終」是二種性質截然不同的情境，因此也有性質不同的因應及處預方式。原則上，如果是「疾病」的話，當然以「醫療救治」為主要考量，但如果是「臨終」的話，就不應再做救治，而是以「親情陪伴」與「靈性關懷」為主要考量。

坦白地說，這個問題不可能有一個簡單現成的答案，不是我們可以一廂情願地隨便說說的，而是有很多主、客觀條件，以及親人的個人背景因素，要一併整體分析考量，諸如：病人的年齡層、日常身心健康情況、生活作息、飲食習慣、過往病歷等等。

再者，除了判斷及界定「疾病」與「臨終」之外，還有另外一層重要因素必須先行列入考量，就是親人的危急情況是「漸進式」或是「突發性」的。如果是「漸進式」的話，要再考量其年齡層、日常身心情況、過往病歷等等，資訊愈充分，就愈容易判斷，也愈準確；但如果是「突發」狀況的話，則難以立即判斷，甚至於有很多潛在而不為人知的病因，就須由醫師來做專業診斷。

總而言之，親人究竟只是「疾病」？還是到了「臨終」？這些都還是要先請教醫師，由他們做醫療的專業判斷，家屬要很坦誠地先和醫師溝通，參考醫師的說法，面對事實。如果還在醫療救治的範圍內，預估治癒以及存活的機率很高，當然不能放棄；但是如果已經超越了醫療救治的極限，遇到醫療科技的瓶頸，那麼為了避免耗盡親人僅剩餘的精神體力，就不應該再行救治，而是應該求助於宗教的靈性關懷，以協助親人能夠運用最後僅有的精神體力，安然往生。

我的衷心建議

要判斷親人究竟只是「疾病」，還是到了「臨終」，可以參考「慧開心法——四個千萬」的第一項「千萬不要拖過人生的賞味期（或保質期）」來觀察。首先，要看年齡層，客觀了解老化的進程，譬如已經活到八、九十歲的老人，與五、六十歲剛退休的人比較，當然有滿大的差別，不能相提並論。

吾人在老化的過程中，會不斷有很多的徵兆出現，這些老化的徵兆，不但當事人可以親身體驗到，旁人也可以觀察得到，譬如視力退化、聽力退化、手腳退化、行動不便、智力退化，乃至失智、癡呆，這時候我們就要認真評估，就要有心理準備了。

老化的過程是漸進式的，以失智、癡呆為例，是逐漸退化的，不會在一夕之間就完全失智、癡呆，但是會不斷地惡化，而且幾乎不可能好轉，最後終至完全失智、癡呆，所以我們不但要及早做好心理準備，還要及早做好因應措施。同樣的道理，我們怎麼知道我們日常開的汽車已經很老爺不能再開了，而必須進行維修，或者及早更換新車。道理很簡單，只要我們留心觀察與細心感受，我們平日的開車經驗就會告訴我們車子的狀況有沒有問題，要不要進廠維修。同理，只要我們還沒有失智、癡呆，用心傾聽我們身體內在發出的訊息，我們就可以覺察身體內在的狀況，而採取必要的因應措施。

在一般情況下，一輛汽車開到二十萬、二十五萬公里，就已經是老爺車了，如果汽車的里程數已經超過了三十萬公里，甚至於三十五萬公里，接近使用期限，還堅持不換車繼續開下去，總有一天，車子會開在路當中就掛了！在現實的世界中，沒有人會做這樣的傻事——硬是將老爺車開到在高速公路上就掛掉一樣，那等於是拿自己的生命開玩笑，太冒險了！

然而弔詭的是，在人生的旅途上，我們往往不願接受客觀事實，當已經過了人生的賞味期，還是將老爺車般的身體，硬是開在人生的高速公路上，結果就在路上掛了。在此關鍵時刻，問題的性質已經超越了醫療科技的極限，甚至超越了哲學思考的範疇，而是屬於宗教靈性的領域，必須要有「生命永續經營」的理念，才能超克突破生死的迷霧。

《大學》有云：「物有本末，事有終始，知所先後，則近道矣。」這個道理也可以應用在面對生死大事的關鍵時刻上。承上文的論述，任何人在面對生死大事的時候，最重要的是，在平日就要先建立「生命不死」以及「生命永續經營」的信念，有了這個信念，就能放眼「生命的未來」與「未來的生命」，到了面臨（自我或親人）這一期生命的末期時，才能做出正確的分析、判斷與抉擇。

當我們遇到親人遭遇疾病重症，面臨生死交關之際，如何判斷及界定究竟是「疾病」，還是到了「臨終」？有兩項重要的指標，就是親人的年齡層和他的身體健康狀況。

如果親人年紀不是很大，譬如說還在四、五十歲左右的壯年，或者六十幾還不滿七十，因為突發狀況而送醫，這一類的情況在我們的日常經驗中，其實是屢見不鮮的，如前所述，很可能是有宿疾而未察覺，累積多年之後而終至爆發，遇到這一類的情況，還是必須交由醫師做專業的醫療診斷。

如果親人年享高壽，譬如說年過八、九十歲，平日身體健康狀況也還不錯，但是因為自然老化的關係，遲早會有一些徵兆出現，家人就要有心理準備。在此我提出兩項觀察的重點：一者，是否開始有失智或癡呆的傾向或表現；二者，飲食有否困難？是否出現吞嚥困難的情況？當第一種情況出現時，就表示老人家「人生的賞味期」可能即將屆滿，但是還不必然；如果連第二種情況都出現了，那就明顯地表示要及早做好「臨終」的準備。

出現失智或癡呆的狀況，其實是漸進式的，老人家不會在一夕之間就完全失智或癡呆，而是先有輕微的徵兆，然後逐漸加深加重，所以在一開始發現老人家有失智或癡呆的徵兆時，家人就要有心理準備與照顧的因應措施。出現失智或癡呆，並不意味生命將盡，也不會直接導致死亡，只是標誌著生命的老化，距離「臨終」及「往生」可能還會有好幾年的時間，情況因人而異。以我母親為例，她在往生前三年的時候，出現輕微失智的現象，經醫療診斷是腦部出現鈣化的情況，因而導致輕微失智，而我父親終其一生都沒有出現失智的現象。

當老人家出現「吞嚥困難」的時候，情況就非同小可，顯示身體器官零件的嚴重老化，已經不堪使用，可說是「人生的賞味期」將盡。這時候須謹慎地因應處理，千萬不可冒然就將老人家送醫急救，即使送醫，也僅止於做症狀處理，千萬不可以大動干戈，乃至插管、氣切。此時此刻，病人本身和家屬都要做好「臨終」的準備與因應措施，見好就收，千萬不要拖延，一定要保留足夠精神體力做為「往生」之用。

以我父母親為例，他們在往生前三個月，都出現了「吞嚥困難」的情況，我母親是主動拒絕飲食，連我要餵她喝水，她都把我的手推開，後來就以每天打一袋點滴和一袋營養液的方式，讓她維持體力，前後四十三天，一直到她往生前才停止。我父親沒有拒絕飲食，但是因為會厭軟骨嚴重老化，無法蓋緊氣管，所以喝水會嗆到，我們就以亞培安素混合布丁餵食，後來也是以打點滴的方式維持體力，直到他往生前。

我的父母親在往生前，都是預知時至，一心一意念佛求往生，我們兄弟也都做好心理準備，輪班全程陪伴。最後，父母親都是在兒孫陪伴，沐浴在佛號聲中，意識清楚的情況下，含笑捨報往生。

像我父母親這樣的案例，雖然「吞嚥困難」，但是沒有送醫插管、氣切，後來也沒有插鼻胃管餵食，可說是非常幸運的少數，那是因為我堅持不讓醫師為他們插管，而且我們兄弟已經形成共識，堅決不讓父母親在生命的最後階段遭受醫療的不當干預。

我也看過很多不幸的案例，上了年紀的老人家因為自然老化「吞嚥困難」，卻被送醫急救插管氣切，不但無法救治，而且最後非常痛苦地命終，也造成家屬無盡的哀傷、遺憾與悔恨。因此，我要再次呼籲，各位讀者千萬要記取我的肺腑之言，而且要和家人分享，及早形成共識，屆時才能使得上力。

三、「事業成功」與「宗教信仰」之間的關聯性

問題與情境：

老師，您好！我很困惑。我很欣賞信仰基督教的成功人士，但是又很想信仰佛教。在美國歷史上和現在，都有很多事業非常成功的基督徒，他們不信佛教，信仰上帝而如此成功，但是信仰佛教的很多國家卻非常混亂，所以我很困惑，請指點迷津。

分析與解惑：

非常感謝這位聽友的提問！他所提出的這個問題，其實不只是他一個人的困惑，同時也代表了很多社會大眾（包括許多知識分子）的迷思，而這種「困惑」其實是根源於一種

「誤解」與「錯覺」。就如這位聽友所說的：「在美國歷史上和現在，都有很多事業非常成功的基督徒，他們不信佛教，信仰上帝而如此成功，但是信仰佛教的很多國家卻非常混亂」，以上這段話當中，就有不少「誤解」與「錯覺」的成分，或者說是「先入為主」的「成見」。為了釐清這些誤解、錯覺及成見，我來為大家做一些客觀的分析。

首先，我們要了解，從古到今的任何時代，在東、西方世界各個不同宗教文化背景的社會裡，都有很多事業非常成功的人，當然也有很多失敗的人，他們的事業成敗與其宗教信仰，二者之間並沒有直接的因果關係。客觀而言，一個人的事業成敗與否，涉及企業主個人與其團隊的經營管理專業領域，同時也有其所處的時空條件之影響，以及直接與間接的社會環境等因果要素，至於宗教信仰至多只是一種「助緣」，對於事業的經營，或多或少有所助益，但是與事業的成敗並無直接的因果關係。

再者，「信仰佛教的很多國家卻非常混亂」這句話，則是頗為明顯的「誤解」與「成見」，我們可以客觀地檢視一下，例如：泰國、緬甸、柬埔寨、尼泊爾、不丹、斯里蘭卡等國，都是眾所周知的「佛教國家」，而日本、韓國、越南等國，雖然不能說是「佛教國家」，但是人民信奉佛教的比例很高，那麼這些國家有「非常混亂」嗎？不但沒有，甚至於「佛教國家」不丹還曾經榮膺國家「幸福指數」世界第一。

至於大家都誤以為是「佛教國家」的印度，其實根本就不是佛教國家，而是「印度教國家」。根據維基百科，印度國民有百分之七十九點八信奉印度教，百分之十四點二信奉伊斯蘭教，而其他所有的宗教加起來僅僅只佔百分之六，這當中：基督宗教佔百分之二點三，錫克教佔百分之一點七，耆那教佔百分之零點四，佛教徒只佔區區的百分之零點七，其他信仰（包括無任何信仰者）佔百分之零點九。

此外，印度社會自古以來的「種姓制度」是根深柢固的主流文化傳統，至今仍然牢不可破，而佛教是反對種姓制度的，屬於非主流文化，所以在印度社會裡面不斷地被邊緣化，可以說是非常式微。

印度社會雖然貧富差距極大，但是並不能說是混亂，而是「亂中有序」，大家只要曾經去印度旅遊過，就可以親眼見證。反而是現在的歐洲和中東各國比較混亂，恐怖攻擊和難民問題都相當嚴重，而且毫無緩解的跡象。美國的社會也不甚平靜安全，因為槍枝氾濫，經常突然發生大規模的校園槍擊濫射的慘劇，以及黑人與白人之間的種族歧視與矛盾衝突，那麼這些問題都要歸咎於基督教的信仰嗎？當然不能。一個國家或社會的興衰治亂，涉及多元複雜的因果關係，包括：政治、法律、社會、經濟、文化、宗教、歷史、國際現勢等等因素交織而成，宗教只是其中一環而已，遠遠不是決定性的主要因素，但是往往成為代罪羔羊。

三者，在基督教的信仰之外，信仰佛教或者其他宗教的人士，也有很多事業非常成功的例子，譬如：蘋果公司的創辦人賈伯斯（Steve Jobs）、華人首富李嘉誠、鳳凰衛視董事局主席兼行政總裁劉長樂、海航集團創辦人暨董事局主席陳峰、福耀集團董事局主席曹德旺、阿里巴巴集團前董事局主席兼首席執行官馬雲、潤泰集團總裁尹衍樑等等都是佛教徒，SOHO中國董事長潘石屹崇奉「巴哈伊信仰」（Bahá'í Faith，舊譯大同教），長榮集團創辦人暨首任總裁張榮發信奉一貫道，鴻海集團創辦人暨前董事長郭台銘則是臺灣民間信仰（含道教、佛教），崇拜媽祖、關公等神明，廣達集團創辦人兼總裁林百里，雖然會參加宗教團體舉辦的活動，但是對於宗教信仰的領域則尚在探索，還沒有定位。由此可見，成功的企業家可能有其各自的宗教信仰，也可能沒有任何特定的宗教信仰。

承上文所論，有關「事業成功」與「宗教信仰」之間的關係，客觀而言，其實沒有直接、絕對的關係，然而可以有間接、相對的關係，我會在下文中舉一些實例來說明。

《論語・學而篇》有子曰：「君子務本，本立而道生。」《孟子・離婁章句上》孟子曰：「徒善不足以為政，徒法不能以自行。」韓愈在其〈師說〉一文中有云：「聞道有先後，術業有專攻。」無論古今中外，這些道理都是相通的。企業成敗的主要關鍵，還是在於每一個企業自身的「本業」和「專業」上面，因此，企業主與其團隊成員，必須擁有足夠與其企業相應的「專業素養與能力」，這才是企業成功不可或缺的基礎與根本，然後再加上其他能夠促使企業成功的諸多要素，這一部分也是企業管理的專業課題，但非本文的主題，在此就不做進一步的討論。

至於宗教信仰在企業的經營與成功上面，究竟能夠有什麼樣的功能？能夠扮演什麼樣的角色？有任何助益嗎？有的！企業家如果有正信的宗教素養，對於其所經營的企業可以做為一種「增上緣」，換言之，對於企業的經營與成功，可以有加成的效果。

星雲大師說：「信仰是有層次的，信仰可以決定人生未來的去向。」如果一位企業家有高層次的宗教信仰，不但可以決定他個人人生未來的方向，也可以引導其企業未來的發展。我在這理所說的「高層次的宗教信仰」，並不意指某一特定的宗教信仰，可以是佛教，可以是道教，也可以是基督教，甚至於接近宗教信仰的靈性追求等等。

在此舉一個實例，就是締造蘋果奇蹟的靈魂人物史蒂夫．賈伯斯（Steve Jobs，一九五五—二〇一一），他從學習瑜伽開始，逐漸了解禪修和禪定，進而接觸並了解佛教，後來成為一位認真修禪的佛教徒，跟隨日本曹洞宗的乙川弘文禪師（Otogawa Kobun，一九三八—二〇〇二）習禪。賈伯斯從里德學院（Reed College）休學返回矽谷後，經常到乙川弘文所主持位於洛斯阿爾托斯（Los Altos）的禪宗中心修習禪法。

賈伯斯創辦NeXT公司時，還特地禮請乙川弘文禪師擔任公司的精神導師，為員工講解禪修的智慧。一九九一年三月十八日，賈伯斯和妻子勞倫娜・鮑威爾（Laurene Powell）在美國優勝美地國家公園（Yosemite National Park）舉行婚禮，主婚人正是乙川弘文，可見佛教在賈伯斯心目中的分量。再者，賈伯斯夫婦兩人都是素食主義者，勞倫娜還開辦了一家在加州北部向零售商和一般大眾出售健康有機食品的公司。

賈伯斯的辦公室有兩百多平方米大，奇特的是，裡面幾乎什麼家具都沒有，房間中央只有一個坐墊，是用來打坐的，賈伯斯每天禪修的習慣已經多年。在做決策前，賈伯斯會先靜坐禪修，然後讓屬下將相關的產品設計一併放到墊子的周圍，再來決定選擇哪個、放棄哪個。當心定下來的時候，一個人的直覺會非常地清晰、敏銳，這就是禪修的妙用。

佛教與禪宗的理念，不僅讓賈伯斯提升了他的精神與靈性層次，更讓他擁有了簡潔的人生目標與審美趣味，禪修啟發了賈伯斯的創作靈感，所有的蘋果產品設計都體現出佛教與禪修的簡潔流暢之美。

禪宗的宗旨是「直指人心，不立文字」，賈伯斯所開發的iPad、iPod、iPhone等平板電子產品，都有一個共通的特點，就是「No button」，沒有按鈕，沒有鍵盤，用手指滑動來操作，可以說是充分體現「直指人心，不立文字」的意境。另外還有一件有趣的事，就是賈伯斯後來的穿著，總是一件黑色圓領套頭的T恤，也是「No button」，沒有任何鈕扣的，也帶有一種「禪味」。

我再舉另外一個有趣的例子，就是美國的汽車大王亨利・福特（Henry Ford，一八六三—一九四七）。雖然福特的正式宗教信仰是屬於美國聖公會（The Episcopal Church）的基督教信仰，但是根據英文版的《維基百科》，福特確信有輪迴轉世的生命，而且他的前世是於美國南北戰爭時期在賓州「蓋茲堡戰役」（一八六三年七月一日—七月三日）中陣亡的一名士兵。之後，於一八六三年十一月十九日，也就是蓋茲堡戰役結束後四個半月，林肯總統（Abraham Lincoln，一八〇九—一八六五）在蓋茲堡國家公墓（Gettysburg National Cemetery）揭幕式中發表了著名的「蓋茲堡演說」（Gettysburg Address），哀悼在蓋茲堡戰役中陣亡的將士。

亨利・福特是誰？我相信各位讀者應該都知道或者聽過「亨利・福特」的大名，您甚至很可能駕駛過或者搭乘過福特汽車。大多數美國人還會告訴您，福特最著名的汽車是T型車（Model T）。畢竟，他的名字至今仍然貼在每一條美國公路上行駛的汽車上，可說是無人不知、無人不曉。

身為福特汽車的創造者，亨利・福特特別擅長於如何製造汽車，如何使汽車價格合理，讓每個人都能負擔得起，以及如何銷售汽車。他被認為是現代移動裝配線（moving assembly line）之父（註），也是有史以來最偉大的商業頭腦之一。毫無疑問，他的事業輝煌，功成名就，及至一九二〇年代，他的身價已經超過十億美元。

但是，大家是否知道福特本人究竟將他的成就歸功於什麼因素？好像在歷史教科書上都沒有講到這個部分。

當然，要分析探究一個人成功的原因，總是會問到「你是怎麼做到的？」類似這樣的問題。大家可能會合理地期待亨利・福特將他的成功歸因於他所做的事情。也許是因為他的聰明才智，也許是他長袖善舞的社交技巧與人際關係，也可能是他無與倫比的職業道德，或許他只是相信自己很幸運？然而，福特並沒有指出這些因素是他如此成功的真正原因。

雖然福特個人在職業生涯中確實很努力，而且有很多創舉，實際上正是福特率先幫助工人實行每週工作五天，週休二日。但是他似乎不受金錢的驅使，相較於和他同樣稅階的人，他所放棄的收入比大多數人要高。福特也不太在意名聲和威望，他曾經拒絕了到白宮與英國國王和王后共進晚餐的邀請。

那麼，亨利・福特將他的成功歸因於什麼？答案居然是：他對輪迴轉世的信仰。這麼說可不是在開玩笑，而是有事實根據與證明。一九二八年，福特在一次採訪中，被問到是什麼因素造就了他的成功。

根據一九二八年八月二十六日出刊的《舊金山訊問報》（*San Francisco Examiner*），刊載了一段亨利・福特的訪談，透露了他自己的輪迴轉世信念，福特說道：

> 我在二十六歲的時候，接受了輪迴轉世的理論，這個觀點與宗教信仰無涉。我從奧蘭多・史密斯（Orlando J. Smith）的書中得到了這個理念。也可以這麼說，直到我

註：歷史上，裝配線生產方式，可能最早出現在秦始皇大量製造兵器、陶器與兵馬俑時期。十六世紀初期，威尼斯也有工廠使用裝配線快速造船，一八〇一年，英國有零件供應商也使用裝配線生產英國海軍所需的零件。在美國第一個使用裝配線進行生產作業是一九〇一年Oldsmobile汽車創辦人蘭塞姆・奧茨（Ransom Olds，一八六四－一九五〇），他也將裝配線生產的方法登記專利。之後，福特汽車另外獨立發展出移動裝配線生產方法。將此概念實際推廣應用而獲得極大成功的，是美國汽車大王亨利・福特，更重要的是，他以此生產方式大幅降低汽車的製造成本，進而降低售價，而使汽車在美國社會能夠實質地普及化。

發現這一理論之前，我的心中一直覺得不安和不滿，因為生命沒有方向和指南。甚至於工作都不能讓我完全滿足。假如我們無法將一世生命中所累積的經驗運用到下一世的話，工作是徒勞無用的。

當我發現輪迴轉世的道理時，就好像得知了一項宇宙的藍圖，讓我了解到有機會去實現我的想法。時間不再是有限的了，我不再是時鐘上指針的奴隸，而有足夠的時間來計畫和創造。

天才即是經驗，有人似乎認為那是天賦才能，但是我認為那是在多生多世中長遠經驗所累積的果實。

我相信我們都是轉世再來的。你、我、我們一遍又一遍地轉世再來。我們活過許多世生命，而且積累了很多經驗。有些人的靈魂跟其他人比起來較為老練，所以他們知道的比較多。這似乎是一個直覺的「天賦」。這確實是來之不易的經驗。

輪迴轉世的發現讓我心安了。如果你保留一份這段談話的紀錄，寫下來好讓人們都心安。我很樂於將生命的長遠觀所帶給我們的心安傳達給其他人。

當然，不是每個人都同意或接受福特關於輪迴轉世的觀點，但是，撇開生命輪迴轉世這一部分不談，我認為福特所說的話裡面，最重大的啟發是有關「時間」的突破性觀點，以及「跨越時空」的經驗累積。那些明智地運用時間的人，當回首自己的生命時，往往少有遺憾，少有後悔。

福特是全世界第一個實質推廣運用「移動裝配線作業」來大量生產汽車的人，從此革命性地改變了現代交通工具的面貌。

福特是一位企業家而非宗教師，他所表述的輪迴轉世觀點，無關乎特定的宗教信仰，而是建立在一種「個體的生命經驗可以生生世世延續傳遞」的生命永續時空結構上，並且與他的企業經營理念構成一種巧妙的動態連結，其論點透露出一種「突破一世生命的侷限」而「無限永續開展」的積極性，極具生命教育的啟發性。

有關「事業成功」與「宗教信仰」關聯性的反思與補充：

所謂「事業成功」的意涵與內容究竟是什麼？從世俗的觀點而言，似乎有一些通則，但其實人言言殊，沒有絕對客觀的標準。成功可以有不同的意涵，也可以有不同的面向，還可以有不同的層次。

有人事業做得很大，建立了跨國的企業，這就是成功嗎？有人累積了很多財富，甚至富可敵國，這就是成功嗎？有人走在時代的尖端，帶領風騷，引領時尚，這也是成功嗎？的確，在絕大多數人的心目中，這些都代表了某個領域或某種程度的「成功」。

然而，這樣的「成功」，帶給人類，帶給社會，究竟是幸福、還是災難？帶給人類世界，帶給生態環境的影響，究竟是好、是壞？有關「成功」的深層意義及其利弊得失，我們卻很少深入地思考與檢視。世俗有極多「成功」的事業，在光鮮亮麗的現象背後，往往有許多不為人知的隱藏面與陰暗面，這些事業及其相關產業鏈的「成功」，其代價往往是「不斷地破壞地球的大自然生態，汙染人類與其他生物的生存環境，侵損我們的身心健康」。

從佛教的觀點來看，世間任何事業的成功或失敗，都是因緣所生法，都有其種種的主、客觀因緣條件，一項企業能夠成功，當然企業主必須具備成功的專業能力和人格特質等條件，但是促使企業「成功」的最根本因素，不是企業主個人如何如何，而是人類社會的「需求」，有「需求」就有「供給」，這就是因緣所生法，誰能適時地滿足這種「需求」與「供給」的關聯，誰就「成功」。

以「衣、食、住、行」為例，這些都是我們人類的生活基本所需，所以也造就了人類社會許多的產業，從原料生產、加工製造、行銷推廣到售後服務，隨著時代的演變，社會的進步發展，衍生出各色各樣的產業與行業，諸如：紡織業、服裝業、時尚業、糧食業、餐飲業、食品（加工）業、建築業、營造業、室內裝潢、家具業、交通運輸業、汽車工業、航海船運業、航空工程業、航空運輸業、石化工業、觀光旅遊業、旅館業等等，不勝枚舉。

在這些產業當中，當然有許多極為「成功」的企業，但是我們多半只看到「成功」的表象，至於「成功」的「代價」是什麼？由誰來承擔？我們卻大多一無所知。在此，我就以「衣」為代表舉例，點出其負面的影響。

說到環境汙染，大多數人即刻想到的就是重工業或石化業，而看起來似乎很單純無害的紡織業、服裝設計業、成衣製造業、時裝時尚業，應該不會造成環境汙染吧？其實不然，紡織服裝這一類的產業鍊對生態環境造成的破壞與汙染，是極為嚴重而深遠的，但是卻鮮為人知。

從表面上看起來，光鮮亮麗且時尚的時裝業，對於自然環境似乎是無害的，但其實有不為人知的黑暗面，就是其生產製造的過程造成嚴重的環境災難。時裝面料其實是很可怕的汙染物，嚴重破壞了全球各地的自然環境，對人類健康以及野生動物的生存，造成了破壞性的影響。

人們在商業街上的時裝名店裡面閒逛採購的時候，卻從來都不曾想過，也無從得知，很多衣服的面料都對物種有害。絕大多數人幾乎都想不到，下列幾種常見的時裝面料會破壞野生動物和生態系統：羊絨衫的需求破壞了蒙古大草原，洗滌聚酯纖維布料會阻礙魚、蝦、蟹類的生長，人造纖維與人造絲導致濫砍濫伐，棉花的生產要耗費大量的水。

從二十世紀後期以來，服裝時尚界零售品牌每一季的新款數量都不斷增加，有些時尚品牌每個星期都要更新好幾次。這就是一種所謂的「快時尚」——東西便宜，不斷有新款式，穿了幾次就扔掉。生產刺激消費，消費促進生產，這樣的惡性循環，造成了巨大的碳排放。再者，生產滌綸和尼龍，需要使用化石燃料，而種植棉花，需要大量的水和二氧化碳。因此，「快時尚」會導致大量化學物質滲入自然環境，引發嚴重的汙染問題。這些問題所涉及的層面非常廣闊，現於文章篇幅，於此不再討論，我會另外專文進一步探討。

我們在追求成功的同時，要深入反思「成功」的意涵——不是賺進很多錢，也不是累積財富，更不是過豪華的生活，而是服務大眾、貢獻社會、造福人群、樹立典範，帶給世界正面的影響。因此，企業人士的確需要有信仰，不論是宗教信仰、哲學信仰或是靈性追求，還要有關懷自然環境與社會福祉的人文素養與宗教情操，但是不限於某一特定的宗教信仰，佛教也好，基督教也好，其他正信宗教也好，都是值得鼓勵、讚賞的。

四、自然科學、唯物主義、實證主義能否驗證「生命」的有無？能否解決「生死」的問題？是否有更好的方法，可以化解生命的困境？

問題與情境：

我們傳統教育從小學，中學以至於大學，所學的都是自然科學、唯物主義、實證主義的思惟方式，但是「生死」這些問題，用自然科學、實證主義的方法來看，會有很大問題。有的人學習成績愈好，愈是對於自然科學，實證主義的思惟方式愈堅定。有的人理所當然的認為這個是先天的，更進一步引申說，大家分別是在不同的世界裡。像這樣，有時候在聊天時，要麼大家不在同一個頻道，要麼一下子就把天聊死了。我的問題是：在自己學習的時候，以及和人交流的時候，是否有更好的方法，可以化解一些這方面的障礙與困境？

問題脈絡分析與反思：

世間何種學問能夠窮究生命，乃至解決與生死相關的種種問題？科學乎？哲學乎？宗教乎？這可是個「大哉問」！

這個問題問得非常深刻，同時也反映了現代絕大多數知識分子——不論是學自然科學、還是社會科學的知識分子——在面對「生命」以及「生死」問題時，隨著個人年齡與人生閱歷的增長，不但遲早會在心中產生困惑，而且會有更深一層的思考。

坦白地說，這個問題其實沒有直接而簡單的答案，更沒有放諸四海皆準的終極答案，我這麼說並不意味著問題無解，而是指這個問題無法用自然科學、唯物主義、實證主義的思惟方式直接得到答案，而是要用一種超越自然科學、唯物主義、實證主義的思惟方式來反思而消解或化解原來的問題。

因此，我不打算直接回答——其實也無法直接解答這個問題，但是可以用一種結合脈絡分析與層面分析的思惟方式，來深刻反省這個問題，或許可以幫助大家消解或化解原來的問題，進而突破原本的思惟框架，而找到新的思想出路。

無論古今中外，其實，人生問題的核心是關乎自我生命的探索與開展，以及自我生命「意義」與「價值」之追尋、定位，乃至自我生命「意義」與「價值」之「抉擇」與「實踐」的問題。在這個「自我上達」的過程當中，包含了「理性的提升」與「靈性的開展」，在這當中「理性」與「靈性」並非對立，而是相輔相成，二者缺一不可。

科學無法充分解釋——更遑論解決——做為人生核心的「意義」與「價值」問題。我們從古今中外的先賢哲思可以看出，人生的種種問題其實遠遠超出自然科學、唯物主義、實證主義的範疇，而須進入哲學的理性思辨領域與宗教的靈性覺悟層面。

行文至此，我先敘述一段四十多年前在教學上的困惑與領悟。一九七七年，我到佛光山普門中學服務，擔任數學老師。在開始教學的前二年，對象是國中一年級、二年級和高中一年級的學生，照講應當很輕鬆，但是感覺相當挫折，因為我自覺非常認真地教學，可是學生的學習成效遠不如我的預期。

舉個很簡單的例子：「1/2+1/3」等於多少？當然大家會說簡單啊，等於「5/6」！但就是有些國中學生答「2/5」！又例如二項式乘法公式（a+b）^{2}等於什麼？這也不難，等於「$a^2+2ab+b^2$」，但就是有些學生答「a^2+b^2」，其中的「2ab」不見了，你問他：「為什麼『2ab』不見了？」他卻一副很委屈的表情說道：「那個『2ab』是怎麼出來的？」

一開始，我直覺地歸咎於學生上課不用心，也懷疑學生腦筋不行，後來發現都不是，在日常生活當中，那些學生的腦筋可古靈精怪得很。而且，當年學生考試成績不佳是會被打手心的，所以他們故意答錯挨打的可能性不高。

我很認真地檢討自己的教學，卻找不到問題的癥結。後來我讀了當年臺大數學系的老師黃武雄教授所著的《如何教高中數學》一書，他引述了楊唯哲教授的一段話：

當學生面對數學的疑難而問「為什麼」的時候，他們心中的「為什麼」往往是一種

「psychologically why」，而不是「logically why」。我讀了之後，有如醍醐灌頂，豁然開朗。我終於了解了「為什麼學生會回答「1/2+1/3=2/5」以及「（a+b）^{2} = a^2+b^2」，因為那樣的答案看起來多麼順眼啊！原來，學生是用他的「心理直覺」答題，而不是用「邏輯思惟」答題！而我卻囿於自己的邏輯框架，一直都沒有搞清楚這一點。

非常感謝楊唯哲教授與黃武雄教授的提點，讓我深切地了解到，即使是面對數學問題，學生的困惑往往是「心理上」的，而非「邏輯上」的。所以在教學的場域，無論是傳道、授業、解惑，也無論是教授什麼樣的學科，都不能光講邏輯、演繹、推理，還要運用同理心，了解學生的心理感受與反應，即使是教授數學、物理等等學科，也必須要運用心理學。

後來，在普中任教第四年的暑假，我到高雄師範學院（高雄師範大學的前身）進修教育學分，因緣殊勝，遇到的老師都非常好，如陳英豪、謝季宏、周繼文、戴嘉南、林文欽等幾位教授，修習了教育心理學、教育統計學、教育概論、心理輔導、中等教育、教材與教法等課程。其中最有收穫的是，學到了瑞士的發展心理學家尚・皮亞傑（Jean Piaget，一八九六—一九八〇）的認知發展階段理論，對於我在普中的數學教學，以及後來在南華大學教授宗教學與生死學，乃至在世界各地弘法，都有非常大的助益。

我深深地體會到，不獨是課堂上的傳道、授業、解惑而已，當我們面對人生的課題亦然，單憑邏輯理性思惟，根本就不足以理解生命的種種問題，也無法解決人生的各種疑難雜症，而必須回歸到心靈的探索與靈性的關懷，才能夠真正觸及到生命的核心內涵。為什麼？請大家耐心聽我分析。

道理其實不難懂，自然科學、唯物主義、實證主義等等，雖然其立論強調邏輯理性思惟，看起來似乎很客觀；但是其視野僅及於自然世界、物質世界與物理世界，而忽視或無視於，乃至完全否定心靈世界，其探究的領域範疇雖然也包括生物界、人類與人類社會，但是仍然以「物質」與「物理」的眼光來看待整個世界，包括一切生物與人類。換句話說，自然科學、唯物主義、實證主義將整個宇宙、整個世界（包括生物界、人類與人類社會）給「物質化」、「物理化」與「機械化」了，連「生物學」乃至「心理學」都給「物理化」與「機械化」了。

人類與人類社會都被「物質化」、「物理化」與「機械化」了！

幾乎所有的生物學家都認為人類以及所有生物就像是「基因機器」或是「生化機器」，人類和所有生物的構造組成與生命現象，都可以用物理作用以及生物化學反應來解釋。甚至於連行為主義學派的心理學家也以一種牛頓式的動力系統論來解釋人類的所有行為，而認為人類「心智」所扮演的角色，只不過是慣性地反應外界的刺激罷了。

這樣的觀點及論述其實滿可怕的！如果人類只不過是「生化機器人」，或者說「人」和「機器人」之間沒有什麼差別的話，那麼我們「做為一個人」的意義何在？「人的尊嚴」又究竟何在？

再者，還不只是「人」和「人類」給「機械化」了，就連人類的社會、政治、經濟等等領域，也統統都給「機械化」或「機制化」了，導致現代社會中潛在一種無形的「去人性化」與「去道德化」，不但做人的意義與尊嚴面臨極大的挑戰，就連人的自由意志與創造力也都給抹煞了！這就是純粹以「物質」與「物理」的眼光來看待整個世界——也就是一種「瞎子摸象」式的宇宙人生觀，所加諸於人類社會的魔咒！

那麼，要如何破除這樣的魔咒？其實也很簡單，就是要打破那種「瞎子摸象」式的宇宙人生觀，不再只是以「物質」與「物理」的觀點來看待整個世界（包括人類和生物界），而是要能夠感受及覺察到有情眾生本來就具足的靈性面向。

有情眾生的靈性之參究與體認

人類以及一切有情眾生（包括飛禽、走獸、潛鱗等等），本來就是「身、心、靈」的組合體，佛法說得更為細緻，一切有情眾生皆是五蘊「色、受、想、行、識」的和合，五蘊中的「色」是指物質的肉體面向，「受、想、行、識」是指身心的感受、思惟、意志、意識等面向，可見物質的肉體只是有情生命的一個面向而已，而非全部。

從佛教的觀點，更進一步說，物質的肉體只是有情生命的「載體」，心識之流轉才是有情生命的「主體」。而且物質的肉體有「一期生命」的期限，期限到了就會步入「死亡」，然而心識之流轉是無始無終的，沒有期限。在做為「載體」的肉體「一期生命」結束後，心識之流會依其業力因緣，再進入另一個「載體」而展開「下一期生命」。有情眾生「心識之流轉」即是其靈性的存有狀態。

靈性是一切有情眾生本自具足的生命內涵與存有狀態，從佛法的觀點而言，有情眾生的靈性是不生不滅、無始無終的。然而，靈性有「覺」與「不覺」的差別狀態，有情眾生的靈性往往被自我的無明煩惱所遮蔽，以至於隱而不顯的。

禪宗六祖慧能，在黃梅東山寺學法，當五祖弘忍於半夜三更在方丈室為其解說《金剛經》，慧能在開悟時，驚歎地說道：

一切萬法，不離自性。何期自性，本自清淨！何期自性，本不生滅！何期自性，本自具足！何期自性，本無動搖！何期自性，能生萬法！

六祖慧能所言的「自性」，即是「佛性」，即是眾生本自具足的「靈性」。在聖不增，在凡不滅，但有「覺」與「不覺」之境界差別。

電影《Short Circuit》（霹靂五號）的「生命與靈性」探索啟示

其實，要探索「靈性」的問題，除了深刻的「同理」之外，還需要一種心靈上的「感動」，而光講邏輯理論是無法說服，更無法感動所有人的，因為靈性不是邏輯理論的產物或結果，而是超越邏輯理論，本不生滅，本自具足的。

所以行文至此，我想超越邏輯理論，而轉換一種比較生動有趣的方式來談生命的「靈性」面向，來跟大家談一部一九八六年出品的老電影《Short Circuit》，英文片名很有趣，字面的原意是「電線短路」，中文譯名為「霹靂五號」。

故事的情節是，美國軍方委託NOVA實驗室研發作戰用的機器人，機器人工程師牛頓・克羅斯比（Newton Crosby）與助理班・賈比圖亞（Ben Jabituya）開發製造了五具原型機器人，名為S.A.I.N.T.（Strategic Artificially Intelligent Nuclear Transport，戰略人工智能核心運輸），供美軍在冷戰行動中使用。

在一場軍事現場實戰演示後，天空烏雲密布，接著下雨打雷，不巧閃電擊中了高壓電塔，導致充電機台短路漏電。而「機器人五號」正在充電，就被電弧擊中，居然擾亂了它的程式編碼，並且讓它具有了「自我意識、覺察能力和好奇心」。然後，它就神差鬼使地被垃圾車載出了NOVA營區。

該機器人不知不覺到了俄勒岡州的阿斯托里亞市（Astoria, Oregon），被動物保育者史蒂芬妮・斯派克（Stephanie Speck）發現，一開始誤以為它是外星人。她將「機器人五號」帶回自己的家中，以視覺和言語刺激的形式向它提供「輸入（input）」，使得機器人能夠提高語言知能。史蒂芬妮後來發現「五號」原來是由NOVA製造，走失的機器人，就打電話與NOVA聯繫。NOVA的執行長霍華德・馬納（Howard Marner）博士就命令克羅斯比與班，去把機器人「五號」找回來，以便將它拆解再重新組裝。

就在史蒂芬妮等待NOVA到來的時候，「五號」不小心壓碎了一隻蚱蜢，以為可以將壓碎的蚱蜢「重新組裝（reassemble）」，但是史蒂芬妮解說，生命一旦逝去，是無法再

「重新組裝（reassemble）」的。聽了史蒂芬妮的解說，「五號」立刻就有了「死亡」的概念及認知，並且得出結論，如果NOVA將其拆解，它將會「死亡」，於是產生極度恐懼而逃入史蒂芬妮的卡車裡面。

但是NOVA使用「五號」身上的追蹤器將它圍住捕獲，並且將它關機，然後載回營區處理。在運輸過程中，「五號」居然能夠重新啟動自己，而且摘下追蹤器並丟棄，然後逃回到史蒂芬妮家。

由於這些不尋常的行為，克羅斯比試圖說服霍華德，因為「五號」的程式發生了某些改變，他們應該不要破壞那些改變，以查明其原因一探究竟。但是霍華德不管克羅斯比的顧慮，反而派出了安全隊長斯克羅德（Skroeder）上尉和其他三具原型機器人，要以武力奪回「五號」。結果「五號」居然將那三具機器人的程式和線路重新編輯，讓它們的行為變成了「三個臭皮匠（The Three Stooges）」（註）互相打鬧，而從容逃脫。

接著，「五號」居然「劫持」了工程師克羅斯比，將他帶去找史蒂芬妮，並且說服了克羅斯比，自己是有知覺意識的。然後他們發現斯克羅德上尉已經要求美國陸軍出動追捕「五號」。為了保護克羅斯比和史蒂芬妮，「五號」現身出逃，誘使軍隊追捕，在一場交火中似乎被摧毀了。

因此，克羅斯比從NOVA辭職，並和史蒂芬妮一同駕駛NOVA貨車離開。在路上他們驚訝地發現「五號」將自己隱藏在貨車夾層底下，原來它利用車上的備用零配件，組裝了一個誘餌機器人，衝出去讓軍隊追殺，而「五號」自己其實還藏在車裡。最後，克羅斯比決定將「五號」帶到他父親僻靜的蒙大拿州牧場，而史蒂芬妮也同意跟他們一起去，故事到此圓滿結局。

這部影片中最精彩的一幕，就是工程師克羅斯比為了要測試「機器人五號」究竟有沒有「生命」的一段對話，也就是，他想要確認「五號」是否真的是有「生命」的？是「活的（alive）」？而非只是一具程式控制的機器人。在百思不得其解之下，他想到了一個奇特的方法，就是以開機關槍似的速度講了一個笑話給「五號」聽，看看它會有什麼樣的反應？為了保持那個笑話的原汁原味，我附上其英文內容，再加上中文翻譯如下：

I got it! Oh, I got it! All right, this is it! Now, listen close! There's a priest, a minister and

---

註：The Three Stooges中文譯名為「三個臭皮匠」或「活寶三人組」，是美國雜耍喜劇組合，活躍於一九二二年至一九七〇年間，以他們的一百九十部由哥倫比亞影業公司出產的短片聞名，在一九五八年後，這些短片經常在電視上播放，他們的招牌是鬧劇及巴掌棍。

a rabbi. They're out playing golf and they're trying to decide how much to give to charity. So the priest says, we'll draw a circle on the ground, we'll throw the money way up in the air and whatever lands inside the circle, we give to charity. The minister says no, we'll draw a circle on the ground, we'll throw the money way up in the air and whatever lands outside the circle, that's what we give to charity. The rabbi says no, no, no, we'll throw the money way up in the air..., and whatever God wants, He keeps.

我想到啦！哦，我明白啦！好了，就是這樣！現在，仔細聽！一位神父、一位牧師和一位拉比（猶太教教長），他們出去打高爾夫球，並且商議要捐款多少做慈善。神父說，我們在地上畫一個圓圈，把錢扔到空中，凡是掉在圓圈內的，就捐獻做慈善。牧師說，不，我們在地上畫一個圓圈，把錢扔到空中，凡是掉在圓圈外的，就捐獻做慈善。拉比說，不，不，不，我們把錢扔到空中……無論上帝想要多少，他會留著。

聽完之後，「機器人五號」沒有立即反應，克羅斯比顯得有些失望，沒想到「五號」在稍加思索之後，接著就放聲哈哈大笑一陣子，笑聲在山谷中迴盪，然後，他還複誦了一句「Whatever God wants, He keeps.」。

看到又聽到「五號」的反應，克羅斯比非常興奮激動，終於確信「五號」是有「生命」的，而不是沒有情感知覺的「機器」，他驚歎地說道：「Yeah, it's really true! Spontaneous emotional response!」（是啊，確實是真的！油然而發的情緒反應！）

為什麼我要特別向大家介紹這一部三十多年前的老電影《Short Circuit》？就是為了要具體說明有關「生命與靈性」探索的思想啟發：要想了解「生命」與「靈性」的奧秘，必須要用「心」去感受與體會，而不是僅用科學去驗證，那是無法驗證得到的。

在電影《Short Circuit》（霹靂五號）裡面，機器人工程師牛頓・克羅斯比為了要確認「機器人五號」是否真的有生命，是「活生生的（alive）」，而不是一具沒有感情的「機器」而已，他想到的方法居然是對「五號」講一個笑話，然後看「它」的反應如何，沒想到「五號」竟然哈哈大笑！

這一段對話情節，可以說是該劇本作者或編劇的神來之筆，我認為是整部電影最精彩的地方。生命與靈性的展現，超越了科學推理分析，是油然而發的情緒互動反應！當然，從佛教的觀點來看，「機器人」是不可能有靈性生命的，那只是科幻電影的虛構情節，不過這部電影對於「生命」與「靈性」的創造性詮釋，非常有啟發性。

菩提達摩《悟性論》有云：「了了見貪瞋癡性即是佛性，貪瞋癡外更無別有佛性。」《維摩詰經》云：「佛為增上慢人，說離淫怒癡，為解脫耳。若無增上慢者，佛說淫怒癡性即是解脫。」以上這二部經文所講的文字內容，我在很早以前就讀過了，卻一直都無法理解，「貪瞋癡性」怎麼會是「佛性」？後來看了這部電影《霹靂五號》，終於得到了啟發。

對於有情眾生的靈性之體會：動物靈性的具體展現

後來，又在日常生活中，無意之間看到人與動物之間的奇妙互動，而有了更深一層的啟發。回憶在二〇一二年前後，有一次在南華學舍，看到南華的同事人事室黃素霞主任正在和學舍的小狗「妞妞」玩球，遊戲的方式是由黃主任在一邊踢球，而妞妞在另一邊防守接球。在踢球之前，黃主任故意不斷地或左或右變換位置和角度，我就看到妞妞也不斷地看著黃主任的動作，而跟著或左或右移動位置。這樣的場景，在很多人看來，或許稀鬆平常，但是在那個當下，小狗和人互動的反應及動作卻深深地打動了我，喚醒了我對動物靈性的同理心感受，從內心的深處確信動物的靈性與我們人類無二無別。

靈性的問題，不論是人類的靈性，或者是動物的靈性，都不能只是空談玄理，而須有實際的展現。行文至此，我特別介紹幾個在網路上流傳的YouTube影片做為活生生的實際案例，來說明動物的靈性展現。在烏克蘭，有一位網友Denis Malafeev在烏克蘭烏日哥羅德（Uzhhorod）的火車鐵軌上記錄了一個短片，標題為：「Loyal dog protects injured friend stuck on snowy train tracks for two days（忠誠的狗保護受傷的朋友被困在雪地火車軌道上兩天）」（網址：http://bit.ly/2j9LXWK）。

短片的旁白字幕內容：「一隻狗不肯離開牠受傷的同伴身邊，即使火車駛近了，也不願離開，受傷的狗有可能是被火車撞到的，牠傷得太嚴重了，無法走路跟行動，但是有一個很勇敢的同伴在保護牠。在冰冷的鐵軌上，牠用自己的體溫使同伴暖和，牠帶給同伴食物，並且保護同伴不被駛來的火車撞到。當牠聽到火車駛近的聲音時，牠躺在同伴的身邊，把同伴的頭壓低，當火車經過時，儘量保持一動也不動。牠陪著同伴在鐵軌上長達兩天的時間，照顧受傷的同伴。之後有位列車長通報了有關當局，可是牠不讓人們靠近，使得救援行動變得棘手，還好動物收容所的人員到達，便成功地救出這兩隻狗。不久之後，兩隻可愛的狗潘達（Panda）和露西（Lucy），就被送回主人家中。在鐵軌上度過的那兩天裡，潘達展現出同伴的真實情誼，在那兩天裡，即使危機重重，牠依然竭盡所能使同伴保持暖和。我不知道該怎麼描述：是本能、愛、友情、忠誠嗎？我只知道，這不是每一個人都能做到的，我們應該像牠們學習，請分享這件感動人心的忠誠事蹟。」【慧開按：這就是狗狗的「佛性」——或者說「靈性」——的展現，狗狗可能不知道「本能、愛、友情、忠誠」是什麼？或者說狗狗可能沒有「本能、愛、友情、忠誠」這些概念，但是牠就自然地展現及流露出我們所講的那些美德。】

另外，有一個標題為「有鱷魚！羚羊媽媽驚見孩子有危險，拚命狂跳用肉身擋住……結局讓網友全淚崩」的網頁，以及標題為「感動好久！孩子，媽媽只能送你到這裡，以後的路要自己走。偉大的母愛！」的YouTube視頻。（網址：https://www.nowlooker.com/post_090964710808.html）（網址：https://www.youtube.com/watch?v=dT5I1wA0Owk）。

內容是一隻羚羊媽媽為了能讓自己的小孩能夠平安渡河，奮不顧身而自我犧牲，最後喪生於鱷魚之口，用生命彰顯母愛的偉大！保護兒女是父母的天性，就算是再大的危險與困境中，只要能保護小孩不受傷害，他們什麼都會願意犧牲，這是共同於人類和動物的。國外網友分享了一段羚羊媽媽保護小孩的真實影片，讓許多網友對母愛的偉大非常感動！

一開始可以看羚羊們在河岸上徘徊，因為這條河裡面有相當多的鱷魚，要過河需要很好的時間點和運氣，牠們就在等那個時機點出現。但是，初生之犢不怕虎，有一隻小羚羊卻天不怕地不怕直接就跳入河裡，起初相當順利，水裡上沒有出現其他掠食者。接著，岸上的羚羊媽媽馬上就察覺到了不對勁，趕緊衝到河裡，想保護小孩，用身體當做防護牆，擋在一邊。

動物的本能都相當敏銳，很快地就可以看到河的另一邊掀起浪花，有一隻鱷魚用非常快的速度逼近他們，已經相當靠進羚羊母子。但是羚羊媽媽仍然毫無畏懼，就用肉身擋在鱷魚跟小孩中間，半點都沒有移動跟畏懼，最後就這樣被鱷魚給吃了下去……。

雖然不幸，但是牠的犧牲也成功地讓孩子順利渡河，只是當小羚羊在過河後，苦苦尋找著自己媽媽的身影，還是讓拍攝的人忍不住鼻酸流淚。這段影片感動了許多網友：「母愛真的很偉大」、「媽媽到最後一刻都沒有動過，就是要犧牲自己保護小孩」、「看完鼻子好酸……」。

接著，我再列舉幾個網路上的資訊，都是動物展現其靈性的感人實例，請各位讀者自行上網搜尋觀賞。

1.「Two Fish Fight by Spitting Sand on Each Other」魚兒吐沙互鬥

（網址：https://www.youtube.com/watch?v=3O4sYndUdsI）

這兩條魚在魚缸裡，他們開始以非常不尋常的方式吵架。在用嘴把沙吸飽後，牠們輪流向對方吐沙。

2.「【見義勇為】動物也會幫忙勸架！」

（網址：https://www.youtube.com/watch?v=99ojcUnFneU）

有想過動物也會勸架嗎？這個短片就為大家整理了動物們發生衝突時，竟然出現「勸架」的「正義之士」，而且還不一定是同類呢！看來不管是人或是動物，大家都不喜歡紛爭。

3.「Amazing!!! The tortoise turning over, smart companion has saved it...動物也是有感情的～謝謝你救了我」

（網址：https://www.youtube.com/watch?v=xJ87DJl_jbc）

一位網友陪同女兒到木柵動物園，參加臺北市光復國小舉辦的校外教學，幸運地遇到一隻烏龜翻身四腳朝天，同伴鼎力相救，幫牠翻身，也藉此機會教育女兒，助人為快樂之本。

4.「Mother Cat Carrying Baby Kittens」母貓帶小貓

（網址：https://www.youtube.com/watch?v=bZvCKwXTA6Q）

母貓帶兩隻小貓要從房頂屋瓦上經由旁邊棟的窗台回到地面，但是小貓膽怯，不敢跳躍，其中一隻不小心失足墜落地面，母貓趕緊跳下去確認小孩無恙，再跳上房頂，用口叼著另一隻小貓回到地面，然後母子三個一同離去，讓人倍感溫馨。

5.柯南：日本一隻吃素拜佛的明星狗狗

（網址：https://www.youtube.com/watch?v=UH1CB1uif-o）

日本沖繩的首里觀音堂，有一隻超級可愛的吉娃娃是該寺的「吉祥物」，原來牠除了樣子可愛之外，還會學寺廟內的住持和尚「合掌拜佛」，虔誠的樣子吸引了無數的香客前來！這隻狗狗名叫「柯南」，出生於二〇〇六年，拍攝影片時已經有十三歲，相當於人類的六、七十歲了。

心、佛、眾生，三無差別

《華嚴經》云：「心、佛、眾生，三無差別。」一切有情眾生，包括人類與動物、一切有情，都具有佛性，無二無別。然而，這還是在義理上的解說，雖然我們相信經典上所說的義理，但是要真正如理、如實地「信受」，還須有具體的事例來幫助我們理解體會，可以讓我們深入同理動物的生命與靈性。

以上所舉的這幾個網路影片實例，就是從事相上來具體觀察，可以幫助我們同理動物的靈性。如果我們能夠打開心胸，心領神會動物所展現的靈性，進而肯定動物具有的靈性，與我們人類無二無別，可以更加長養我們的同理心、慈悲心、包容心、柔軟心、菩提心。

天臺宗智者大師在他所講述的《摩訶止觀》裡提出了修學止觀法門的「十觀境」與「十乘觀法」，「十觀境」的第一個是觀「（五）陰、（十二）入、（十八）界境」；「十乘觀法」的第一個觀法是「觀不思議境」。這個「觀不思議境」是個微妙法門，我花了三十多年的時間思惟參究，終於有點理解。

我們要如何修持「觀不思議境」？其中「不思議」的意涵，並不是「不讓你思議」，而是點出一項奧秘，就是當我們面對宇宙人生，而欲探索其實相與奧秘時，以我們日常一般的思議模式，完全派不上用場，也使不上力，所以必須改變，必須轉換，必須突破，必須提升。以我初淺的了解，天臺止觀的「觀不思議境」與後來的禪宗「參究法門」，二者之間有異曲同工之妙，就是要入門之前，必須先培養、醞釀一種禪門所提倡的「疑情」。

禪宗參究法門所說的「疑情」，並非一般日常意味的「懷疑」之意，而是一種「好奇與探究之情」，是一種面對生命的奧秘與「不思議境」，極想要一探究竟，而從內心深處生起一種「好奇與探究之情」，一種極為深刻的「驚奇（wonder）」之情懷與思慮。這樣的一種「疑情」，同時也是建立在對於眾生本具之「佛性」的堅實信念與肯定上面，這也就是為什麼釋迦牟尼佛在菩提樹下金剛座上大澈大悟、成等正覺的時候，會驚呼「奇哉！奇哉！（Wonderful, wonderful!）」。

在禪門中，師徒接引的諸多公案與話頭，都是以此而設計的，諸如：「念佛的是誰？」或者「如何是父母未生我以前，我的本來面目？」都是流傳千百年的禪宗話頭參究法門。

不僅是參禪，當我們面對宇宙人生，而欲探就其奧秘時，也要有這種「好奇與探究之情」，也要有這一種「驚奇（wonder）」之情懷與思慮，可以醞釀出悟道之契機。

如果我們能夠放下身為人類的自我執著與虛榮優越感，打開心胸接納不同的眾生，心領神會動物所展現出來的靈性，進而肯定動物所具有靈性與我們人類無二無別，可以更加長養我們的同理心、慈悲心、包容心、柔軟心、菩提心，讓我們在佛法的修學道路上更上一層樓。

兒童的生死探索與自覺及其象徵性語言

前言

二〇二〇年四月二十四日，教育部生命教育中心「一〇九年第一次推動委員會議」在南華大學召開，我在會場上遇到老朋友周大觀文教基金會創辦人周進華先生（抗癌小鬥士周大觀的父親）。他當面跟我說，近日他們正在彙整國內外各界對於周大觀的各種評論文章，非常企盼我能夠提供先前曾經發表過的一篇評述周大觀詩作的文章，以便基金會集結於「熱愛生命系列官網」，提供各界閱讀分享。

感謝周進華先生的邀稿，他提到這一篇討論周大觀抗癌詩作的文章〈兒童的生死探索及其象徵性語言〉，原作是發表於二〇〇〇年十月二十日在彰化師範大學紀潔芳教授所召開舉辦的「兒童生死教育研討會」上，已經是二十年前的事了。在這期間我都已經換了幾台電腦，所以遍尋不著原來的電子檔案，好不容易在一台十年前使用的外接硬碟中找到了，又花了三天詳細修訂，標題改為〈兒童的生死探索與自覺及其象徵性語言〉，完稿後email給周先生。

周先生收到文章後，回信說我是大觀的知音，他希望我能將這一篇文章發表於《人間福報》，以紀念周大觀往生二十三週年（一九八七年十月二十九日—一九九七年五月十八日），讓國內外千千萬萬人閱讀分享。我一看大觀往生週年的前一天（五月十七日）剛好是「生死自在」專欄的出刊日，所以就決定應周進華先生之請，先暫停正在進行的〈病毒疫情下的省思〉系列，改為發表〈兒童的生死探索與自覺及其象徵性語言〉系列，並且擴充原文的篇幅及內容，以紀念抗癌典範周大觀小弟，並迴向祈願他的在天之靈平安喜樂。本文在《人間福報》連載七週，結束後正值新書《生命的永續經營》準備出版，就一併收錄在其中。

兒童時期的生死探索

人類天生即是哲學性思惟的動物，此處所謂的「哲學性思惟」，不是指少數哲學家的純學術性哲學思考，而是指絕大多數芸芸眾生在面對宇宙人生的森羅萬象之時，所自然生起的好奇、困惑、思惟、探索與反省等等之心理及思想活動。其所思惟的對象包括內在的主體與外在的客體，以及世間所有事物的「生、滅、變、異」等遷流現象，其中自然涵蓋了「生」與「死」的探索。

一切有情的「生命」本來就是透過「生」與「死」來展現，因此「生」與「死」是一切「生命」的基本要素。然而，弔詭的是「當局者迷」，絕大多數的眾生一旦落入生死之洪流，就迷失了宇宙人生的方向。所幸，生命的玄機雖然幽微，但是從未嘗沉寂；巡弋的舵手雖然迷航，但仍然不斷地探索生死之流的方向與奧秘。

其實，吾人對於生死的探索，起始於幼兒時期，惜乎絕大多數的孩童，在一開始探索這個宇宙人生的奧秘之時，不但沒有得到任何具有教育性與建設性的啟發與引導，反而引起父母親與長輩們莫名的緊張與恐慌，就在整個社會文化忌諱談論生死的共業之下，有關生死問題的探索一直被壓抑、曲解與誤導，並且代代相傳，以盲引盲。我們有必要重新正視這個問題，以下先就兒童時期的生死探索，分為三點來說明：

生命的疑惑——生從何來？

我們每個人幾乎都曾經在孩提時代，問過父母親或爺爺、奶奶這個生命的公案：「我是怎麼來到這個世界的？我到底是從哪裡來的？」然而絕大多數的父母親或長輩們在第一次面臨幼兒提出這個問題的當下，一時間都覺得驚惶失措，不知如何回應，同時還在心中納悶，怎麼孩子這麼早就開始問這種難於啟齒的（「生理衛生」或是「健康教育」）問題？因此不是支吾其詞，就是胡亂瞎編一些不著邊際的答案來搪塞。

坦白地說，幾乎全天下的父母親都弄錯了，客觀而言，三、四歲左右的幼兒尚無明顯的性別意識，他們所提問的根本就不是什麼關乎「生理學」或「性教育」的問題，從問題的性質來分析，這是一個有關「存在（existence or being）」的問題；換言之，這是一個關乎「存有論」的問題（an ontological question）——一個非常深刻而有關存有思考的哲學問題，千古以來不知困惑了多少賢哲睿智。

大家可能會疑惑，三、五歲的幼兒怎麼可能會問這種深奧的哲學問題？幼兒當然不會懂得什麼深奧的哲學問題，但是他們所疑惑的「問題本質」，確實是個非常深刻的哲學性問題。換言之，我們每一個人在幼年的時候，都曾經是個「樸素的哲學思惟者」，雖然沒有任何哲學訓練，但是都在做哲學性的思考與提問。

進一步地追溯與分析，對每一個開始牙牙學語的幼兒來說，他們對於自己所面臨的這個新世界的感覺，其實是充滿了好奇（curiosity）與驚奇（wonder），故而亟於展開探索，他要認清知曉周遭環境中的人、事、物與現象等等，所採取的方式就是不斷地「問問題」，範圍則是「上自天文，下至地理」，無所不包。因此，在英語中，對開始會說話而不斷提問的幼兒有個「question box」的封號。

很有趣的是，幾乎全世界在幼兒園階段的小朋友，都對於恐龍的曾經存在以及後來的徹底滅絕，感到高度的興趣，也就是對於事物的存在與消逝，產生疑惑與好奇，而欲探索其答案。當幼兒探尋外在的事物到了某一個階段之後，總有一天，他會猛然發現還有一個最大的驚奇，尚未被探索與質詢，就是：「我自身（的存在）是從哪裡來的？我自己（的這個存在）是怎麼來的？」

弔詭的是，我們每一個人在生命的早年都曾經是個勤於思考、探索與發問的樸素哲學思惟者，也都曾經參究過古往今來之大哲與禪宗祖師的公案：「生從何來？」可惜隨著人間煙火的不斷薰染，愈來愈加執著於物欲的追逐，大夥兒不是逐漸淡忘了這千古之謎題，就是根本喪失了探討它的興趣。然而，生命的公案是不容迴避的，總有一天我們還是會返回到問題的源頭與它相會。

死亡的恐懼——死往何去？

相對於「生從何來？」的疑惑，即是「死往何去」的難題，通常是在我們遭逢至親好友過世之時，或者心愛的寵物死去之際，心中自然生起的恐懼與疑問。譬如當兒童面臨家中有長輩辭世，在悲傷失落之餘，自然會問像這樣的問題：「阿公死了以後，他會去哪裡？」臺灣民間有一個制式的標準答案：「他去蘇州賣鴨蛋了。」顯然這是一個刻意迴避問題的答案，一方面只求在某種程度上可以撫慰幼小心靈的悲傷情懷，另一方面也顯示出「大人們」不願意認真面對（甚至於逃避）死亡問題的基本態度。

眾生對死亡的恐懼一方面源自於執著現世的存有——包括「我」與「我所」（註）的執著，以及對死後生命是否延續的疑慮；另一方面則是受到社會文化與傳統民俗對死亡印象的負面薰染與誤導。對於絕大多數的人而言，生命消逝的哀傷場景與生離死別的悲痛情懷，儼然加劇了死亡的恐怖與威脅。人死後，生命就這樣無端地消逝了嗎？還是有另一段

註：「我」指眾生個體之自我，「我所」指自我的延伸，包括其所擁有的一切財物、資產、家庭、眷屬、名位、社會關係等等。

生命的續起？如果有死後的生命，那麼會是去哪裡呢？是羽化登仙，神遊太虛，翱翔宇宙嗎？是上天堂永生？還是下地獄受苦？是到陰曹地府成了孤魂野鬼？還是六道輪迴投胎轉世？這些令人困惑的問題，都曾經在我們早年的心中燃起陣陣疑團。

與「生從何來」的公案一樣，「死往何去」的問題也是一個有關「存有論」的哲學性思考，也就是在「死亡之後」是否仍然有「後續生命」存在的問題，而不必然是牽扯到怪力亂神的迷信或聊齋之談。

生死歷程的自覺式預感

所有眾生從一出世開始，就朝著生命旅途終點的方向走，這是一個實存的客觀事實，沒有人會懷疑這一點，但絕大多數人都極力迴避掩蓋這個事實，而不願察覺「死亡」其實就是我們「存在」的一部分，而且是不可分割的一部分。德國哲學家海德格在他的《存在與時間》一書中，對人的存在以「實存分析（existential analysis）」的觀點下了一個定義：「人是『向死的存在（being-toward-death）』」。

面對死亡，眾生一律平等，沒有男女老少或者貧富貴賤的差別待遇，換言之，死亡是究竟平等的。如此坦白而直接了當的分析，對於貪生怕死的芸芸眾生而言，也許顯得過於冷酷無情，但也唯有認真地面對死亡，生命的意義與存在的價值才得以彰顯，有如日本名導演黑澤明的電影巨作《生之欲》的生命啟示：吾人「向死的存在」之單獨實存，不到生死關頭之際，多半彰顯不出海德格所說的「實存的本然性（the true authenticity of existence）」。如果我們能夠誠實、坦然而無懼地面對自己的「生命」與「死亡」，則可以在生命中展現出個人的生死自覺，甚至於顯露出能夠坦然面對與接受個人生死歷程的生命智慧。

一般而言，導致死亡的情形不外乎以下幾種原因：疾病、災禍（意外）、自殺以及老朽。然而就兒童的死亡而言，老朽的階段尚未來臨，故只有前三種原因成立，而以疾病與災禍為主。兒童自殺的情形通常都牽涉到其家庭結構、社會脈絡與人際關係等複雜的因素，故不在本文討論的範圍。

因為意外或災禍而死亡的兒童，常有一種「一語成讖」式的自覺及預感。庫布勒・羅絲醫師（Elisabeth Kübler-Ross）在她的《兒童與死亡》（*On Children and Death*）一書中敘述了兩個個案。一位十六歲的少女不幸墜馬身亡，事後發現在其生前留下的數首詩作當中，隱然預言了後來這一場不幸意外的降臨。另一個案例是個四歲的小女孩，有一天一大清早很興奮地對她母親述說，耶穌基督親口告訴她要帶她去天堂，而且一再強調她說的是實情而非夢境，請媽媽不要操心，當日下午該女童不幸遭人溺斃。

至於罹患癌症或絕症末期的兒童，其個人生死的自覺式預感表現得最為明顯，一方面因為其赤子之心未失，既無江湖上恩怨情仇的瓜葛與負擔，也無世間功名利祿的計較與執著，對於病痛與生命脈動的感受較為直觀與自然；另一方面則是受到社會習俗與禁忌之薰染與誤導的程度較淺，故而比較能夠坦然無懼而自然地面對死亡，也遠比一般成年人與老年人有更真切的生死自覺。

兒童的生死智慧

兒童的生死自覺

如果從生命本能的角度來觀察，生活在大自然中的動物遠比浸淫在科技文明中的人類更具有生死的自覺，例如叢林中的大象可以預知自己的死期，而從容地到象群的「墓園」中等待壽終正寢的時辰。同樣地，其生活方式與個人身心愈接近大自然的人，愈具有高度的生死自覺，也愈能夠生死得自然、從容而有尊嚴。這種對於自然與生命的直覺反應，古人稱之為「天機」，乃是眾生與生俱來的本能；然而，在吾人成長的過程，卻不幸因為受到人間煙火的薰染，嗜欲日深以致於天機日淺。

一般說來，在現代的文明社會中，兒童遠比「大人們」更具有生死的自覺，而以癌症或絕症末期的兒童表現得最為明顯。大人們常會有這樣的疑問：「是不是罹患不治之症的孩子比較早熟？或是他們根本不了解死亡是什麼，所以才能夠坦然面對？」殊不知，苦難使人成長，這是放諸四海皆準的現象。然而，如前所論，經歷「病痛」與面對「死亡」是一種生命的切身「經驗」，而非抽象的「知識」，因此兒童未必就不了解死亡，成年人也未必就比兒童更了解死亡。

其實，「大人們」的生死經驗未必就比兒童豐富，另一方面，成年人與老年人累積了太多有關死亡的禁忌、迷信、成見與錯誤知識，反而更無法真切如實地了解死亡。因此，如果認為「兒童根本不了解死亡是什麼」，那是「大人們」的盲點與偏見。事實上，有許多案例顯示，絕症末期的病童，通過生死交關的切身經驗，對死亡有一種不可言傳的直接體悟，所以才能夠坦然地面對。

羅絲醫師在她的《兒童與死亡》一書中敘述了一位罹患動脈神經病變及腦出血的十五歲少女克莉斯汀（Christine）的例子。羅絲醫師認為絕症末期病童的生死自覺，是一種預感的自覺，而非意識的、智性的知識，源自於其「內在的、心靈的、直覺的導航器」，逐步引導兒童做好面對生命轉換的準備。

克莉斯汀有過兩次「蛛網膜下出血」及一次大腦出血的病歷，而且情況益發嚴重，醫生們考慮要為其施行手術。起先她很憤怒地拒絕，因為手術的風險很可能導致嚴重殘疾或腦幹損傷，那麼她寧願一死也不要殘疾。她曾經告訴過家人，生命的「質」遠比「量」來得重要。然而，經過反覆地思考之後，她決定接受手術，但是希望不會發生嚴重的殘疾或損傷，而將一切都交由上帝。

在等待手術的那段時間裡，克莉斯汀也做好了告別人世的準備，她留下了不少詩作，給母親、家人和朋友們的訣別書信，還有遺願與遺囑，並且在其中交代了遺贈的分配，葬禮的布置——包括花的顏色，全家福照片的擺置與音樂的播放，彌撒主持神父的指定，以及親朋好友來賓的邀請等等。在預定手術日期的前一個月，克莉斯汀又因為出血而入院，然後就陷入昏迷，因此再也沒有機會接受手術了。

後來她的母親在給羅絲醫師的信中說：「克莉斯汀已經化蝶了。」她在遺文中所顯露的愛心、誠懇、信念，是留給家人的無價瑰寶。從這裡我們看到一位十五歲的少女所流露出的生死達觀，反而是在一般成年人或老年人身上較少見到的。

面對死亡的勇敢挑戰——以癌症病童周大觀為例

誠如羅絲醫生在一個專門介紹她的職業生涯的電視節目《活下去，至死為止》（To Live until You Die）中所說的：「一般人誤以死亡為一種威脅，其實死亡並不是威脅，而是一種挑戰。」以詩作抗癌的周大觀小弟就是一個典型的實例。

周大觀於九歲就讀國小二年級時發病，在與家人出國旅遊回來後，突然感覺到右腿鼠蹊部位疼痛不適，就醫檢查經多家醫院診斷為遭到罕見的「軟組織肉瘤橫紋肌癌」之侵襲。在往後一年的治療過程中，經歷兩次手術切除癌細胞，十二次化學治療，三十次「鈷六十」放射治療，以及最後的截肢手術截去整條右腿。歷經了癌症的病痛、手術與治療的煎熬，以及面對死亡的威脅，如此一連串生死交關的切身經驗，將一個天真無邪的孩童，鍛鍊蛻化為與病魔及死神奮戰的勇士。周大觀與癌症病魔奮戰年餘，不幸於一九九七年五月十八日凌晨捨報往生。

在周大觀的抗癌歷程當中，有一項最為難得稀有的事件，就是臺大醫院為他召開了一次醫療評估會議，評估切除右骨盆腔的可行性，而大觀他自己堅持要參加。醫師們充分了解大觀雖然年幼，但是有足夠堅強的意志力去面對實情，特許他出席這個「算計」他自己生命未來的會審，這在國內還是史無前例的個案，在國際醫療史上恐怕也很難找到類似的案例。

一九九七年二月十七日下午五點半至七點半，臺大醫學院教授林凱信、醫院外科部副主任賴鴻緒、醫師林東燦、周獻堂、陳志成以及護理長等人，會商研討周大觀的檢查報告、病理分析，隨即審慎評估切割右骨盆腔的可行性。由於手術牽涉到內臟的移位，而臟器是最容易感染細菌的組織，於是醫師們達成最後的共識：醫療科技的出發點是為了能讓生命活得更為美好，然而，如果痛苦的療程根本無所助益於病情的扭轉，則接受安寧照顧走完人生最後的旅途，要遠比接受無意義的治療，承受無謂的煎熬更有人性。

散會之前，林凱信教授徵詢大觀本人的意見，醫師與病患之間有一段簡短的對話：

「謝謝醫師叔叔、伯伯、阿姨，我尊重您們的意見，不再開刀了；不過，請您告訴我，我還能活多久？」

「人活多久是神的事情！我們是醫生，不是上帝。」

「癌細胞最後會不會死掉？」

「癌細胞會死掉。而你寫了那麼多的詩歌，你將活著被上帝接走。」

這一天周大觀顯得比往日沉靜，睡前他卻在日記裡默默寫下：

……

醫生是法官，

宣判了死刑；

但是我是病人，不是犯人，

我要勇敢地活下去。

在這裡我們看到一位十歲的男童所展現的生死勇氣，令人由衷地佩服，這也是在一般成年人或老年人身上所罕見的。雖然癌症帶給大觀肉體上的疼痛與折磨，以及精神上的煎熬，甚至於最後剝奪了他僅僅十歲的寶貴生命，但是也因此而激發出他幼小心靈的力量與短暫而燦爛的生命光輝。

兒童生死探索與自覺的象徵性語言

表達生死經驗的語言

兒童的生死探索，不是單純知性的思惟活動，而是一種主體性的深刻靈性覺知；特別是癌症病童的生死探索與自覺，是一種直接與生命展開對話的深層經驗。這種深層的生死經驗無法用日常知識的內容來涵蓋，知識可以傳遞，而經驗卻極難溝通，這也是探索生死問題的一大困難與挑戰。例如心臟的結構比較容易用語言、文字、圖片來說明；而心理的狀態或心靈的意境就很難用科學的語言與方法來描述了，譬如「心寒」、「心痛」、「心碎」、「傷心」等等切身之痛的情感與經驗如何用一般的言辭表達清楚，遑論能讓他人感同身受，「只可意會，不可言傳」此之謂也。

《六祖壇經》中記載：惠明法師在慧能行者的開示後，言下大悟，感激之餘，說了一句「如人飲水，冷暖自知」的心得回應。這種譬喻式的象徵性語言，其用意不在於說明具體的事實，而在表達現象的意義、心識的狀態、切身的經驗、悟道的境界等等。象徵性的語言可以用詩、詞、歌、賦、文章、書畫等的形式來表現，它的傳播可以跨越時空，它的力量可以觸動情感，震撼心靈。偉大的詩詞文章，透過象徵性的語言，常常可以引領我們心包太虛，翱翔大千，縱橫古今，神交古人。

周大觀的抗癌詩作

生死的探索與自覺，這種深層的主體性經驗，實際上是遠超過日常語言文字所能確切描述的範圍，因此它的最佳表達方式是透過詩作文字的象徵性語言。在《大觀——一位癌症小孩的心聲》一書中，編者收錄了周大觀在抗癌期間所寫的四十一首詩作，字裡行間在在流露出生命的真情，不論是治療與病痛、歡樂與悲傷、希望與失望、焦慮與平靜、害怕與堅定等等。以下選錄其中的十二首，以解析其表達生死經驗的語言象徵性，以及其內在所隱含的生死義理與智慧。

一九九六年五月十五日，大觀首度住院，開刀取出右腿鼠蹊部硬塊。手術後，大觀在醫院住了七天，雖然七天並不算長，但是對大觀來說卻有如坐牢一般。感情細膩的大觀，在住院期間更深刻地體會到父母對他的愛與關懷，看到媽媽為了照顧他，接連幾夜沒睡好而斜倚在病房裡的沙發上打盹，感動之餘，寫下了住院的「心聲」

心聲

醫院是監獄，
爸媽是犯人，
我是手銬
害怕是我們的聲音。
手銬在哪裡，
犯人就在哪裡；
我在哪裡，
爸媽就在哪裡；
多麼希望——
醫院不是監獄，
更不是我們永遠的家。

醫院當然不是監獄，但是在大觀內心的感覺中，醫院彷彿成了監獄，連爸媽都成了犯人，被他銬在那裡無法脫身。然而他內心的希望，是要脫離監獄的囚禁與束縛，回到溫暖的家。

一九九六年十月二十九日是大觀九歲的生日，爸爸、媽媽和弟弟一家人為他慶生，大觀默默地祈禱，然後寫下九歲生日的心願。

九歲的生日

以前，
我未曾與任何人有所爭，
因為沒有什麼值得爭，
現在，
我要與癌症惡魔爭——
爭取身體的健康，
爭取生存的權利，
因為我才只有九歲，
因為我還有很多個九歲。

這一首「生日感言」詩，不同於一般。九歲的慶生，本來應該是與世無爭、充滿童趣又熱鬧歡笑的場景；然而，大觀在面對癌症惡魔的挑戰與攻擊之下，卻有一種「不得不爭」而「奮起一戰」的感慨。

手術之後，還有化療與放療，大觀在經過幾次鈷六十的照射之後，導致右腿鼠蹊部傷口的皮肉焦黑，右腿也逐漸萎縮。雖然遭受到病魔一再地折騰，但是大觀始終勇敢、樂觀地面對。以下這一首〈治療〉，一方面訴說化療與放療的痛苦以及對身體的折磨，一方面也感謝爸媽對他的鼓勵、安慰與陪伴。

治療

化學治療是大刺客，
刺向我身體的每個角落，
爸爸是鼓勵先生，
陪我迎向作戰。
放射治療是小魔鬼，
攻擊我身體的每個要害，

媽媽是安慰小姐，
伴我度過難關。

在做了三十次鈷六十的照射之後，大觀的右腿已經萎縮變形，可是癌細胞仍然頑強地往右腿骨內竄延。在化療、放療都無法抑制癌細胞的情況下，主治醫師對病情做了全盤評估之後，不得已提出了「截肢是唯一的路」這樣的建議。媽媽完全沒有心理準備，聽了無法接受，爸爸則安慰媽媽要堅強一點，這或許是大觀的一個契機。

反而是大觀以超乎常人的鎮定口吻，坦然地和爸爸討論自己的病情，最後以堅定的語氣說道：「爸爸，我願意截肢。」沒有一絲猶豫或畏懼，決心抗癌到底，毫不退縮，令人嘆服。當夜，大觀寫下了這一首〈截肢〉。

截肢

癌症惡魔是人類的敵人，
霸佔了我的右腳，
化學治療攻不進，

放射治療打不下，
醫師要一刀兩斷，
敵人向上串聯，
敵人就要轉移陣地，
幾何級數的分裂，
天文數字的陣痛，
爸媽也只好一刀兩斷，
爸媽把我交給醫師，
醫師把我交給科技，
我把生命交給上帝。

這首〈截肢〉是大觀的生命交響曲，有如古代歌詠大戰的史詩，彷彿戰場上槍林彈雨，烽火連天；也有如貝多芬的命運交響曲，氣勢磅礴，鏗鏘有力。其中的字句：「幾何級數的分裂，天文數字的陣痛」有如交響樂中的音符旋律，悲愴壯烈，雖然帶有些許感傷與無奈，但是並未絕望。

一九九七年農曆春節前的一個週日午後，還住在醫院的大觀要求爸媽帶他到兒童樂園欣賞太空劇場，散場之後又跟爸媽說想要回家一下，弟弟也央求爸爸向醫師請假帶哥哥回家。於是，爸爸向醫院請了假，大觀好不容易回到了溫暖的家。

自從生病以來，大觀的心情難免鬱悶，難得能夠在過年前回家一趟，而且玩得很開心。因為心情愉快，大觀就寫了幾首輕鬆活潑的詩，下文的〈算命師〉是其中一首。

算命師

白血球五千，
血小板十五萬，
紅血球十二，
醫師叔叔是算命師，
鐵口直斷——
一切正常，
平安健康。

大觀的性命，不是看「生辰八字」，也不是用「陰陽、五行、八卦」，而是以血液內「白血球」、「血小板」、「紅血球」的各項指數來斷吉凶。將「醫師」比喻為廟口解籤的「算命師」，根據身體的指數，鐵口直斷，實在是妙喻。大觀在病痛之餘，還不失幽默，真是性情中人。

一九九七年元月二十五日，醫師為大觀進行了截肢手術，將病腿與大觀「一刀兩斷」。手術非常順利，不過爸爸、媽媽和醫師都擔心手術後大觀的心理建設。

當天晚上八點多，大觀清醒過來，看到守護在床邊的爸媽，他睜大眼睛很用力地說道：「爸爸、媽媽，我已經不再恐懼截肢了，我將來還是一個很有用的人。」爸媽聽了，熱淚盈眶，這句話多麼讓人心疼，也多麼讓人感佩啊！

才動完大手術後不久，身體虛弱的大觀居然跟爸爸說，他想寫詩，請爸爸拿紙筆給他。爸爸心有不忍，但是看到大觀那麼堅持，只好將紙筆放在他的床頭，大觀側著身體，很吃力地提筆，一字一字地寫下：

我還有一隻腳

貝多芬雙耳失聰，

鄭龍水雙眼失明，
我還有一隻腳，
我要站在地球上。
海倫凱勒雙眼失明，
鄭豐喜雙腳畸形，
我還有一隻腳，
我要走遍美麗的世界。

雖然才剛剛經歷了殘酷的截肢手術，但是我們可以從這首詩中看到，大觀心中所想的不是負面的「我少了一條腿」，而是正面的「我還有一隻腳」，他不但要用這隻腳站在地球上，還要用這隻腳走遍美麗的世界。雖然失去了一隻腳，大觀完全沒有沮喪，也沒有自艾自怨，反而更為勇敢、更為堅強。

德國哲學家尼采有句名言：「正在承受苦難的人沒有悲觀的權利。」大觀可以說是這句話的真實寫照，他不但沒有悲觀，更以樂觀的心態看待截肢，還以牛郎、織女的浪漫約會，來表達他的求生意志和決心，是癌症惡魔永遠都阻止不了的。

約會

今夜的七夕，
天空是美麗的禮堂，
牛郎裝上了義肢走出來，
織女坐上了輪椅迎接他，
愛作怪的癌症浮雲，
永遠也阻止不了他們的約會。

很不幸，截肢後的一個星期，大觀的病情急轉直下。回到家的幾天後，持續高燒不退，血鈣增加，骨盆腔的癌細胞已經擴散，大觀的視力逐漸模糊，情況危急，爸爸又急著送他回臺大掛急診。二月五日才排到七Ｄ癌症兒童病房，大觀住進了醫院，然後一家人就在臺大醫院癌症兒童病房中度過了大年夜。

雖然在醫院裡面過年，難免心情沉重，但是在新的一年，除舊布新，穿著媽媽為他買的新衣服，大觀心中仍然充滿著希望。

希望

生病的時候，希望是一張小小的診斷書——
生，在這裡，
死，也在這裡，
醫師叔叔就是醫生，
只有醫「生」，
不會醫「死」。

大觀以「診斷書」來象徵生命的「希望」，充分地表達了「生」與「死」之間的強烈對比與張力。醫生，只有醫「生」，不會醫「死」，這種妙喻，真是神來之筆，既是詼諧的調侃，也帶有幾許感慨與無奈。

一九九七年二月十五日晚上，兒癌主治醫師周獻堂來到病房探視大觀，然後請爸媽到病房外面談話。心思敏銳的大觀一看就心理明白，一定是要討論自己的病情，就叫弟弟拿拐杖來，然後急忙下床，撐著拐杖走出病房，走廊上的醫師、護士看到大觀非常驚訝。爸爸知道大觀的心意，是想了解自己的病情，覺得無須再隱瞞，就請醫師回到病房裡談話。然後，醫師們和爸媽當著大觀的面，完全透明、毫無隱瞞地討論他的病情。

當晚，大觀心裡已經明瞭癌症康復的希望渺茫。送走醫師後，大觀默默拿出紙筆，寫下了心中最後要講的話：

> 爸爸、媽媽、弟弟，當我走的時候，你們要把我堅強的故事，告訴其他癌症兒童和他們的爸爸媽媽，讓他們有勇氣對抗癌症惡魔。

這是大觀的「遺囑」，寫完之後，大觀在爸媽面前放聲痛哭，不是因為恐懼，而是傷心、難過、遺憾，不能再孝順爸爸、媽媽，友愛弟弟了。然後大觀囑咐弟弟，以後要聽話，代替哥哥孝順爸爸、媽媽，說完，兄弟倆相擁而泣。

醫師對大觀病情的分析預判，等於是宣判了「死刑」。雖然死神步步逼近，但是大觀並未就此屈服，仍然堅強地活著，以展現生命的尊嚴，並且繼續用詩作來面對癌症與死亡，寫下了這首〈禮物〉。

禮物

「是誰把死亡的禮物送給人間？」
「是我。」癌症惡魔說；
「是誰把生命還給大地？」
「是我。」春天說。

惡魔與春天的這段對話，也就是大觀與「生命」及「死亡」三者之間的對話，把「癌症」比喻為「死亡的禮物」，把「大地」象徵為「生命的歸宿」，是相當深刻的生死觀照與智慧。如果對照孟子的「生於憂患，死於安樂」，以及老子「道法自然」、「落葉歸根」，從儒、道二家的生死哲理來看，大觀的詩句隱約之中透露了些許「生死一如」豁達。

面對死亡的威脅，大觀回顧他與病魔奮戰而經歷過的三次手術，寫下了這一首〈鄰居〉，非常生動地描述了爸媽對他的關懷，以及他勇敢面對病魔與手術的心歷路程。

鄰居

八十五年五月十五日，
爸媽第一次扶我進入開刀房，
焦慮弟弟是鄰居，
平靜妹妹也是鄰居，
我選擇了平靜妹妹。
八十五年六月六日，
爸媽第二次抱我進入開刀房，
害怕阿姨是鄰居，
堅定叔叔也是鄰居，
我選擇了堅定叔叔。
八十六年一月二十五日，
爸媽第三次背我進入開刀房，
死亡先生是鄰居，
生存姊姊也是鄰居，

我要選擇美麗的姊姊。

當生命遭遇到惡疾絕症的逆流與衝擊之時，開刀房就是生死存亡的戰場，而心靈的處境就有如一場「希望」與「失望」的拉鋸戰；在戰線的兩邊，「焦慮」與「平靜」、「害怕」與「堅定」、「生存」與「死亡」，既是「對手」，也是「鄰居」，身為奮戰鬥士的大觀當然不能只是旁觀，而必須做出抉擇，他也勇敢地做了選擇。

後來大觀想起林醫師說，癌細胞最後都會死掉。因為它們殺死了癌症病人，結果病人死了它們也無法存活。這讓大觀覺得癌細胞很無知也很可憐，就像是一群無知的殺人犯，而同情地換一個角度為它們辯護。

辯護

醫師是法官——
宣判了癌症細胞億萬個死刑，
癌症細胞卻說：
「我為了自衛而殺人。」

善良的大觀又突發奇想，希望能夠透過科學研究的撮合，讓治癌的新藥與癌細胞結為一家親，化干戈為玉帛，而寫下了這一首超現實的〈世紀婚禮〉。

世紀婚禮

科學天軍是大媒人，
人類天使是公證人。
當新藥新娘披著白紗出來時，
癌症新郎穿著藍禮服迎接她，
仇家變親家，
親家成一家，
這是世界最偉大的婚禮。

在生命的最後那一段時光，雖然病情不斷惡化，病體愈加虛弱，大觀仍然很堅強地活出生命的尊嚴，直到最後預知時至，安詳往生，展現了死亡的尊嚴。

結語

大觀留給人間的，不是什麼動產或不動產的有形遺贈，而是他本身與癌症病魔奮戰的無畏精神與無比典範，對其他癌症病童的精神鼓舞，以及社會對他無限的懷念。人生的價值不在其年歲之久暫，而在其意義之深淺，十歲的生命雖然短暫，然而其所彰顯的意義可以不朽。

子曰：「三人行，必有我師焉。」當我們面對生死大事的課題時，究竟誰是老師？誰又是弟子？其實，齡愈花甲的耆年宿老，未必就可以為師，未經世事的黃髮小兒，亦非必然是徒。

我們不要誤以為在生死的課題上，大人們就一定懂得比兒童多，就可以教給兒童什麼知識或道理。在教學的設計上，「生命教育」或「生死教育」的具體實踐，不是灌輸，而是引導；不是傳授，而是啟發。面對「生、老、病、死」的種種切身課題，「教」與「學」的目標，不僅僅是知識性的認知與了解，而是坦然與「生命」及「死亡」展開深層對話的體驗與領悟。

嚴格地說，在「生命教育」或「生死教育」這門人生的必修課程裡，「生命」與「死亡」本身才是老師，所有的眾生都是「生命」與「死亡」的學生。然而，也就如韓愈所說的：「弟子不必不如師，師不必賢於弟子，聞道有先後，術業有專攻」，以及「吾師道也，夫庸知其年之先後生於吾乎？」因此，不要忽視或小覷兒童的生死智慧，大人們一方面不要以自己主觀的成見，壓抑及抹煞兒童的生死探索與自然反應，另一方面也應虛心地向他們學習。寄語未來我們——身為家長或師長者——能夠更為開放且自然地與兒童展開探索生命與死亡的思想交流與心靈對話。

最後，謹以本文迴向給大觀，祈願他在佛國淨土，與諸上善人聚會一處，見佛聞法，修道圓滿，乘願再來，迴入娑婆，行菩薩道，廣度有情。

第六章

生命的謝幕

從老布希總統的喪禮追悼辭看生死文化

前言

二〇一八年十二月六日（週四），我要去佛光大學佛教學院上課，中午時分，正坐在從臺北往礁溪的首都客運上，手機收到一位北京的朋友用微信傳來一則訊息，其中提了一個問題如下：「請問下面這句話是啥意思呀？『I once heard it said of man that the idea is to die young as late as possible.』琢磨半天了也沒弄清楚，您方便時再回答。」

我看了之後，覺得其中「the idea is to die young as late as possible」這段文字應該是句西方的俗諺，雖然大致了解其意涵，但是因為沒有前後文，不敢肯定，就回覆問道：「我正坐在客運車上。這句話沒有前言後語，不好解讀，有沒有前後文？」

北京的朋友回傳說：「不著急，您安心坐車吧。我也沒看到原文，是在一個群裡看到有人問這句話，說是布希悼辭裡的，我也沒查到。」

有了這個線索，我就用手機上網搜尋「George Bush eulogy」，很快就找到了相關的新聞訊息，也得以確定那句話的內涵。

消息的來源是，美國前總統老布希（George H.W. Bush）於二〇一八年十一月三十日（週五）在德州休士頓辭世，享壽九十四歲。老布希是美國第四十一任總統，也是第四十三任總統小布希（George W. Bush）的父親。根據媒體報導，十二月三日，老布希總統移靈至華府國會山莊的圓形大廳供民眾瞻仰遺容，大批民眾排隊致敬。

國喪儀式於十二月五日上午，在華府國家大教堂舉行，小布希總統在父親的喪禮上發表了幽默、溫馨、感性的追悼辭，隔天在德州大學站的老布希總統圖書館舉行下葬儀式。

我在一個名為「The Guardian」的網站，找到以「George W. Bush delivers eulogy at his father's funeral – full text」為標題的網頁，裡面刊載了小布希總統在他父親（老布希總統）的喪禮上致追悼辭的全文，也在YouTube裡面找到了ABC（美國廣播公司）和CNN（有線電視新聞網）全程錄影的視頻檔案。有了這些資訊，就不難解讀上面那句話了。

以往在臺灣民間傳統禮俗的喪葬場合，喪家為了要表現「孝道」與哀思，幾乎都會上演「五子哭喪」、「孝女白瓊」等等的荒謬劇碼，而且是由喪家請「專業團體」來扮演，還好近年來這種荒謬的現象有大幅改善，已經不多見了。

兩相對照，在歐美社會的喪禮上，一般鮮少會聽到悲傷的哭泣聲，家屬與親友來賓在致悼辭時，雖然表情肅穆哀戚，但是談到往生者的生平事蹟或過往的生活點滴時，往往會引發來賓會心一笑乃至哄堂大笑。小布希總統在父親老布希總統喪禮上笑中帶淚的追悼辭，就是一個現成的最佳實例，在十二分鐘的致辭當中，前後一共有十四次引發來賓的笑聲，頗有一種「喜喪」的味道。

在歐美社會的喪禮上，追悼辭所反映的是對往生者一生的懷念與追思，所回顧的不一定是冠冕堂皇的豐功偉業，而往往是日常生活中令人懷念的一些雪泥鴻爪，或者是溫馨感人的生活點滴。這也是歐美國家生死文化中充滿人性溫暖的一面，值得我們思考和學習。

小布希總統致辭的開場白就是「I once heard it said of man that the idea is to die young as late as possible.」這句話。字面的意思是：「我曾聽人說，有個想法是，死於英年，但是愈晚愈好。」從英文文法結構來說，「to die young」的「young」是個副詞（adverb），修飾不定詞「to die」，意思是「死的時候心境姿態很年輕」，但是時間點「儘可能愈晚愈好「as late as possible」。

小布希總統的第一句開場白就引發了來賓的笑聲，接著他說道，在八十五歲時，老布希總統最喜愛的消遣，是駕著他的愛船「忠貞號（Fidelity）」，啟動三具三百匹馬力的引擎，飛馳——愉快地飛馳——橫渡大西洋，然後特勤局隨扈的護航船吃力地跟著。

九十歲時，老布希從飛機上跳傘，降落在位於緬因州（Maine）肯尼彭克港（Kennebunkport）聖安海濱教堂（St. Ann's by the Sea）旁邊的地面，那裡是他父母親結婚以及他常去禮拜的地方。小布希總統說道：「媽媽常說老爸會選擇那個地方降落，是以防萬一降落傘沒打開。」（來賓笑聲）

老布希在九十幾歲時住院，某天老夥伴貝克（James A. Baker，老布希任內的白宮幕僚長）偷偷夾帶了一瓶灰雁牌（Grey Goose）伏特加酒到他的病房時，他開心極了，顯然這瓶酒跟貝克從莫爾頓牛排館帶來的牛排超級搭配。（來賓笑聲）

小布希提到老布希自知有兩次幾乎「英年早逝（to die young）」的經驗，第一次是當他還是青少年時，一場葡萄球菌感染差點要了他的命；幾年後，他一度孤伶伶地躺在救生筏中，漂浮於太平洋上，向上蒼祈禱救援人員能夠趕在敵軍之前早一步發現他。

行文至此，我暫時跳過追悼辭的內容，先來敘述一下老布希總統參與二次大戰美日太平洋戰爭時的生死經驗。老布希是最後一位參與過二戰的美國總統，也是唯一一名美國海軍飛行員出身的美國總統，而且歷經過九死一生。然而，他在競選總統連任時，卻敗給了比爾・柯林頓（Bill Clinton）——一位逃避兵役的嬉皮士，兩相對照，令人不勝感慨。

根據《華盛頓郵報》報導，一九四一年十二月七日，日本偷襲珍珠港事件的爆發，完全改變了布希的一生。根據老布希的傳記描述，當時年輕的布希還是一名高中三年級的學生，他在校園裡聽聞到夏威夷的海軍基地遭到日軍偷襲轟炸，立刻激發他的愛國心，毅然決然投筆從戎。

當年布希一心一意想成為飛行員，且愈快上戰場愈好。他原本曾考慮加入加拿大皇家空軍，因為當時大英國協已經和德、義、日軸心國作戰許久，而美國才剛剛宣布參戰，還需要一些時間準備作戰，不過最後布希仍然選擇進入美國海軍航空學校，當時的布希還未滿十八歲。一九四一年的耶誕節，布希回到家鄉過節，在耶誕舞會上遇到了他未來的妻子芭芭拉（Barbara Pierce），當時她才十六歲。

一九四二年六月十二日，年滿十八歲的布希從航空學校畢業，前往波士頓宣誓入伍海軍。大約一年之後，布希成為美國海軍預備軍官，並正式獲得海軍航空兵資格。據傳記作者梅卡姆（Jon Meacham）的推測，當時未滿十九歲的布希，可能是美國最年輕的海軍飛行員。根據資料，布希的座駕是太平洋戰爭中大名鼎鼎的海基魚雷轟炸機「TBF復仇者式」（TBF Avenger），派駐在「聖哈辛托號」航空母艦（USS San Jacinto CVL-30）上服役。

一九四四年九月二日拂曉，布希駕駛TBF復仇者式魚雷轟炸機與機隊共同出擊，任務是轟炸日本小笠原群島的父島（Chichi Jima）。父島距離日本本土約五百英哩，是日軍在太平洋上重要的通訊和補給據點，並派駐有重兵嚴密防禦。布希接到的任務是破壞島上無線電通信塔台，以切斷日本的通信網。

當天上午七點十五分，布希與威廉・G・懷特（William G. White）以及約翰・德爾・德萊尼（John Del Delaney）三名機組人員駕著TBF魚雷機從航空母艦上起飛出發，然而父島上的防空砲火非常猛烈，一個多小時後，他們的飛機遭到砲火擊中，煙霧瀰漫在駕駛艙內，火焰吞噬了機翼，布希用無線電向其他兩名同僚機組員提醒必須棄機跳傘。

雖然飛機嚴重受損，但是布希還是冒險投下炸彈，並且命中無線電塔台完成任務。他再次提醒組員跳傘，然後自己奮力拉開駕駛艙門，努力爬出駕駛艙後縱身一躍。當時，布希的飛機已經飛離父島上空，他跳傘降落在茫茫大海上，看見燃燒的飛機墜落海中，但是卻沒有看到另外兩位戰友的身影。布希猜測，他們恐怕在飛機中彈時就已經陣亡。

布希隨後發現自己被海潮沖回島上，但是他不打算被日軍俘虜，因此將救生筏充氣後拚命用手往外海滑行，希望能夠脫離父島愈遠愈好。這個看似冒險的決定，卻成為布希生還的關鍵。根據英國《每日電訊報》的報導，其實當天連同其他被擊落的TBF魚雷轟炸機當中，一共有九名飛行員跳傘成功，但是布希卻是唯一的倖存者。

後來布希才知道，另外八名飛行員被日軍俘虜，在父島上遭受到慘絕人寰的虐待，不但先後被日軍殺害，其中甚至有五人的屍體被烹煮吃掉，並非是因為日軍糧食不足，而是為了報復美軍，並且煽動士兵對美國人的仇恨，也就是駭人聽聞的「父島事件」。戰後調查，父島上的日軍軍官命令士兵和軍醫將戰俘殺害後製成「人肉壽喜燒」或串燒，而拒絕吃人肉的士兵則遭到同袍排擠。父島守軍指揮官立花芳夫等五名日本軍官，戰後被依戰爭罪判處絞刑。

茫茫然地漂流在海上的布希，原本已經做好最壞的打算，他在救生筏上一邊嘔吐、一邊痛哭、一邊祈禱，心想著芭芭拉恐怕永遠無法知道真相，並且為陣亡的戰友感到難過。所幸，一艘碰巧路過的美軍潛艇發現了布希，潛艇從海裡升起來營救他時，布希已經脫水嚴重，氣若游絲。

布希返回美國後，獲贈傑出飛行十字勳章，一九四五年一月與芭芭拉完婚，並且服役至一九四五年九月戰爭結束，退伍後進入耶魯大學攻讀經濟學。

一九四五年九月十八日，布希從海軍光榮退役。在兩年的服役期間，他駕機的飛行時數共有一千二百二十八個小時，完成了一百二十六次在航空母艦上的飛行起降，執行過五十八次的戰鬥任務。布希雖然沒有直接擊沉日本軍艦那樣的重大戰果，但在座機被日軍防空砲火擊中時，並未放棄戰鬥任務，在跳傘前還冒死完成轟炸任務，算是拚死奮戰，勞苦功高。最重要的是，他九死一生，大難不死，成為最後一位參加過二次大戰，而且是在前線作戰的美國總統。

在天下承平的時候，跳傘是一種高檔的極限活動，但是布希人生中的第一次跳傘，一點都不好玩，那是他的戰機被日軍砲火擊中，千鈞一髮，不得不跳。所幸在落海之後，死裡逃生；也就是因為跳傘讓他重生，所以後來布希就不定期以跳傘來慶祝自己的生日。

這真是一個非常奇特的生死觀與人生觀，就是將浴血奮戰中的「生死交關」經驗，轉換為歡樂的「慶生活動」，特別是在七十五歲、八十歲、八十五歲和九十歲的生日時，老布希都以跳傘來慶祝。然而，到了後期他的健康每況愈下，必須以輪椅和電動椅代步，年歲愈高，「跳傘慶生」的傳奇色彩就愈濃厚。

老布希最後一次跳傘是九十歲那一年，二〇一四年六月十二日，他從直升機上一躍而下，高度二千米。不過，那時候他的體能已經無法獨自完成跳傘活動，全程必須要由陸軍

「黃金騎士」跳傘隊的一名隊員貼身協助，兩人綁在一起，共用一個降落傘。落地時，老布希無力抬高已經癱瘓的雙腿，重重地摔在教堂前的草坪上，不過安然無恙。在地面上提心弔膽地等候著的親友們一擁而上，把老太爺攙扶到輪椅上，接回家中。

談了以上的歷史回顧之後，我們再回到喪禮追悼辭的內容。小布希總統在追悼辭中，特別提到了老布希總統參與二次大戰的生死經驗，對於同袍戰友為國犧牲的終生悼念，以及遭逢幼女夭折的悲傷經驗，但是完全沒有提到父親在國際政治舞台上的任何事蹟或豐功偉業。悼辭的內容主要是以兒子回憶父親豐富的生命智慧、豁達的生死態度與深刻的生死哲理為核心，再談到老布希的愛國情操與服務熱忱，虔敬的宗教信仰，不居功、有擔當、平易近人、與人為善的品格特質，待人處世的高尚風範，樂觀慷慨，熱愛戶外活動，留給子女的言教與身教，以及幽默感人的生活小品。

小布希說道：「一直到他最後的時光，爸爸的生命很有教育意義。隨著年歲的增長，他教導我們如何老得有尊嚴、幽默和善良，而且當上帝最後召喚時，如何帶著勇氣和喜悅在應許的國度面見祂。」由此可以看出老布希豁達的生死觀與生死智慧，以及他對子女的言教與身教。

談到老布希的幽默性格，小布希也不遑多讓，可以說他們父子倆都有幽默的基因。在追悼辭中，小布希特別談到老爸的幽默性格，他說道：「他很愛笑，尤其是自我解嘲，他也會逗弄人，但從不出於惡意。他能藉著一個好的玩笑來展現良善價值，這就是為何他挑選前聯邦參議員辛普森（Alan Simpson）來致辭。（來賓笑聲）。在電子郵箱裡，他有一個朋友圈，專門分享及收發最新的笑話。他還為笑話的優劣分等級，稱為『經典布希制（classic George Bush）』，罕見的七級和八級就是大贏家，不過大部分是限制級笑話。」（來賓笑聲）

小布希還談到老布希廣結善緣的性格，不但慷慨包容，是大家的良師益友，而且還不計前嫌，他說道：「他總是能夠慷慨付出。許多人會跟你說，老爸成為他們生命中的導師或慈父的角色，他會傾聽，給予安慰，儼然是他們的好朋友。我想羅茲（Don Rhodes）、布蘭頓（Taylor Blanton）、南茲（Jim Nantz）、阿諾史瓦辛格（Arnold Schwarzenegger）都是，其中最讓大家想不到的，是曾經（在一九九二年總統大選）擊敗他的柯林頓（Bill Clinton）。我跟兄弟姊妹提到這群人的時候，都說他們是『異母兄弟（brothers from other mothers）』。」（來賓笑聲）

為什麼小布希在致悼辭中，提到上文中所述的那幾位人士，會成為幽默的笑點，引發來賓的笑聲？在此我要補充說明一下，來幫助大家了解。

辛普森（前聯邦參議員Alan Simpson）是出身懷俄明州的共和黨人，從一九七九年到一九九七年擔任過三屆參議員，並且據傳他在一九八八年曾被列入老布希的副總統候選人決選名單，可見他與老布希總統交情匪淺。

身為參議員，辛普森以他的笑話和五顏六色的措辭而聞名。他母親經常講的一句話「幽默是對治生命中坎坷不平的通用溶劑」，影響了他的一生，也造就了他幽默樂觀的性格。在二〇〇六年的一次演講中，他解釋了為什麼他認為幽默如此重要，以及幽默如何成為處理悲劇、與朋友交往，甚至於有時候是與對手交涉時的有用工具。

也因為辛普森和老布希總統的深厚交情與本身的幽默風格，所以也被安排在老布希的喪禮上致悼辭。在致辭中，他回憶起多年來與老布希在一起的一些輕鬆時光，不時地冒出詼諧的短笑話，不斷引起了在座政要們的笑聲。

談起老布希總統，辛普森說道：「他是個非常謙虛的人。那些在華盛頓特區走過謙卑大路的人，並不會被繁忙的交通所困擾。」（He was a man of such great humility. Those who traveled the high road of humility in Washington D.C. are not bothered by heavy traffic.）後面這句話其實是一語雙關，「the high road」字面上的意思是「高速公路、大路、大街」，引申的意思是指有道德與涵養的高尚決定，「take the high road」代表一個人要做出較難辨到，但卻是高明的選擇，一般用在原諒他人、不跟別人計較，或是表達自己寬宏大量的修養的時候，因此，「traveled the high road of humility」有「走過謙卑高尚之路」的意思。整句話所隱含的意思是：「那些在華府行事謙卑高尚的人，並不會被紛擾的政壇江湖所困擾。」

在老布希總統的喪禮上，不只是小布希總統和辛普森，其他的貴賓如貝克（James A. Baker，前國務卿）與梅卡姆（Jon Meacham，歷史學家暨傳記作者），他們的致辭也都充滿了幽默的笑點。

唐・羅茲（Don Rhodes）是休士頓孤兒出身，成年後成為老布希總統任內任職時間最長的助手，二〇一一年三月十九日因轉移性肺癌去世，享年七十三歲。羅茲以其保守的舉止、能力和忠誠著稱，在一九六四年老布希競選參議員失敗期間，羅茲以志願者身分加入了布希團隊。他在老布希手下工作了四十多年，以官方和個人身分行事，一度包括掌管布希家族支票簿上的支出。

老布希總統曾說：「我想不出這些年來有比唐・羅茲為我做得更多事的人。沒有人的道德價值觀比他更高，沒有人比他更有寬容的心。他是我曾遇過的最無私、最有愛心的朋友。」總統夫人芭芭拉補充說道：「羅茲是『一家人』」。

南茲（Jim Nantz）是哥倫比亞廣播公司（CBS）的體育主播，也是體育節目艾美獎最佳體育實況轉播主持人，他第一次見到老布希總統是一九九三年在紀念公園舉行的一場高爾夫球比賽，總統堅持在那裡支付自己一天的費用。

南茲在為老布希總統守靈的時候說，在結識老布希總統之後，接下來的四分之一世紀裡，這種關係在高爾夫球場之外，擴展到朋友、顧問，乃至父親形象的忘年交，以及慷慨和熱情好客的優雅榜樣。老布希生前曾稱南茲是「我們家的代孕成員（a surrogate member of our family）」。

南茲談起老布希時，說道：「他對待我就像是親人般的熟悉、親切、熱情接納，但是他自己卻從未想過得到比別人更好的待遇。這就是我今天心裡所想的，他生命中的細緻以及對其他人的溫柔體貼。」

南茲回憶起有一次他陪老布希總統在休斯頓紀念公園打高爾夫球，球場要免費招待老布希，卻被他回絕，他不希望和別人有所不同。他還對球場的人說道：「如果你們讓我免費，我就不能再來這裡打球了，因為我擔心你們會以為我期待再次被招待。」於是球場同意了，他掏出一張信用卡，為大家買單。

南茲感性地說道：「我從未將他視為政治人物。我知道他有很多成就，但我把他視為朋友。我看到他所做的一切，並且被他的善行所著迷。」又說：「其他人可能會談起他為國家服務的履歷，對於一個人來說，那可能是從過去以來最廣泛的。但是這個人——這位曾是布希總統的溫文爾雅之士，才是我心中懷念的。」

阿諾‧史瓦辛格（Arnold Schwarzenegger）與老布希總統有將近三十年的親密友誼，在談這一層關係之前，我先敘述一下史瓦辛格的一些生涯背景讓各位讀者了解。史瓦辛格可說是位傳奇人物，一九四七年出生於奧地利，二十一歲時移民美國。他從十五歲時開始練健身，成為著名的健美運動員，移居美國後，仍持續健身參加比賽，不斷贏得「宇宙先生、世界先生、奧林匹克先生」等榮銜，被認為是健美運動歷史上最重要的人物之一。

史瓦辛格獨特的健壯形象為他贏得了一些電影角色，後來成為大名鼎鼎的國際巨星，在臺灣也可說是家喻戶曉的人物。他前後主演過四十餘部電影，而以《魔鬼終結者》（The Terminator）系列「轟動武林、驚動萬教」，在臺灣幾乎無人不知、無人不曉。阿諾在《魔鬼終結者》第一集中飾演反派，而在《魔鬼終結者》第二集中飾演正派，成為一位同時在正、反兩派排行榜都榜上有名的演員，這也讓他獨樹一格。

史瓦辛格在五十六歲時棄影從政，背景是在二〇〇〇年夏天，民主黨主政的加州發生缺電危機，到了二〇〇三年，加州又出現州政府財政危機，瀕臨破產，引發州民彈劾民主黨籍的州長格雷・戴維斯（Gray Davis），發動罷免公投。根據加州憲法的規定，罷免公投的同時須補選出一位新州長，是故選民須兩輪投票：第一輪投票為是否贊成罷免原任州長；第二輪投票是在罷免案成功通過後，要補選新州長。

史瓦辛格以共和黨人的身分宣布參與州長補選，獲得已卸任的老布希總統站台輔選，結果加州州民投票通過罷免戴維斯，而史瓦辛格也得到百分之四十八點七的選票支持而補選成為新州長。後來在二〇〇六年州長大選中，史瓦辛格再度以百分之五十五的高得票率，擊敗對手獲得連任，到二〇一一年任期屆滿卸任。之後又於六十四歲重返大銀幕當演員，展開好萊塢演藝事業第二春，一直到二〇一七年。

在老布希總統執政期間（一九八九年一月二十日—一九九三年一月二十日），他和阿諾兩人幾乎不可分割。在一九九〇年，老布希任命史瓦辛格為「健身及運動委員會（the Council on Physical Fitness and Sports）」主席，他很明白「阿諾有獨特的資格來代言和影響國家的健康和健身議題，特別是在年輕人當中」。此外，他認為阿諾的電影真的很有娛樂性。這一層關係使得兩人的照片有很多有趣的對照。有人戲稱，這位身材瘦長、溫文爾雅的總統和這位性格外向的動作明星，本可以成為好萊塢的一對搞笑組合。

一九九三年一月老布希卸任離開白宮後，他們兩人仍然為彼此騰出時間互動。十年後，老布希甚至為了支持史瓦辛格成功競選加州州長，特地去為他站台輔選。而當史瓦辛格於二〇一七年應邀去德州休斯頓大學的畢業典禮上演講時，他也特地和前總統與第一夫人共進午餐。

在老布希過世的隔天，史瓦辛格就在網頁（Medium.com）上寫下他對老總統的追念與感激：「我將永遠感謝他的友誼、他的接納，以及當我們在一起的時候傳授了他的一部分智慧給我。他教導了我很多，但最重要的是，他教導我為了比自己更遠大的目標而服務的力量。我認為自己是幸運的，原因有很多；但有機會稱呼喬治・布希為我的導師（mentor），我不禁認為自己是美國最幸運的人。」

史瓦辛格的年紀只比小布希總統小一歲，和老布希亦師亦友，情同父子，和布希一家宛若家人。美國媒體用「unlikely bromance（不太可能的兄弟）」來描述老布希和史瓦辛格的情誼，可見彼此交情之深厚，這也是為什麼小布希在追悼辭中會特別提到阿諾・史瓦辛格的緣故。

接著我們要來談比爾・柯林頓（Bill Clinton），老布希和柯林頓之間的關係說來會讓人覺得十分意外與奇妙，原本是非常激烈的競選政敵，後來卻演變為很親密的忘年交。在一九九二年的美國總統大選，二戰英雄老布希剛領導美國打勝波斯灣戰爭不久，挾著超高人氣的民調支持，準備邁向連任之路，沒想到卻敗給了戰後嬰兒潮世代反越戰又逃避兵役的柯林頓。大選之後兩人並沒有立即和解，事實上，花了十多年的時間，彼此之間的友誼才終於完全綻放。

在繼續談老布希和柯林頓之間的關係如何改善之前，先簡介一下柯林頓的成長背景和政治生涯。比爾・柯林頓於一九四六年八月十九日生於阿肯色州，與老布希的長子小布希（一九四六年七月六日）同年，生日只差不到一個半月。

比爾・柯林頓的全名是威廉・傑弗遜・柯林頓（William Jefferson Clinton），原名威廉・傑弗遜・布萊斯三世（William Jefferson Blythe III）。他的生父小威廉・傑弗遜・布萊斯（William Jefferson Blythe Jr.）是一名推銷員，在比爾出生前三個月因為車禍喪生。後來發現，比爾從未見過的亡父，居然犯了重婚罪，一共娶了三個老婆。比爾出生後，他的母親獨自一人前往紐奧良（New Orleans）學習護理，而將比爾留在開雜貨店的外祖父母身邊。當時，美國南方社會仍然處於種族隔離的狀態，但是比爾的外祖父母卻打破成規，允許各個種族的人用賒帳的方式在店裡買東西，這對於比爾後來的成長有相當深遠的影響。

一九五〇年，比爾的母親從護理學校畢業回到家鄉，不久與阿肯色州溫泉鎮（Hot Springs）的汽車經銷商羅傑・柯林頓（Roger Clinton Sr.）結為夫妻。此後，比爾就與母親和繼父共同生活在溫泉鎮，而且以「比爾・柯林頓」為名，但是一直到十四歲時才正式將自己的姓從「布萊斯」改為「柯林頓」。據比爾回憶，他的繼父羅傑・柯林頓是一名賭徒和酒鬼，經常虐待母親，有時甚至還包括同母異父的弟弟小羅傑・柯林頓。由此可知，柯林頓從小就缺乏父愛，這也可能是他後來會將老布希視為父親形象的心理因素。

柯林頓在高中生時期就立志從政，後來在有「全球本科生諾貝爾獎」之稱的羅德獎學金資助下，前往英國牛津大學攻讀政治學。從牛津大學畢業後，柯林頓回到美國進入耶魯大學法學院深造，並在一九七三年獲得法律博士學位。他是民主黨黨員，早年擔任過律師，也在阿肯色大學教了幾年法律，一九七六年當選為阿肯色州總檢察長，一九七八年首次當選該州州長，當時也是美國最年輕的州長（三十二歲）。然後在一九九二年的總統大選中，擊敗了欲爭取連任的老布希，擔任第四十二任美國總統（一九九三－二〇〇一）。

柯林頓是美國歷史上僅次於羅斯福與甘迺迪的第三年輕（若以當選為準，則為第二年輕）的總統，也是首位出生於二次大戰後嬰兒潮世代的總統。柯林頓被稱為「新民主黨人」，其領導風格及革新民主黨的執政理念，也被稱為「第三種道路」及「回歸中間路線」。在柯林頓執政下，一九九九年美國經歷了歷史上和平時期持續時間最長的一次經濟發展，實現了財政收支平衡和國庫盈餘五千五百九十億美元。

在他卸任前，柯林頓以百分之六十五的民意支持率結束任期，創下了五十五年來二戰後美國總統離任時最高支持率的紀錄。此後，柯林頓一直進行公開演講和人道主義工作，成立了柯林頓基金會，致力於愛滋病和全球暖化等國際問題的防治。

接著我們就來談談老布希和柯林頓之間非常奇妙的友誼關係，如何從政敵轉化為親密的忘年之交。

在他生命最後的十五年裡，老布希開展了另一種夥伴關係，既可以豐富他的個人生活，又可以吸引公眾的興趣，那就是他與柯林頓之間的親密友誼。在老布希去世後，柯林頓與妻子希拉蕊在一份聯合聲明中寫道：「我將永遠感激我們所建立的友誼。」

在二〇一二年出版的《總統俱樂部》（*The President Club*）一書中，作者南茜・吉布斯（Nancy Gibbs）和邁克爾・達菲（Michael Duffy）記載了關於幾位已經卸任但仍然在世的美國總統，在他們之間令人驚奇的聯盟、競爭及師友關係。而有關老布希與柯林頓之間的友誼，他們寫道：「沒有什麼關係會比得上喬治・布希和一九九二年擊敗他的人（意指柯林頓）之間的連結。」又說道：「老布希甚至不止一次地暗示他可能是柯林頓一直都沒有的父親——這個年輕人（意指柯林頓）也從未辯駁我這個想法。」

在二〇〇四年之前，布希與柯林頓關係最著名的翻轉是一九九二年總統大選所產生的，老布希一直到選戰的最後一刻都還確信自己將贏得連任，結果卻意外輸給了後生小輩柯林頓。後來，在白宮橢圓形辦公室的總統職務交接是緊張但親切的；據悉，老布希對自己的那一場敗選頗為耿耿於懷而放不下，但儘管如此，他在柯林頓上任後還是給柯林頓寫了一封支持信。他寫道：「你現在的成功就是我們國家的成功，我正在努力支持你。」

說來也很奇妙，老布希和柯林頓兩人關係的轉折，正是柯林頓的繼任者——老布希的兒子小布希總統，在無意中促成了十多年後兩人之間真正友誼的開始。二〇〇四年十二月二十六日，印度洋大地震引發了一場海嘯摧毀了印尼、斯里蘭卡和泰國沿海地區之後，小布希總統召集了兩位前總統，爭取他們的協助，以確定如何有效推動及管理救援工作。兩人很快就一起訪問了該地區，白天拜會地方政府，晚上在相處互動之時，發現彼此之間有更多的共同點，這是他們最初沒有意識到的——包括在老布希擔任總統的初期，他們在教育問題上似乎不太可能成為盟友。【慧開按：亦即他們兩人其實是可能成為盟友的，只是因為彼此都不夠了解對方。】

二〇〇五年八月，超級颶風「卡崔娜」（Hurricane Katrina），橫掃佛羅里達州南部和西北部、路易斯安那州（尤其是紐奧良及其周邊）、密西西比州、阿拉巴馬州、古巴、巴哈馬和北美洲東部大部分地區，死亡人數超過一千八百人，損失高達一千二百五十億美金，災情慘重。老布希肩負白宮使命在世界各地奔走，又和柯林頓一起為難民籌款。在參與這些慈善活動之前，老布希幾乎毫不掩飾對柯林頓的蔑視，但是他們後來結成了一種不可思議的、近乎親人的關係，變得非常親密，老布希夫人芭芭拉曾說自己的丈夫就像是柯林頓從未能擁有的父親。

柯林頓和老布希很快也開始在美國國內同遊，他們還參與職業高爾夫球手葛列格・諾爾曼（Greg Norman）的慈善錦標賽，一起打高爾夫球。在二〇〇五年初，柯林頓的健康亮起紅燈期間，老布希定期去探視。幾週後，當他們一同飛往羅馬參加教宗若望・保祿二世（Pope John Paul II）的葬禮時，柯林頓的醫師非常擔心，老布希保證他會照顧好柯林頓，並且身旁隨時會有醫師待命，從而消除了柯林頓醫師的疑慮，有此可以看出他們的感情真的是形同父子。

《總統俱樂部》一書的作者達菲與吉布斯寫道：老布希和柯林頓的合作關係在當時是一個令人驚喜的反常現象——在那麼一個「醜陋的政治時代」，美國人實際上已經很久沒有看到不同黨派的政客，為了取得任何成就而共同努力了。

上面這句話到了六年之後的二〇一八年，具有一定程度的諷刺意味，此時兩黨的社會夥伴關係，以老布希總統和柯林頓總統為例，對於政治人物和平民來說似乎都是極不可能的。今天，不同政治陣營的人，彼此之間的友誼變得緊張起來，婚姻和家庭關係經常因為政治分歧而惡化。許多跨越政治界線的浪漫情感，在過去可能已經開花結果，而現在甚至於連第一次約會都不可能。

但從今天事後諸葛的角度來看，或許很容易低估了老布希和柯林頓時代的政治分歧。誠然，今天美國跨黨派的友誼似乎是完全不可能的。然而，像他們兩人那樣的友誼在當時也是很稀有難得的。柯林頓的自由派政治路線和老布希的保守派政治路線大相逕庭，不但在公共領域上相互碰撞，而且還會發生激烈的衝突與敵對的戰鬥。

他們的友誼並不是在一個更為簡單、更為和平的時代得到證明，而是恰恰相反：即使在分裂的時期，人際關係連結的可能性仍然存在。

在這個黨派政治日益嚴重分歧的時代，這兩位前總統成為兩黨合作的象徵。如果說老布希的接納，幫助了柯林頓洗刷了某些壞名聲，那麼柯林頓也幫助了老布希轉變了形象——從一直活在受歡迎的前任總統雷根的陰影下，而且未能贏得連任的落敗總統，轉變為受人尊敬的前輩政治家。

在歷任美國總統紀錄上，老布希是最長壽的美國前總統，活了九十四歲五個月又十八天，打破前總統福特（Gerald Ford）九十三歲又一百六十五天的紀錄，也超過前總統雷根

（Ronald Reagan）的九十三歲又一百二十天。

在老布希總統的喪禮上，我還觀察到一個溫馨的細節，當小布希總統走上台致辭，經過老布希的靈柩時，他用右手輕輕地在覆蓋著美國國旗的棺木上拍了兩下，就像是在跟老爸打聲招呼。致辭完後走下台，經過靈柩的時候，又用左手輕輕地在棺木上拍了兩下。這個動作讓我覺得倍感溫馨，可以看得出他們父子情深，也充分表達出他們的幽默性格。

這一場喪禮，在軍禮和宗教儀式的引導下開場，沒有官場上的繁文縟節，沒有政治上的歌功頌德，在懷念追思的悼辭中，自然流露著親情、友情以及對國家社會的關愛之情，充滿了幽默與溫馨，將死亡看做是回歸天主的懷抱，這樣的生死文化所透露的意涵，是值得我們深思與學習的。

末期臨終病患通訊往生輔導實例

前言

從二〇一四年開始，我每年都應邀到北京演講，所講的內容都是有關生死哲理以及生死關懷的各項課題。生死課題是所有人切身的大事，所以不能只是光談理論而已，還必須要兼顧與生死大事相關的各項實務課題，包括生命永續的思想建設、安寧照顧、靈性關懷、親情陪伴、臨終關懷、往生助念與悲傷輔導等等。

因為這是我們每一個人都必須面對——而且遲早一定會面對的問題，所以聽眾的反應和回響都非常熱烈。不過，聽講歸聽講，儘管絕大多數聽眾在聽我講解的時候，都覺得很有道理，但是等到真的有一天，不得不親身面對自己的長輩親人已經到了疾病末期，醫師宣布藥石罔效、時日無多，這時候才是真正的考驗——考驗著是否真正將我講的「生命永續」與「生死自在」的道理確實聽進去，而且能夠信受奉行，在關鍵時刻能夠派得上用場，做出正確的抉擇，幫助自己的長輩親人善終而且如願往生。

多年來，我在臺灣各地經常不斷會接到讀者與聽友的請求，在這樣的關鍵時刻，去醫院或者到家中為末期臨終的病人開示，同時也為家屬開導，幫助病人安詳善終，如願往生。

二〇一八年七月，我到南美洲各國巡迴演講，正在智利首都聖地牙哥佛光山道場的時候，有一位住在北京聽過我演講的師姐，正值她父親住院末期臨終的時候，她在心情焦慮又深感無助的情況下，透過微信（WeChat）傳訊息跟我聯繫求助。

在那種緊急的情況下，原本這位師姐十分慌亂而且非常焦慮，對自己完全沒有信心，又罣礙父親不信佛，覺得自己修行淺薄，使不上力，但是經過前後連續五天的訊息溝通，在我的引導及鼓勵下，她終於能夠幫助父親安詳捨報往生。

這是一個活生生的通訊輔導往生實際案例，可以帶給一般大眾啟發和信心，所以我特別將通訊對話的過程，原原本本地呈現給各位讀者參考，希望大家能夠從中汲取實務經驗而獲益，將來也能夠幫助自己的親人。

二〇一八年七月二十一日二十點十四分至二十二點四十一分
（智利時間七月二十一日八點十四分至十點四十一分）微信對話

師姐：法師好，今天家父腎臟不能排尿，利尿劑不起作用，全身浮腫。祈請您慈悲加持老人家儘快消腫利尿，不然老人家就會腎臟衰竭。感恩您，後學拜謝！

慧開：我可以為老人家誦經迴向，你們自家人也要為老人家誦經迴向。（我另外傳一份迴向文給你參考。）

不過在這種情況下，不能只是誦經迴向，應該要先看醫師就診，先做症狀控制，不要讓它惡化，然後詳細檢查找出原因，再決定下一步該怎麼做。

我正在南美洲智利的首都聖地牙哥，昨天才剛到，接下來還要去阿根廷、巴西、巴拉圭等國巡迴演講，八月二十日以後才回到臺灣。

師姐：感恩法師慈悲，老人家住在醫院已經二十多天了，今天開始腎臟有衰竭指標。

慧開：如果是這樣的情況，那麼當務之急，應該要一心一意積極念佛，開導他發願往生佛國淨土，祈求阿彌陀佛前來接引。

師姐：好的，一直在病房裡放著佛號。但是老人家不信佛，不知能否被接引？

慧開：只是放念佛機不行，念佛機只是輔助，一定要親人在身旁助念，最重要的是，要在他耳朵旁邊為他開導，引導他發願求生佛國淨土。

師姐：今天做了簡單的開導，但是後學修行淺薄，不知是否有效果？

慧開：你就把我上次在北京演講的內容，就你所記得的，用很堅定的語氣跟老人家說。

師姐：好的！感恩法師！

慧開：打個比方，就像是有一個人不會游泳，掉到水裡面，快要淹死了，這時候你拋個救生圈給他，你說他會不會去抓這個救生圈？一定會的！

所以，趁老人家還有最後一點精神和體力，還有意識的時候，要趕緊開導他，讓他了解內在靈性生命不死的道理，肉體是物質結構，必然有其使用年限，但是靈性生命是不會死的，所以要積極祈求阿彌陀佛前來接引，往生佛國淨土，不然就會是黑白無常來牽引，就是六道輪迴了。

師姐：好的，不過現在他有插胃管，還有二十四小時呼吸機。

慧開：胃管「一定」要撤除，打點滴就好。如果這時候還要用胃管灌食，等於是「害他」的肉體最後不能「關機」，會害他的意識「無法」順利脫離肉體，最後會走得很痛苦！這些道理與實務，我上次在北京演講的時候，都有說明，你再回憶一下。

你要跟令尊說：他在世間的任務已經功德圓滿了，感謝他一生的辛勞，接下來，他未來生命的開展，就是要到阿彌陀佛的淨土世界，那裡沒有世俗的紛擾痛苦，是真正能夠安身立命之所在。

你不要擔心自己的修行淺薄，你的孝心和誠心最重要，人有誠心，佛有感應。就你所知，用最虔誠的心求佛、菩薩加持，用孝心來勸導令尊，一定會有感應的。

師姐：感恩法師指導！胃管並沒有進食，只是輸排氣的藥，不過呼吸機讓老人家肚子脹氣很大。

二〇一八年七月二十一日二十二點四十二分至二十二日零點五十二分
（智利時間七月二十一日十點四十二分至十二點五十二分）微信對話

慧開：這裡（智利聖地牙哥夏令時間）和北京時差十二個小時，我現在要外出，如果還有問題，隨時提出，不用客氣。

師姐：現在回憶起很多法師的講座內容了，您先忙吧，感恩！

慧開：如果已經決心為老人家求往生，鼻胃管最好撤除，你自己有沒有插過鼻胃管？

我有插過鼻胃管的經驗，那種感覺是「很恐怖、很噁心」的！

　　呼吸機不會讓老人家肚子脹氣，那是鼻胃管造成的！

師姐：感恩法師指導！老人家胃腸道出血，鼻胃管也是給藥的，明天早上看排尿的情況，會再和醫師談。

慧開：如果已經下定決心積極求往生，就要停止所有侵入式的醫療干預，以免造成老人家身體的不舒適感，嚴重影響「往生正念」的提起與維持。

師姐：老人家自己的求生欲望還很強，怎麼辦呢？

慧開：就像一部汽車，已經開了三十萬、四十萬公里，卻堅持不換車，還要繼續開下去，會是什麼後果？

師姐：了解，再開導！

慧開：到了關鍵時刻，真正要「求生」，就要「求生淨土」，否則身體的大限到了，屆時精神體力耗盡，六神無主，只有業力牽引六道輪迴了。

　　你可以找醫師，請他坦白告訴你令尊還有多少時間？你要確實表明要聽「事實」與「真話」，而不是「善意的安慰之辭」。

二〇一八年七月二十二日五點五十七分至七點四十分

（智利時間七月二十一日十七點五十七分至十九點四十分）微信對話

師姐：醫師說如果不能利尿，就這幾天了。

慧開：我正在外面參訪，等回到道場之後再回覆你。

師姐：感恩！

二〇一八年七月二十二日十三點二十九分至十四點十四分

（智利時間七月二十二日一點二十九分至二點十四分）微信對話

慧開：千金難買早知道，萬金難買後悔藥！有些話你現在不講，將來會後悔遺憾一輩子！

我思索生死問題已經四十六年，從事臨終關懷將近二十五年，服務過上百位往生者，我不是空談理論，而是有多年的實務經驗，包括我自己的父母親。

我講的道理，如果你還是將信將疑，我也不敢勉強你對令尊說，因為你自己都不相信的道理，就是講了，也沒有力量。

如果你對我的話深信不疑，你就將你所理解的道理，用你的親情孝心，用你的肺腑之言，用溫馨的語調，以堅定的信念，開導令尊生命不死的道理，化解他對於死亡的錯誤認知與恐懼。即使他無法在一時之間就接受或者相信，但是你的話語可以讓他感受到你的孝心與誠意，你的言辭會留在他的意識之中，在他捨報（斷氣）的時候，他就會親身體驗到，生命原來是不死的，你再為他助念時，你對他說過的話就會產生作用。

反之，如果你在這個時候，因為自己的疑慮而都沒有講，當他的身體機能耗盡時，他就會在茫然、恐懼、無助的情況下捨報，在他的意識中沒有任何正面有益的訊息，就有如落入茫茫生死大海，不知何去何從。

如果你擔心自己的力量不夠，就觀想、祈求阿彌陀佛、觀世音菩薩放光加持你。記住：人有誠心，佛有感應。

師姐：堅信生命不死，感恩法師開示！

慧開：不客氣！以下的佛號加持心法秘笈，原載於我在《人間福報》「生死自在」專欄中回答讀者與聽眾的提問，摘錄其中的精華重點如下：

（一）開導令尊：在他耳朵旁邊，用堅定的語氣以及溫馨的口吻，開導他要萬緣放下，心中要念「阿彌陀佛」，要跟阿彌陀佛連線（online），懇請阿彌陀佛放光加持，痛苦就會減輕。然後要發願去阿彌陀佛淨土，懇請阿彌陀佛前來接引，痛苦就可以去除。

（二）佛號灌頂：用手掌心輕輕按住令尊的頭頂囟門（百會穴），一邊稱念阿彌陀佛聖號，一邊觀想阿彌陀佛慈悲加持，佛光從手掌心注入腦門，然後留到全身，將令尊的氣場轉正。每一次須念滿一百零八遍「南無阿彌陀佛」。

（三）在令尊的天庭（額頭）、印堂（眉心、兩眉中間）、人中（嘴巴上方）、喉頭、心窩（胸口）、丹田（肚子）等處，依序從上到下用手指隔空書寫「佛」字。然後再將令尊扶坐起來（如果他可以坐起來的話，如果不行，就不要勉強），在他的背後從上往下用手指隔空書寫「阿彌陀佛」四字，一邊書寫一邊大聲念出聲音，每一回要重複七遍。

（四）要代令尊懺悔業障，如果北京有寺院道場做法會，請以令尊的名義登記，超薦累劫冤親債主。

師姐：最近超度冤親債主的法會做過很多次。昨天第一條已經做了。

慧開：很好！

師姐：感恩法師遠程教導，下午陪床時，做了第二及第三條。

慧開：很好！

二〇一八年七月二十三日十二點三十三分至十四點二十一分

（智利時間七月二十三日零點三十三分至二點二十一分）微信對話

慧開：你在陪伴令尊的最後這段時光，記得要用手機留下影音紀錄，免得事後只留下遺憾。

李商隱的〈錦瑟〉詩，最後兩句：「此情可待成追憶，只是當時已惘然！」反映了絕大多數人，在親人往生之後，心中的那種深層的惆悵與失落感，久久無法排遣。

我們兄弟在陪伴父母親的最後那段時光，每天都記錄、拍照、錄影，日後這些都成為我們珍貴的回憶。

所以我要提醒你，在陪伴令尊的最後這段時間，要記得留下文字及影音紀錄，以免事後追悔，這是珍貴的回憶，可以慰藉喪親的失落感。

師姐：感恩法師指導，老人家現在帶著呼吸機，基本上無法溝通交流。但是我們會錄下影像。昨天給他開示，因為法師和師兄們的迴向，老人家精神還好。不過談及死亡問題，就還不願意去佛國淨土，還未看清生命的真相。

二〇一八年七月二十三日二十一點二十分至二十一點三十六分

（智利時間七月二十三日九點二十分至九點三十六分）微信對話

慧開：你就跟令尊說：不願去佛國淨土，無妨！也可以乘願再來。不過，即使要乘願再來，也要有精神和體力做為能量，也要祈求觀世音菩薩庇佑加持。

師姐：好的，感恩法師開示！

二〇一八年七月二十四日十二點二十九分至十三點四十一分

（智利時間七月二十四日零點二十九分至一點四十一分）微信對話

師姐：老人家彌留了。

慧開：加緊念佛迴向！令尊是在醫院？還是在家裡？

師姐：在醫院。

慧開：是在普通病房？還是加護病房或重症病房（ICU）？能否接回家中？如果不能接回家中，醫院有無「安寧病房」？

師姐：是在普通病房。

醫院裡沒有安寧病房，現在我們住的是一個單間。但是他們不會讓我們放太長的時

間，會直接轉去太平間，太平間有個告別廳。（語音留言）

慧開：那還好！可以在太平間的告別廳停留多久？

師姐：可以租三十個（三、四個？）小時的樣子吧！（語音留言，不十分清楚）但是要是從這個病房去太平間，還是會碰觸他的身體，會不會讓他起瞋心啊？（語音留言）

慧開：先不要更衣，搬動遺體時要儘量輕柔，要跟老人家說明。能停留三十個小時？還是三或四個小時？

在從普通病房移往太平間之前，就要先在老人家耳邊跟他說明，接下來要為他做什麼服務，請他安心。沿途也都要跟他開導、說明。讓他先有心理準備，然後力求動作輕柔，就不會引發瞋心。

師姐：太平間可以停留三十個小時。

慧開：那很好！儘量能夠助念十二至二十四小時，需要發動親友協助，輪班助念。切記！先不要更衣！等助念完畢之後，再行洗身、更衣、化妝。

師姐：好，末學請了助念團，有專門的師兄助念團。

就是有一點我不好決定，不知道怎麼辦，應該是先請上師做完超度呢？還是先請他們助念？理論上講，我應該是先請上師來做超度，然後他們再助念。但是助念團是不能讓夾雜的，助念團講，說是他們要先助完念後，再請上師做超度。所以麻煩法師，請您給一下明示。（語音留言）

慧開：可以先請助念團助念，如果能念滿二十四小時最好，然後再請上師超度。因為令尊的意識要離開身體需要一點時間，先讓助念團助念，有如行前暖身，再請上師加持超度。

師姐：好的，感恩法師慈悲指導！助念團是稱念阿彌陀佛，上師超度是用藏傳佛教的儀軌，兩者會不會有衝突？

慧開：你們自家的親人也要輪班加入助念，不能自己人不念，都留給助念團。而且你要不時在令尊耳邊叮嚀引導。

師姐：理論上講，我應該第一時間先讓上師超度。

慧開：都是佛法，沒有衝突。

師姐：好的，我和大哥應該可以的，就是超度和助念的順序有點糾結。

慧開：理論上如此，如果令尊已經對佛法有認知與信心，那麼上師的超度可以立即相應，然後再助念做為輔助。

但是在事相實務上，令尊還未對佛法生起信心，先由助念團以持誦佛號做為前導，你再不斷叮嚀，然後再由上師加持超度，效果會更好。

師姐：老人家他身上還有靜脈注射管，是助念後再拔出吧？因為要一直給藥。

慧開：如果已經進入彌留階段，就應該要停藥了，靜脈注射管也應該要拔掉了，不應該等到助念之後。

二〇一八年七月二十四日十三點四十八分至十四點三十四分
（智利時間七月二十四日一點四十八分至二點三十四分）微信對話

慧開：如果上師認為應該先由他們來做超度，然後再由助念團助念，我也尊重，不會反對。不過我要跟你講一個比喻，讓你了解個中的差異。如果有人從來就不聽古典交響樂，而且對於古典音樂也沒有什麼概念，即使你播放很經典且高雅的古典交響樂給他聽，他不一定會喜歡，甚至於會覺得非常刺耳。這時候，你就必須要先花一點時間教育他、引導他去接受、欣賞古典音樂。

師姐：感恩法師悉心指導！

慧開：佛經云：「法無定法。」法門的施設，本來就是要對應眾生的不同根基與需求，「理」和「事」要圓融，不要「執理」而「廢事」。

師姐：感恩您的指導！

慧開：以令尊的情況而言，他還沒有強烈的意願要享用佛教的法味大餐，我用個比喻，你的引導和助念團的佛號助念是「前菜」，先幫他「開胃」，上師的加持超度才是「主菜」，讓他享用法味的盛宴。

師姐：明白了，您說到關鍵點了！

慧開：還有，你既然擔心令尊在捨報後，如果觸動到他的遺體會引起他的不快，所以就必須要在他斷氣前，將他身上所有的針管都全數撤除。

師姐：好的！

師姐：您深夜犧牲睡眠，悉心指導，後學感恩您的慈悲！

慧開：不客氣！

二〇一八年七月二十四日十七點五十九分至十八點十一分

（智利時間七月二十四日五點五十九分至六點十一分）微信對話

師姐：老人家在下午三點三十分捨報，感恩法師慈悲指導，現在助念團正在有序地進行助念。

慧開：阿彌陀佛！我也會為令尊念佛迴向。

二〇一八年七月二十五日二十三點五十八分至二十六日零點四十七分
（智利時間七月二十五日十一點五十八分至十二點四十七分）微信對話

師姐：經過三十小時的助念，老人家頭頂的溫度最高，手臂柔軟，關節靈活。感恩法師指導，讓老人家往生聖趣！南無阿彌陀佛！

慧開：不是我的功勞，是你的孝心感應佛光加持，請繼續為令尊誦經、念佛、迴向！

二〇一八年七月二十六日八點五十八分
（智利時間七月二十五日二十點五十八分）微信對話

師姐：感恩！阿彌陀佛！

慧開：不客氣！

以上這一個旁助高齡親人安詳捨報往生的實例，可以幫助大家了解，這是我們每一個人遲早都要面對的生死課題。客觀而言，北京的這位師姐面臨自己父親末期與臨終的生死情境並不特別，而是很普遍的，其實，絕大多數人遲早都會面臨類似這樣的生命考驗。再者，她最初的焦慮反應也一點都不奇怪，客觀而言，絕大多數人面對同樣的情境，幾乎都是茫茫然不知所措。

還好，她有堅定的佛教信仰，知道要在她父親生命末期的關鍵時刻為他尋求靈性生命的出路，只是不知道該怎麼做才能實質幫得上自己的父親。因為她曾經在北京聽過我演講的因緣，所以就透過微信（WeChat）的聯繫向我求助。後來在我們前後歷時五天的對話互動之中，她接受我的建議與引導，成功地幫助老人家安詳地捨報往生，最後在助念團歷時三十小時的助念，以及上師的加持超度，老人家頭頂的溫度最高，手臂柔軟，關節靈活，這些都是往生的瑞相。

以下我就上文中對話的內容，整理出一些關鍵性的問題，然後逐項提出分析與討論，最後再做綜合分析，讓各位讀者能夠從中汲取一些實務經驗做為參考，以便將來在面對生死大事的關鍵時刻，能夠實質地幫助自己的親人安詳往生，同時也可以撫慰家人的哀傷情緒與喪親的失落感。

關鍵問題與情境逐項分析

在實際面臨生死大事的關鍵時刻，陪伴在末期臨終病人床邊擔任照顧者的家屬親人，應該如何正確地判斷、反應與作為，攸關臨終病人能否順利捨報安詳往生。因此，各位讀者必須要好好地深思熟慮，及早建立應有的生死信念，知道如何因應，以免將來身臨其境的時候茫然無助。以下就上文中的微信對話內容，提出一些關鍵的問題與情境，整理條列如下，然後逐項分析與討論。

一、老人家腎臟不能排尿，利尿劑不起作用，全身浮腫，在醫院已經二十多天了，開始腎臟有衰竭指標，該怎麼辦？

二、老人家不信佛，不知能否被接引？

三、擔心自己的修持淺薄，不知道有沒有能力幫助親人？為親人開導、誦經、念佛不知道是否有效果？

四、親人的求生欲望還很強，該怎麼辦？

五、老人家精神還好，意識還很清楚，但不願意面對死亡，也還不願意去佛國淨土，怎麼辦？

六、將老人家從病房送去太平間，一定會碰觸他的身體，會不會讓他起瞋心，而影響往生？

一、老人家腎臟不能排尿，利尿劑不起作用，全身浮腫，在醫院已經二十多天了，開始腎臟有衰竭指標，該怎麼辦？

這是相當普遍的末期情況，在這種或類似的情況下，不能只是為病人誦經迴向，而是應該要找醫師進一步診斷，是否已經到了瀕臨末期的階段，先做症狀控制，減緩繼續惡化的程度與速度，然後再決定下一步該怎麼做。

如果已經確知是瀕臨末期的情況，那麼當務之急，應該要用親情及軟語積極地開導病人一心一意念佛，發願往生佛國淨土，祈求阿彌陀佛前來接引。堅定的宗教信念與虔誠地稱念佛號，其實不但可以安定病人的心理和情緒，還可以有效地減輕身心的疼痛與不適。

至於如何判斷及確知病人已經瀕臨生命最後階段，其實不難，問題在於病人及家屬有沒有勇氣面對生命的實相。如果病人本身沒有癡呆或失智，意識清楚，那麼他的身體會自動發出訊息告訴他自己：「時間快到了。」這也是很多動物都具有的天生本能，包括原野中的大象以及家中的寵物貓狗，牠們到了老年末期都可以預知時至，安詳地迎接死亡，更何況是人類。

萬一病人已經陷入癡呆或失智，意識不清，當然無法預知時至，但是如果五臟六腑已經出現了衰竭的現象或指標，那就是瀕臨末期的明顯徵兆與訊號。如果還有疑慮，只要請醫師將診斷的結果與大數據（big data）比對，可以相當準確地預判病人還剩下多少時間。

總歸一句，以現代醫療科技的進步情況而言，判斷及確認病人是否瀕臨生命的末期，已經不是問題。真正的問題其實是在於病人及家屬有沒有勇氣面對及接受一期生命終將落幕的事實；如果病人及家屬願意面對及接受事實，問題就解決了一大半。

面對此一看似生命無望的情況，病人與家屬並非只能坐以待斃而無能為力，反而是有極為重要的生命功課要做的，就是家人要同心協力、全心全意地幫助病人積極準備「人生的畢業考」以及「來生的升學考」，病人可以「乘願再來娑婆世界」或是「發願往生到阿彌陀佛的淨土佛國留學深造」。

通常在此情況下，病人的精神與體力都處於不斷下滑的狀態中，所以家屬要及早準備，千萬不能猶豫、觀望與拖延，萬一拖過了病人意識還清楚的黃金時期，而陷入了昏迷或癡呆，那麼不論是「乘願再來」或是「往生佛國」都會有困難。

面對此一關鍵時刻，在我的眼中所看到的，不是恐怖的死亡結局，而是寶貴的往生契機，但是這個契機為時短暫，稍縱即逝，因此千萬要好好把握，否則將留下無盡的遺憾與悔恨。

二、一直在病房裡放著佛號，但是老人家不信佛，不知能否被接引？

現在普遍流行的做法，就是在病人耳邊或身旁用念佛機播放給他聽，但是此中有二個問題要思考。其一，單單放個念佛機還不行，念佛機只是個輔助器材，一定要親人在病人身旁助念才有實效，更重要的是，要不時地在病人耳邊為他開導，引導他發願求生佛國淨土。

我用個比喻，讓大家進一步了解，為什麼單單放個念佛機給臨終的病人聽是不行的。譬如有人從來就不聽古典音樂，而且對於古典音樂根本就沒有概念，那麼即使播放很經典且高雅的古典交響樂給他聽，他不一定會喜歡，很可能還會排斥，甚至於會覺得非常刺耳。這時候，我們就必須要先教育他，引導他接受、欣賞古典音樂。

其二，念佛有各種不同的調子，有四字佛號（阿彌陀佛）與六字佛號（南無阿彌陀佛），速度有慢板的、快板的，音調有高亢的、低沉的，如何選擇適合末期與臨終病人的念佛調子，是非常關鍵的。

坊間有一些念佛機的調子非常緩慢低沉，聽起來的感覺有氣無力缺乏能量，非常不適合末期與臨終的病人。不管是乘願再來，還是發願往生，都需要有足夠的能量，如果佛號聲音不夠有能量，聽起來就昏昏欲睡，欲振乏力，如何能夠幫助臨終的病人提起正念？

我自己的母親和父親在往生前的最後階段，我都是採用心定和尚的念佛機，心定和尚的六字佛號，速度適中，不疾不徐，音調平穩，不高不低，鏗鏘有力，充滿能量。我教家人跟隨定和尚的念佛調子，為父母親助念，最後雙親都是在佛號聲中，意識清晰地捨報往生。

因此，我向各為讀者鄭重推薦心定和尚的念佛機，如果一時找不到實體的念佛機，也可以上網搜尋YouTube「心定和尚念念彌陀」，用手機就可以播放，或者用電腦下載儲存到USB，然後用USB播放器播放。

擔心「老人家不信佛」，坦白說這是很普遍的現象，還不算是個大問題，反而是陪伴在他身旁的親人，對於佛法中所講的「十方三世」的宇宙觀與人生觀是否有堅定的信念，是否充分了解「有情眾生內在靈性的生命是不會死亡的」，這才是問題的關鍵。

所謂「死亡」只是肉體生命到了使用年限而停止運作，而靈性生命的意識作用是不斷地流轉，既不曾死亡，也不會停止的，這絕對不是抽象空泛的玄理。那些有「瀕死經驗」

的人，都可以親身的體驗證實「生命不死」，這和一個人信不信佛，有沒有宗教信仰，完全無關。

換言之，即使一個人完全沒有宗教信仰，當他的肉體停擺，而靈性在脫離肉體跨越死亡關卡的時候，他的意識終究會知曉「我還在，並沒有消失」，但是他仍然會茫茫然，不知何去何從？因為他在世的時候沒有任何準備，死後就迷失在生死大海之中。所以在他臨終的時候，是否有親人或善知識在他身旁開導「生命不死」以及「發願往生」的道理，乃至誦經、念佛、迴向，就變得至為關鍵與重大了。

我再打個比方來幫助大家了解，在此一關鍵時刻，即使末期或臨終病人不信佛法，仍然能夠得佛法之益。就像是一個人不會游泳，掉到水裡面，就快要滅頂了，這個時候你拋個救生圈給他，你說他會不會奮力去抓住這個救生圈呢？當然會嘛！

因此，要趁著末期臨終病人還剩餘最後一點精神和體力，意識還算清楚的時候，趕緊開導他，讓他了解眾生內在靈性生命不死的道理——我們的肉體是物質的結構，必然有其相應的使用年限，終究是要停擺的，但是靈性生命是不會死的，所以要積極祈求阿彌陀佛前來接引，往生佛國淨土，不然的話，就會是黑白無常、冤親債主來牽引，那就是六道輪迴了。

陪伴在臨終病人身旁的親人或善知識，要用「清晰的言詞、柔和的語調、肯定的語氣、堅固的信心，以及至誠懇切的意念」為病人開示「生命不死」的道理，引導他「萬緣放下、一心念佛、發願往生」，同時祈求佛、菩薩的慈悲加持。即使病人一時無法完全信受，只要親人或善知識至誠懇切地開導，所開示的話語內容仍然會留存在病人的意識之中。

當病人命終捨報的時候，也就是當他的肉體停擺，意識要轉換而脫離肉體之際，他因為恐懼「自己即將墮入虛無」而產生一種「即將滅頂」的錯覺，就會去抓取這個「佛法的救生圈」，此時親人或善知識仍然持續為他開導、助念佛號、迴向，已經捨報的病人（亡者）一定會有感應而得益，即使無法往生佛國淨土，也可以轉生善道。

三、擔心自己的修持淺薄，不知道有沒有能力幫助親人？為親人開導、誦經、念佛，不知道是否有效果？

很多人會擔心「自己的修持淺薄」，懷疑「自己有沒有能力幫助親人」，即使親自為親人開導、誦經、念佛，也不知道是否有效果？這一類的擔心、懷疑和顧慮是非常普遍的，但其實是沒有必要的。

我在此向大家保證，不用擔心自己的修持淺薄，不要懷疑自己沒有能力幫助親人，也不用顧慮為親人開導、誦經、念佛會沒有效果！每個人都有能力幫助親人，為親人開導、誦經、念佛也都會有效果！當然，這必須有個大前提，就是我們對於佛法要有正知、正見，同時，幫助親人要講求方法。

即使覺得自己的修持淺薄，我們仍可以仰仗佛、菩薩的慈悲大願，以至誠懇切的心念祈求佛、菩薩的加持。《大勢至菩薩念佛圓通章》云：「十方如來，憐念眾生，如母憶子。」《阿彌陀經》云：「若有善男子、善女人，聞是經受持者，及聞諸佛名者，是諸善男子、善女人，皆為一切諸佛之所護念，皆得不退轉於阿耨多羅三藐三菩提。」以上這兩段經文都開示我們，眾生並不只是單向地持誦經文、稱念佛號而已，而是當我們誦經、念佛的同時，能夠得到十方諸佛的護念，這是一種雙向溝通的感應道交。換句話說，當我們誦經、念佛的時候，不只是我們在自己心中念佛、念法而已，諸佛也在他們的心中護念著我們。

甚至於，即使是那些從不念佛的廣大眾生，十方如來也像母親憶念兒子一般地憐念他們；只是在這種情況下，那些不念佛的眾生是無法與諸佛感應道交的，就如大勢至菩薩所云：「若子逃逝，雖憶何為？」意思就是說，雖然十方諸佛如來憐愍垂念一切眾生，就像慈母憶念出門在外的遊子一樣，但是如果遊子躲得遠遠的，慈母雖然憶念深切，有什麼用呢？

反過來說，如果遊子也同時憶念母親，而且就像慈母憶念遊子一樣地深切，那麼母子二人，生生世世都不會分離。就如大勢至菩薩所云：「子若憶母，如母憶時，母子歷生，不相違遠。」所以大家要知道，不是我們單方面地在念佛而已，其實，十方的諸佛、菩薩更是一直慈悲地護念著我們啊！但是我們都忘了，甚至於根本就不知道。

大勢至菩薩又說：「若眾生心，憶佛、念佛，現前當來，必定見佛，去佛不遠；不假方便，自得心開。」意思就是說，如果眾生在心中不斷地憶佛、念佛，從現在一直到未來，一定會親見佛陀，不會遠離佛陀，而且無須借助什麼特別的方法或技巧，自然而然就得以心開意解，與佛相應。這就是「念佛三昧」的感應道交：「我念佛，佛也念我；佛念我，我也念佛；佛在我心中，我也在佛心中；我心佛心，心心相印。」

因此，即使自覺得修持淺薄，即使末期或臨終的親人不信佛，仍然皆為阿彌陀佛乃至十方諸佛、菩薩之所護念，大家一定要堅信「人有誠心，佛有感應」，只要至誠懇切地為親人開導、誦經、念佛、迴向，一定會有效果，一定會有感應，一定會得到阿彌陀佛及諸佛、菩薩的護念與庇佑。我們可以觀察臨終親人的面容、表情，最後安詳地捨報往生，乃至捨報之後的身軀柔軟，上身猶有體溫等等，從這些瑞象可以得到印證。

四、親人的求生欲望還很強，該怎麼辦？

即使臨終的親人已經瀕臨生命的末期，但是他的求生欲望還很強，怎麼辦？無妨！這是人之常情與普世常態，不足為奇；但是我們不要誤判情勢而錯失寶貴的契機。在此一關鍵時刻，我們不要有錯誤的期盼與不切實際的幻想，而是要有智慧及勇氣面對生命的實相。我用一個比喻讓大家了解，就像是一部汽車，行駛了三十萬、三十五萬公里，已經零件老舊、狀況百出，開不下去了，卻仍舊堅持不換車，還要繼續開下去，那麼會是什麼樣的後果？可以預見的結局就是，車子還開在路上就直接掛掉了！

當我們面臨一期生命「畢業考」的關鍵時刻，真正要「求生」，就是要「求往生」，往生到佛國淨土，更上一層樓地開展未來的生命；否則，一旦色身肉體的大限到了，屆時精神和體力都完全耗盡，頭腦癡呆，六神無主，哪裡都去不了，只有被業力牽引、六道輪迴了。

如果在這種情況下，您還不清楚或者不十分確定自己的親人是否真正到了生命的末期，您可以請教醫師，請他坦白告知，親人究竟還剩下多少時間？不過您要先向醫師確實表明，您要聽「事實」與「真話」，而不是「善意的安慰之辭」，這樣才能得知實情，而做出正確的判斷與抉擇。

此外，如果病人意識清楚，沒有失智或癡呆，當瀕臨生命的末期時，其實，他自己會知道他的時間快到了，因為他的身體會自動發出訊息告訴他，這是生命的本能與自然機制，一點都不奇怪。然而，因為絕大多數人沒有「生命永續」的概念或認知，對於「來生」沒有概念，更談不上信念，自然在心理上對「死亡」產生很深的恐懼感；即使知道自己大限將至，仍然會盡全力（抱括生理與心理上的力量）抗拒死亡，結果卻平白消耗、浪費了最後僅有的寶貴精神與體力，導致衰竭而死亡，實在是非常冤枉啊！

親人的求生欲望還很強，很好啊！這不是問題！當務之急是，我們要引導他的「求生欲望」轉到一個正確的方向，朝向「求往生」而努力，開導他認知、了解「生命不死、生命永續、生命無限」的實相，引導他的心念，運用他最後僅有的寶貴精神與體力，生起「發願往生佛國淨土」的意念，祈求阿彌陀佛來接引，與阿彌陀佛相應，感應道交，用現代的資訊網路語言來說，就是要跟阿彌陀佛連線（online），蒙佛接引，這才是「真正的求生」。

五、臨終病人的精神還好，意識也還很清楚，但是不願意面對死亡，也還不願意去佛國淨土，怎麼辦？

針對這樣的關鍵問題，不能只從表面上來看，而是要從更為根本的生命層次來認知與理解，才能真正解套。一般所謂的「末期病人」，我們暫且不談醫療上的學術定義，就臨床經驗來說，通常是指病人的「自然生命」已經進入倒數三個月左右。當然，即使到了這個階段，如果家屬不願或不肯接受自然死亡，也可以要求醫師透過醫療科技的不斷干預，讓病人的肉體拖延個一年半載都沒有問題，以現代的醫療科技絕對可以做得到。但是最後病人幾乎都失去意識了，甚至於有些病人因而陷入持續植物人或類似植物人狀態，拖到三年五載，最後導致多重器官衰竭而死。

其實，我在前文的問題分析中已經說過，因為太重要了，所以再說一次。如果病人本身尚未癡呆或失智，意識還很清楚，那麼他的身體會自動發出訊息告訴他自己：「時間快到了。」有的人可以在一個月前，或者在一週前，或者在三、五天前知悉，這是很好的徵兆與預警。其實，這是人類和動物都具有的天生本能，包括原野中的大象以及家中的寵物貓狗，牠們到了老年末期都可以預知時至，安詳地迎接死亡，更何況是人類，因此，當病人有「預知時至」的明確表達或暗示時，身為家屬者千萬不要忽視、誤解或誤判。

萬一病人已經失智或者癡呆，當然無法預知時至，然而，如果五臟六腑已經出現衰竭的現象或指標，那就是瀕臨末期的明顯徵兆與訊號。不管病人是否癡呆或失智，如果家屬還有疑慮，只要請醫師將詳細診斷的結果與大數據（big data）比對，就可以相當準確地預判病人的生命還剩下多少時間，除非病人所罹患的是罕見疾病，無數據資料或病例可供參考。

所以我要鄭重地說：如果「末期臨終病人的精神還好，意識還很清楚」，這是個好現象，也是家屬能夠幫助病人安詳捨報往生的寶貴契機。因此我要鄭重地告誡家屬：千萬、千萬、千萬不要誤判情勢而錯失能夠幫助親人安詳往生的寶貴契機。正當此關鍵時刻，在我的眼中，我看到的是病人「往生的寶貴契機」，而非「死亡」！

「末期臨終病人的精神還好，意識還很清楚」，絕不表示病人的生命可以延續或好轉，很可能是迴光返照的現象，而且這段時間很短，通常只有一、兩天，至多不會超過三、五天，稍縱即逝，一旦錯過，病人往往就衰竭而失去意識了。所以，千萬要好好把握時機，開導鼓勵病人運用最後僅有的精神體力，與佛、菩薩（或耶穌基督、真主安拉，或者他個人信仰上的聖靈）連線（online）而感應道交。

如果病人不願意去佛國淨土也無妨，家屬也可以跟親人說：不想去佛國淨土，也可以乘願再來娑婆世界。不過話說回來，即使想要乘願再來，也需要保留最後的精神體力做為轉世之用，也要祈求觀世音菩薩慈航普度，庇佑加持。

最切要的重點是，家屬要親切地陪伴在病人身旁，溫馨地開導他生命永續、生命不死的真理，鼓勵他無須恐懼而能坦然地迎接及邁向未來的生命，無論是發願往生佛國淨土，或是乘願再來娑婆世界。

六、將老人家從病房送去太平間，一定會碰觸他的身體，會不會讓他起瞋心，而影響往生？

我遇到很多人都提出這樣的問題，擔心病人捨報之後，醫護人員或家屬難免會碰觸到他的身體，會不會讓他起瞋心，而影響往生？

其實，這還不是真正嚴重的問題，比這個更嚴重千百倍，而讓病人痛苦難忍的問題是「CPR、氣切、插管」，不論是插氣管、還是鼻胃管，都是異物侵入到病人的身體內部，比起碰觸他的身體，要嚴重地痛苦難忍千百倍。家屬既然擔心病人在捨報後，觸動他的遺體會引起他的不快，那麼更為重要的就是必須在病人捨報之前，將他身上所有的針管儘量全數撤除，讓病人保持身心清爽。

在病人捨報之後，先不要為他清洗或更衣，如果不得已必須搬動遺體時，要儘量輕柔。在從病房移往太平間或往生助念室之前，就要先在亡者（親人）耳邊跟他說明，接下來要為他做什麼服務，請他安心。沿途也都要跟他開導、說明，讓他先有心理準備，在整個移動過程要力求動作輕柔緩和，就不會引發瞋心。

綜合分析與討論

有關「碰觸初終亡者的身體，會不會讓他起瞋心，而影響往生」的疑慮與顧忌，以及「八小時勿動遺體」的問題，我再做一些綜合分析與討論。

距今將近九十年前（一九三二年），弘一大師應邀到廈門妙釋寺念佛會為信眾演講開示，特別強調「命終之後八小時內，不得移動亡者遺體」的說法，當年開示的內容，而後治定為〈人生之最後〉一文。在文中第四章「命終後一日」第一段即說道：「既已命終，最切要者，不可急忙移動。雖身染便穢，亦勿即為洗滌。必須經過八小時後，乃能浴身更衣。常人皆不注意此事，而最要緊。惟望廣勸同人，依此謹慎行之。」

在上面這段引文中，有三個問題點須要進一步分析與討論：一是「八小時」，二是「勿動遺體」，三是「雖身染便穢，亦勿即為洗滌」。

其一，儘管弘一大師在文中並未說明為什麼亡者遺體要經歷「八小時」才能處置的理由，亦未交代其出處與依據，但是當今全球華人文化圈絕大多數佛教徒（甚至於許多非佛教徒的一般社會大眾）卻將「八小時勿動遺體」之說奉為金科玉律，深恐有所違犯而致使亡者無法順利往生。

其實，「八小時」之說，並非出自佛教經論的記載，根據《佛說觀無量壽佛經》所述，真正往生西方淨土世界所需的時間，「譬如壯士，屈伸臂頃，即生西方極樂世界」，根本就不需要「八小時」。那麼弘一大師為什麼要設定「八小時」呢？我合理地推測，弘一大師是因為顧念多數人平時欠缺念佛與定慧的功夫，臨時抱佛腳，力有未逮，因此設定一段較為充裕的時間，一方面讓亡者的神識得以順利脫離肉體，另一方面讓家屬有時間為亡者開導及念佛迴向，而以「八小時」為安全值。

客觀而論，弘一大師（一八八〇－一九四二）在世的時候，正信佛教並不普及，淨土法門在社會上也不彰顯，是故設定「八小時」能讓一般社會大眾有機會為親人亡者念佛，不失為一種慈悲善巧與方便教化的法門。因為，不論是在家過往或是在醫院病逝，在當時極為嚴重的情況就是，醫護人員或殯葬業者對遺體的處理都是非常粗暴而不如法的，因此弘一大師設定「八小時」能讓亡者得以不受干擾及無禮的對待，確實是一大功德。

我認為弘一大師係以其個人臨終關懷的經驗，提出念佛「八小時」的主張，因為並無經論的依據，不必視為定數。如果客觀條件或環境許可，當然助念的時間愈長愈好，不必限定八小時，也可以助念到十二小時，甚至於二十四小時以上。萬一客觀條件及環境皆不許可，則可以視實際情況做一些彈性的調整，助念者至誠懇切的心念才是最重要的。

其二，關於「勿動遺體」的主張，其主要理論根據與經典依據，則是《印光大師文鈔》中所引述「阿耆達王」的一段公案，而這個故事出自於《眾經撰雜譬喻》卷上。經文的大意是，往昔有一位國王，名叫「阿耆達」，一生護持三寶，累積了很多的善業；但是在臨命終的時候，宮女侍者為他搧扇子，不小心失手，扇子掉到他的臉上，讓他起了瞋恨心，以此惡念因緣，氣絕命終後，就投生變成一條大蟒蛇。經文的最後一句告誡之語是說，在臨命終者身旁照顧的人，不可不慎重地維護病人的心理及心靈上的安適。

長久以來，一般大眾對生死大事的處理多不如法，八、九十年前的當時，安寧照顧尚未興起，病人命終後八小時「勿動遺體」的主張，相較於傳統習俗對初終亡者遺體大動干戈式的處置，一動遠不如一靜。客觀而言，弘一大師的主張的確是有先見之明，而且是苦口婆心，用心良苦。

然而，我認為「阿耆達王」的公案，僅僅是一個「特殊案例」，有其主觀的個人因素，以及客觀的印度社會文化背景。如果沒有考慮到那些主、客觀的因素，就逕自將其引申做為放諸四海皆準的「普遍通例」，造成社會大眾的恐懼，實在是「引喻失意」。

就我的理解與二十多年的臨終關懷實務經驗，弘一大師所主張的「不可急忙」移動遺體，要等到助念若干時間後再浴身更衣，如此才不會嚴重干擾初終亡者的心念與情緒，有助於往生正念之提起，原則上與實務上都是對的；但是這並不等於「絕對不可」移動或是翻動遺體。

如果病人是在家中往生，那麼這一點不會構成問題，病人捨報後就維持原狀不動，俟助念結束後，再為亡者洗身、更衣、化妝，接著再進行後續的處理。但是如果病人是在醫院裡往生，那麼就不可能停留在病房裡面助念，而必須要轉移到太平間或者往生室，因此勢必要搬動遺體。

值此關鍵時刻，家屬必須先在初終的親人耳邊輕聲婉言開導，告訴他接下來要為他做什麼服務，讓他先有個心理準備，然後要求護理人員，在移動的過程中，動作要儘量輕柔，將可能會造成初終亡者身心不適或不快的程度降到最低。

其三，至於「雖身染便穢，亦勿即為洗滌」，這一點就有待商榷了，此一說法很明顯地與當今現行的安寧照顧理念與實務操作有相當大的出入。實際上，保持臨終病人身體的乾淨清爽，以及協助病人移動或翻身以調整姿勢，是為了讓他們覺得舒適，這是安寧照顧專業的基本理念與做法，應用在初終亡者的身心上，道理也是一樣。我認為，這樣做不但不會妨礙初終往生者的心念與情緒，反而有助於往生正念的提起，重點就在於照顧的方式夠不夠專業，與處理的手法技巧夠不夠體貼。

為了幫助各位讀者進一步了解臨終關懷實務的真正問題之所在，我們來回顧一下現代醫療急救術（氣管插管、CPR、氣切）的發展歷史。回溯氣管插管的起源，最早始於一八八〇年，當時是使用「金屬氣管導管」進行插管，聽起來就覺得非常恐怖。三十七年之後，到了一九一七年，Ivan Magill才改為使用紅橡膠管做為氣管導管，減少了氣管插管的併發症。

一九四七年，美國醫師Claude Beck用特製的體內電擊板電擊心臟，成功地在一個接受例行性胸腔手術的十四歲小孩施行「去顫術（defibrillation）」，這是第一例人體成功去顫的案例。到了一九四九年，雙腔支氣管導管問世，應用於臨床。一九六四年，聚氯乙烯氣囊的問世，是氣管導管的又一個重大進步。

現代醫療對抗心臟停止跳動的心肺復甦術（cardiopulmonary resuscitation，縮寫為CPR）是在一九六〇年正式發表，一九六三年，美國心臟醫學會正式成立CPR委員會，一九六六年，緊急心臟照護和CPR第一次正式大會建議醫護人員全面接受CPR訓練。一九八五年，Ciaglia發展出「經皮擴張氣切術」（percutaneous dilatational tracheostomy），之後，不同方式的相關醫療技術不斷地被提出、改良而且廣為應用。

在此要特別提醒大家的是，「氣切」只是一種「支持性」的醫療措施，簡言之，它和疾病本身的治療預後沒有絕對的關係，既不會改善病情，也不致於使病情惡化，它所扮演的角色只限於為病患及醫師爭取治療傷病的時間，使得在治療的過程中，不致於因為呼吸衰竭而迫使醫療行為受阻或中斷，導致病情惡化。因此，這樣的處治對於「有康復希望的病人」而言，是有正面意義與重大幫助的，但是對於「末期臨終的病人」卻是毫無意義也毫無幫助的，反而會造成病人身心極大的痛苦。

弘一大師在世的時候，CPR尚未問世，因此他還沒有機會見識到現代醫療科技的CPR、插管、電擊和氣切術，也沒有機會看到這些急救術普遍應用到臨終病人身上，他只見證到當時對於臨終病人與初終亡者的粗魯對待及處置，所以才提出「不可急忙移動遺體」的主張。

時至今日，社會環境與醫療情況已經完全改觀，如果弘一大師親身處在現代社會，我堅信他一定會修正他在一九三〇年代的說法，他一定會提出「拒絕CPR、不可插管、不可氣切」的主張，也必然會將安寧照顧的實務融入往生助念，以及初終者的遺體處理之中。

大家在擔心及顧慮「碰觸到初終親人遺體，會不會讓他起瞋心，而影響往生」的同時，卻完全忽略了「CPR、插管、氣切」等等不當醫療干預所造成的身心痛苦，其實遠遠超過了「碰觸到初終親人遺體」所可能造成的身心不適。應該極力避免，而且能夠避免的，到頭來卻沒有避免，豈不遺憾！因此，我要鄭重地奉勸各位讀者，在陪伴照顧末期親人的時候，千萬不要讓他遭到CPR、插管、氣切等等的不當醫療處置，萬一不幸已經插了管等等，也務必在親人捨報前能夠全部撤除，讓他身心清爽地往生。

大阪佛光山寺忠犬來喜往生記

前言

二〇一九年五月中旬（五月十日至二十日），我應覺用法師、覺岸法師與如愷法師之邀請，赴日本巡迴演講。五月十日第一站先到東京佛光山寺，五月十一日主持八關齋戒，晚上有一場生死學講座，為參加八關齋戒的戒子們講「生命是一種連續函數——從生命永續到生死自在」，五月十二日下午是第二場講座，講題為「現代人如何修持『正念現前』與『一心不亂』」，聽眾除了戒子之外，還包括信眾、僑界和一般大眾。

第二站到橫濱市，由如愷法師安排，於五月十四日下午先在橫濱市布教所開講，這個場地是由日本臺商聯合總會總會長／國際佛光會關東協會神奈川分會會長河道台所提供。

當日的講題為「現代人如何修持『正念現前』與『一心不亂』」，開放給信眾、僑界和一般大眾聽講，臺北駐日經濟文化代表處橫濱分處張淑玲處長也蒞臨致辭與聽講。演講結束後，到中華街用晚餐，然後轉往本栖寺。

五月十五日晚上，在本栖寺為信眾義工開示，講題為「現代人如何修持『正念現前』與『一心不亂』」。五月十六日下午，到距離本栖寺約一小時車程的春日居びゅーほてる（Kasugai View Hotel）演講，講題為「解讀『自然死亡』與『善終往生』的自然機制與奧秘」，對象為佛光會信眾。

五月十七日中午，由本栖寺的義工佛光青年吳奎寬開車送我到靜岡縣的新富士站，搭新幹線高鐵前往大阪，在大阪佛光山寺掛單。五月十八日下午，由世華會（世界華人工商婦女企管協會）主辦／佛光會日本關西分會協辦，在大阪市世華會的場所演講，講題為「解讀『疾病』與『健康』的自然機制與奧秘」，聽眾除了佛光會信眾外，還有世華會的會長、副會長、理事等成員。五月十九日下午，在大阪佛光山寺演講，講題為「現代人如何修持『正念現前』與『一心不亂』」，聽眾以佛光會信眾為主。五月二十日傍晚，從關西機場搭機返臺。

大阪佛光山寺忠犬來喜往生記

五月十九日晨間，用完早齋之後，我和當家妙崇法師、護生知清法師、義工林燕珠師姐、佛光青年丹丹等，一邊喝茶，一邊談話。席間因為聽丹丹說她從大陸來日本念歷史，我們就從歷史談起，然後談到了生死的課題，妙崇法師和燕珠師姐就跟我提起大阪佛光山寺的忠犬來喜，談起牠的近況，已經老病纏身，看起來奄奄一息的樣子。

我就問來喜多大年紀了？有沒有癡呆或失智？他們說來喜已經十六歲了，換算成人壽，相當於百歲高齡，還好沒有癡呆也沒有失智，但是身體非常虛弱，四肢無力，而且食欲不振，精神不濟，又因為後腿有腫瘤，行動都有困難，幾乎喪失自理能力。

妙崇法師說，看到來喜這樣的情況，有特別關心安慰牠，還每天都用念佛機播放佛號給牠聽，可是牠常常不回家（意指「狗舍」）。我說你們不能只是用念佛機播放佛號給牠聽，這樣還不夠，而是要陪在牠身邊念佛，大家可以抽空輪流陪著牠持誦《阿彌陀經》，然後稱念佛號迴向給牠，也不用花太長的時間，每天有半個小時就可以了。最重要的是要為牠慇懃開導，引導牠發願往生佛國淨土，再為牠念佛迴向，才有功效。因為念佛機只有聲音，沒有意念，所以功效有限，而我們念佛，不但有聲音，而且有意念，所以才有功效。

妙崇法師說，來喜現在眼睛也不行了，耳朵也不行了，腿腳也不行了。我說這些都沒關係，你要跟牠開示，為牠導航。他們問要如何開導，我就說我們現在就去為來喜開導，我來實際示範讓你們了解。

於是大家就一起離開齋堂去找來喜，發現牠癱倒在庭院的草坪上，原來牠昨（十八）日晚間就一直躺在那裡，很明顯地是因為體力不支，所以整夜都無法移動。

我就走到來喜的面前，蹲下身來跟牠說話，我先自我介紹，然後對牠說：來喜！感謝你多年來守護道場，盡心盡力，勞苦功高，辛苦你了！如今你年事已高，身體機能衰退，這是大自然的定律與常態，不要難過，而要心平氣和地接受。你的一生，已經功德圓滿，可以功成身退了。現在你要一心念佛，發願往生佛國淨土，祈求阿彌陀佛前來接引。現在我們為你誦念《阿彌陀經》，你也在心中跟我們一起念。

原本來喜是以右脅而臥的姿勢，靜靜地躺著，可是當我跟牠講話的時候，牠的呼吸開始變得急促，顯得頗為激動，我就安慰牠，教牠放輕鬆，不要難過，也不要激動，跟著我們一起誦經、念佛。

接著，我和妙崇法師、知清法師、燕珠師姐、丹丹就一起為來喜誦念《阿彌陀經》、

〈往生咒〉、阿彌陀佛聖號，最後再念我作的往生助念迴向文，希望牠能夠安然捨報，往生佛國淨土。這時候已經是上午將近十點鐘，為了避免陽光曝晒，我們先用傘為來喜遮陽，後來擔心在草坪上氣溫不斷升高，就將牠移到狗舍旁邊，比較蔭涼。

聽法師們和義工師姐說，來喜是大阪佛光山寺的元老，比大部分的法師們都早來到道場，牠是系出名門的拉布拉多導盲犬，非常有靈性，父母親都是得獎的冠軍犬。來喜一向是活潑、溫和、最有人氣的最佳知客，只要有賓客來到道場掛單，夜裡總能見到牠負有強烈責任感地守在門口。凡是走到庭園，總能見到牠伴隨在賓客身旁，一同跑香，抑或賞花，傾聽秘密。牠能夠聽得懂國語、日語、臺語三種語言，用正餐前還會耐心地等念完「佛光四句偈」才開動，但是下午茶和點心則例外。

五月十九日下午一點半到三點半，我在大阪道場有一場佛學講座，將近三點時分，妙崇法師遞了一張紙條給我，上面寫著：「來喜往生了！」講座結束後，我就召集大眾來到來喜往生的地方，準備為牠助念，這裡也是牠生前的住處，牠身上蓋著「陀羅尼經被」，安詳地「右脅而臥」。

我為來喜開示：生命難免都會有衰老、病痛、死亡的現象，但死亡只是肉體不堪使用而停擺，靈性生命不會消滅，所以無須害怕，而要「正念現前」，深心發願去佛國淨土，祈求阿彌陀佛前來接引，要與阿彌陀佛連線（online），萬緣放下，一心念佛，歡喜捨報，跟隨阿彌陀佛，見佛聞法，乘願再來，普度眾生。來喜！你要歡歡喜喜地跟隨阿彌陀佛，前往淨土世界，努力學習，認真修行，然後乘願再來，廣度有情，這是我們對你衷心的祝福。

然後，我帶領法師與信眾們，一同為來喜唱誦〈讚佛偈〉，然後稱念阿彌陀佛聖號，最後誦念三皈依、迴向。大眾都非常感謝這一位大阪道場的「元老」這一生帶給大眾的歡喜及對道場的守護，也非常懷念和來喜一起度過的溫馨時光，以及往日的點點滴滴，如今為牠圓滿安詳捨報往生西方極樂淨土送上最後的虔誠祝福。助念結束後，我們仍然用心定和尚的念佛機播放「南無阿彌陀佛」六字佛號給來喜聽。

晚間八點多，由佛光會崔海川副會長將來喜的遺體送到道場附近的「寶塚動物靈園」，該處靈園已經創立五十多年，歷史悠久，設備完善，有佛堂、火葬場、墓園、納骨堂、萬靈塔、慰靈碑等等設施，是一處軟硬體設施與服務具備的動物靈園。

五月二十日早齋時，住持覺用法師說，幾天前他看到來喜老病纏身，很痛苦的樣子，於心不忍，就跟來喜說：如果你要往生淨土，最好趁這個週末道場人多的時候，這樣大家可以幫你助念。結果，來喜真的是把握時機，就在講座結束前安詳捨報往生，那時正是道場人最多的時候，也因為此一殊勝機緣，大眾得以一同為牠助念、迴向。

十九日晚間，崔海川副會長將來喜的遺體送往動物靈園時，發覺牠的身軀柔軟，儀態安詳。二十日上午，妙崇法師、知清法師和幾位師姐們到動物靈園的佛堂為來喜入殮，做告別式，誦經、迴向，然後火化、撿骨、入甕，所有的過程儀式都比照人類的後事辦理，非常莊嚴溫馨，值得臺灣的殯葬業參考學習。

寶塚動物靈園的業務繁忙，寵物的主人們都是一臉哀傷，而且是全家人都來送寵物的最後一程，可以看出大家都將寵物視為「家人」。動物靈園裡的服務人員在對寵物的主人稱呼往生的寵物時，不論是狗狗或是貓咪，都說是「你家的小孩（お宅の子供）」，而不是說「你家的狗狗（或貓咪）」，石碑上刻的也都是「愛犬某某之靈位」、「愛貓某某之靈位」，極其溫馨尊重。

來喜火化後，牠的骨骼身形從頭到尾非常完整，還有翡翠色的舍利花骨片，火葬場的工作人員說，這是極為少見的，多半的情況都是散掉了。來喜的骨灰入甕之後，由法師帶回大阪道場，安葬在庭院中，讓牠在天之靈仍然能夠守護著道場，同時也沐浴在道場的鐘板、課誦、梵音、佛號之中。

從長命百歲到無量壽

前言

二〇一九年十二月四日（星期三）晚間，佛光會檀講師李秀珍老師的尊翁李馨才老居士以八十八歲高齡，安詳捨報往生。因為隔天（星期四）下午，我在佛光大學佛教學院有課，所以和李老師約好，於十二月六日（星期五）上午，到臺北市立第一殯儀館為李老居士拈香致意。聽李秀珍老師說，李老居士最後捨報時非常安詳，身心都沒有痛苦，在佛光會大眾的助念下，沐浴在佛號聲中，身軀柔軟，面帶微笑，蒙佛接引，往生淨土，誠然一大福報。

我和李老師以及她的同修邱致遠師兄、公子邱和敬相識很多年，他們是佛光三好人家，全家都是佛光人。我和李老居士也很有緣，當年我父親（開爸爸）還健在的時候，我曾經帶開爸爸到李老師家中作客，和他們全家人及李老居士茶敘、聚餐，兩位老人家都非常開心，其樂融融。後來李老居士住在長庚醫院和長庚養生村的時候，我都去探望過。

李老居士能夠年享高壽，而且在身心都沒有痛苦的情境中，又在佛法的薰習與加持下，安詳捨報往生，我不會覺得難過，而是滿心祝福，我相信未來我們都會在阿彌陀佛的淨土相會。

話說當天為老居士拈香致意之後，邱師兄、李老師、李老師的妹妹和我先在第一殯儀館裡面的便利商店休息談話，然後再驅車去用午餐。在離開一殯經過民權東路時，看到馬路對面某一家禮儀公司的外面，停了兩台電視公司的SNG轉播車，感到有些好奇。李老師就跟我說，藝人高以翔的靈堂就設在那一家禮儀公司裡面。哦！原來如此。

媒體報導，二〇一九年十一月二十七日凌晨，藝人高以翔在浙江寧波於錄製浙江衛視真人實境秀節目《追我吧》的當中，因為長時間錄影，加上兩天前已經有些感冒的症狀，又連續工作了將近十七個小時沒有休息，身體疲憊過勞，而不幸在奔跑中意外昏倒，送醫搶救後最終宣告心因性猝逝不治，享年三十五歲，震驚了海峽兩岸的演藝界，也讓影迷、粉絲和社會大眾不勝唏噓。

兩相對照，有人可以年享高壽，而且從容地告別世間；有人卻英年早逝，而且是毫無預警地驟然殞落，是命乎？是運乎？我們究竟要活多少歲，才算理想？又該如何地謝幕，才沒有遺憾？

現代人因為醫療科技的長足進步與醫療設施與照顧的普及，平均壽命大幅地延長，而造成高齡化──乃至於超高齡化──的社會；然而多數社會大眾可能還沒有意識到，其實絕大多數的高齡族群，到了晚年幾乎都行動不便，乃至失能、失智，或者長年臥病在床，毫無生活品質與生命尊嚴可言。

說得再明白一點，比起古人，現代人雖然大多能夠年享高壽，卻往往活得十分辛苦，甚至於非常痛苦。此外，弔詭的是，多數人到了晚年，即使想早一點往生，還不一定走得了，拖在那裡卻求生不得、求死不能，「老、病」的重擔變成了比「死亡」還要可怕的夢魘。更恐怖的是，即便到了臨終之時，還很可能被搞不清楚狀況的孝子賢孫送醫急救、插管、氣切，最後落得一個「多重器官衰竭而死」的下場，年享高壽又有何意義？

面對這樣的生死困境與疑團，我們如何能夠參透其奧秘與玄機？又如何能夠解脫其困境？我們是否能夠既「年享高壽」而又「生死自在」？我就從人間佛教的觀點，來和各位讀者談談這個「大哉問」！

近兩年往生的名人

在高以翔往生之後的那兩週，報紙也好、電視也好、網路也好，幾乎每天都有與他相關的新聞報導，而在我的印象當中，以往其他的名人往生，好像也都沒有得到這麼多的媒體關注，因此我就特別上網搜尋了一翻，看看近兩年來有哪些名人往生，例舉幾位如下：

二〇一八年往生者：

三月十四日，史蒂芬・威廉・霍金（Stephen William Hawking）去世，霍金是繼牛頓與愛因斯坦之後最傑出的物理學家，他被世人譽為「宇宙之王」，享壽七十六歲。

十月三十日，武俠小說家金庸在香港去世，享壽九十四歲。

十一月二日，嘉禾電影創辦人鄒文懷去世，享壽九十一歲，他一生幫助過李小龍、成龍、洪金寶和李連杰等多位功夫巨星成名。

十二月三日，臺灣知名企業家、裕隆集團執行長嚴凱泰因食道癌病逝，享年五十四歲。嚴凱泰於二〇〇九年一月正式發表國產自有品牌：納智捷汽車（Luxgen），期許能夠使臺灣汽車工業走出代工，推向世界。

二〇一九年往生者：

五月十六日凌晨，美籍華裔建築大師貝聿銘，一九八三年普立茲克建築獎（Pritzker Architecture Prize）得主，被譽為「現代主義建築的最後大師」（the last master of high modernist architecture），在紐約曼哈頓家中逝世，享壽一百零二歲。

七月二十六日，美國配音演員魯西・泰勒（Russi Taylor）逝世，享壽七十五歲，她擔任過多部影片、連續劇、卡通片的配音演員，最為膾炙人口的是替迪士尼（Disney）卡通人物米老鼠的女友米妮（Minnie Mouse）發聲三十餘載。

九月十九日，德國心理學家伯特・海靈格（Bert Hellinger）逝世，享壽九十五歲，他也是家族系統排列（Family Constellation）的創始人。

十月十七日，瑞典語言學家、漢學家馬悅然（Nils Göran David Malmqvist）逝世，享壽九十五歲。馬悅然與其弟子羅多弼（Torbjörn Lodén），曾應國際佛光會邀請，於二〇〇五年十一月間來臺灣，除了參訪佛光山之外，也來到南華大學，當時我擔任人文學院院長，負責接待他們，並且舉辦了一場文化論壇。

十一月二十五日，中國文化大學董事長張鏡湖辭世，享壽九十二歲。

十一月二十九日，日本政治人物中曾根康弘逝世，享壽一百零一歲，他曾於一九八二年至一九八七年間擔任日本七十一至七十三任內閣總理大臣。

十二月九日，肌萎縮性脊髓側索硬化症（ALS）患者及冰桶挑戰（Ice Bucket Challenge）的發起人皮特・弗拉茨斯（Pete Frates）逝世，享年三十四歲。

雖然年享高壽，卻不能夠「善終，如願往生，瀟灑走一回」，終究是個遺憾！

以上我例舉了二〇一八、一九這兩年來過世的一些名人，同時也顯示了一個千古以來不易的事實，無論貧富貴賤、窮通禍福，我們終究都要告別人世，只是時間遲早而已，差別僅在於名人或多或少會留下一些紀錄，而一般大眾則多數沒沒無聞。

就是因為「人生有限」，所以絕大多數人都冀求年享高壽，甚至於長命百歲，臺語俗諺說要「呷百二」（活到一百二十歲）。然而，大家都忽略了一點——也是最重要的一點——就是最後如何能夠「瀟灑自在地告別人生」？否則，即使長命百歲，甚至於「呷百二」，倘若不得善終，也是美中不足，豈不遺憾？

回憶二〇一〇年，先後有兩位名人的逝世，一位是金馬獎影帝葛香亭，一位是國寶級作曲家黃友棣，當年看了有關他們逝世的報導，讓我感到不勝唏噓。感慨的並不是他們的

「逝世」，而是他們逝世的情境——都是「多重器官衰竭」而病逝。

葛香亭一生演過一百一十八部電影、五部電視劇，於一九六四年及一九七〇年，先後以《養鴨人家》與《高山青》兩部影片兩度獲得金馬獎最佳男主角，又於二〇〇五年獲得金馬「終身成就獎」。二〇一〇年五月十六日晚間近七時，葛香亭因為「多重器官衰竭」病逝，享壽九十三歲。

說起「黃友棣」這個名字，很多人可能不知道或者不記得，但是大家幾乎都會唱《杜鵑花》這首歌，這是他寫於一九四一年中國抗日戰爭時期，也是他最知名的作品。黃友棣一生創作的樂曲超過二千多首，樂曲的種類包括有文學歌曲、宗教歌曲，以及各大學、中學、小學等二十多所學校的校歌，例如：輔仁大學、文化大學、逢甲大學、海洋大學、高雄應用科技大學、中正理工學院等。黃友棣為了推廣音樂普及化運動，因而不收取任何音樂版權費用，他一生奉行「大樂必易」的音樂哲學，最後還在遺囑中交代，全部音樂作品皆可供人自由印行、演唱、演奏、製片、錄音、錄影、做為背景音樂之用，而且皆可出售，全無限制。二〇一〇年七月四日，黃友棣因「多重器官衰竭」逝世於高雄，享壽九十八歲。辭世後獲頒中華民國總統褒揚令、高雄市市長褒揚狀、高雄縣縣長褒揚狀。

生活在現代社會，因為醫學進步，醫療普及，大眾的平均壽命愈來愈長，能夠「年享高壽」其實不難，反而是要「如願善終」很難，這也是一種時代的弔詭。記得大約在二〇一一年前後，我在佛光大學佛教學院擔任院長期間，有一次我和蓮花基金會的董事長陳榮基教授談到臨終關懷的問題時，陳教授跟我說，他有一次和臺大醫院的柯文哲醫師（柯P）談到末期與臨終病人處置的問題時，柯P說他是臺大醫院裡看過最多死人的醫師，而且他看到病人，愈是家大、業大、有錢、有權、有勢，愈是不得好死。個中的原因和道理，大家都心知肚明，無須我再多做解釋。

我舉出上述這些例子來討論，並不是說「年享高壽、長命百歲」不好，而是要提醒大家，除了「年享高壽、長命百歲」之外，還要能夠「瀟灑走一回、善終、如願往生」才算圓滿。古人所講的「福壽全歸」，只是著眼於這一期生命的落幕，但是沒有看到「生命的未來」與「未來的生命」，當然也就沒有規劃與準備。從人間佛教的宏觀視野來看，其實不夠圓滿，還須更上一層樓，除了大家都希望享有的「高壽」加上「善終」之外，還要能夠「預知時至、無疾而終、如願往生或乘願再來」，這樣的人生才圓滿。當然，在求「善終、往生」之前，大家還是希望能夠先求「年享高壽、長命百歲」，那麼，我們就來談一談「如何能夠長命百歲」。

我們本來就可以長命百歲的

其實，我們每一個人都有可能「長命百歲」的，我這麼說可是有根有據的，不只是隨便說說而已，而是理論與實務兼顧的。根據《黃帝內經・靈樞・天年》以及道家的說法，我們人類的天賦壽命稱為「天年」，「天」就是「先天」，「年」就是年齡、壽命；因此，「天年」就是先天自然所賦於人類的正常壽命，具體數目是兩個甲子，也就是一百二十歲，所以臺語俗諺說要「呷百二」，確實是有道理與文獻根據的。

一般說來，一個人活不到六十歲，算是「夭」，超過六十歲，但是不滿天年，就稱為「折」；七十二歲就是打六折，這是按一百二十歲為基礎來算的。因此，打九折是一百零八歲，打六折是七十二歲，打七折是八十四歲，所以會有「七十三歲」和「八十四歲」是老年人的兩個「坎」這種說法！（註）

《黃帝內經・靈樞・天年》，主要是探討人類生命歷程的不同階段，包括：從生命的孕育，胚胎的形成，新生命的出世，從幼年、少年到壯年、到老年、到死亡，每一個不同的階段。其內容論述人體在生長及衰老的過程中，各個階段的生理特點以及血氣盛衰、臟腑強弱與壽命長短的關係。

綜合而言，《黃帝內經》對人類的生命歷程，提出一個宏觀視野的鳥瞰，教導我們，如何預知個人生命的心路歷程，隨時知道自己的健康狀況，隨時做適當的調節、保養、增強，如此才能健康長壽，活到天年，無疾而終。

雖然，道家認為天賦給我們的壽命——亦即天年——是一百二十歲，亦即兩個甲子。但是，後天仍然必須注意保養、調攝，才能保證我們的天年得以具體實現。因此，我們應該在早年，就要充分理解整個人生在各個不同階段的保健養生之道，才不至於糊塗過此一生，未老先衰，疾病纏身，甚至於夭折。

長命百歲、享壽天年的理論與實際

上文中提到了《黃帝內經・靈樞・天年》，其中《黃帝內經》（簡稱《內經》）這部

註：據說因為孔子享壽七十三歲，孟子享壽八十四歲，在古代社會算是相當長壽了。古人認為這是因為兩位聖人的修養崇高，不是一般人可以達成，因此這兩個歲數也就成了門檻，有了一層神秘的色彩，讓後世的老人刻意避開，遇到這兩個歲數，會自動加一歲成七十四歲、八十五歲。

古書是現存最早的中醫理論著作，對於後世中醫學理論的奠基有深遠的影響。這部書在《四庫全書》中歸屬為「子部醫家類」，相傳是黃帝與岐伯、雷公、伯高、俞跗、少師、鬼臾區、少俞等多位大臣討論醫理的記述。不過，在後世看來，此一說法是托古之作，也帶有某種程度的神話及傳說色彩。後世的學者認為《黃帝內經》的成書大約是在戰國至秦漢時期，其編著以及命名很有可能是出自於西漢劉向之手，然後在東漢至隋唐時期仍然繼續修訂與補充。

在南北朝的時候，《黃帝內經》已經因為傳抄及戰亂而散失，分成了《素問》與《針經》（又稱《靈樞》）兩種版本，而分別流傳。因此，《黃帝內經》包括了《素問》與《靈樞》兩部分，各有九卷、八十一篇，合計十八卷、一百六十二篇。該書內容包括：攝生、陰陽、臟象、經絡與論治之道，不僅奠定了中醫學的理論基礎，也是中醫學理論與實踐等方面的發展基石。

有了以上這些基礎的理解，我們再來了解一下《靈樞・天年》。「靈」是指人的「精神」和「靈氣」，「樞」是指「樞紐」或「關鍵點」，有如門軸可以支持門扉的開合，我們先通過觸及「有形」或有質的東西，然後再觸及到「無形」的存在——亦即形而上的「精神」和「靈氣」，那個連結「有形」和「無形」的關鍵點就叫做「靈樞」。因此，

《靈樞》這一部書，就是教導我們如何通過刺激人體的穴位，而達到調節神靈的目的。所以《靈樞》又稱為《針經》，因為絕大多數篇幅裡面講的都是人體經絡的穴位，以及針灸的方法。

這一篇〈天年〉是《靈樞》的第五十四篇，內容是講說吾人身心發展的最基本規律。〈天年〉篇主要是探討整個生命歷程中的不同階段，不論男女，都是以「十年」為一個週期來分階段，從新生命的孕育、胚胎的形成、胎兒的出世開始，然後從幼年到少年、青年、壯年、老年，最後到死亡，就吾人一期生命整個歷程的各個不同階段，論述人體生長以及衰老過程中，各個階段的生理特點以及血氣盛衰、臟腑強弱與壽命長短的關係，同時也說明身體的變化與臟腑功能的變化，有哪些容易出現的毛病，以及如何治療這些毛病。

然而，芸芸眾生，天賦有別，人人不同，而有個別差異，所以這一篇〈天年〉所講的天賦，既論及「整體的人群」——也就是「物種」的天賦，同時也論及單獨的個體——什麼樣的人，他的壽命可以長一些，什麼樣的人，他的壽命就短一些。一般而言，一個人活不到六十歲就算「夭壽」，活到八十歲叫「中壽」，活到一百歲是「長壽」，能活到一百二十歲就是「滿壽」、「盡天年」。

根據《黃帝內經》的理論，人的天年是一百二十歲，那麼在現實生活中，世人有沒有可能活過一百歲，甚至於活到天年一百二十歲？不但有可能，而且確實是有人活過一百二十歲！以下舉兩個實例做為佐證。

根據《維基百科》，法國的珍妮・露意絲・卡爾門（Jeanne Louise Calment），生於一八七五年二月二十一日，卒於一九九七年八月四日，活了一百二十二歲又一百六十四天，這是近代史上經過證實的最長壽命。她的壽命是已經由科學研究記錄建檔，並且列入《金氏世界紀錄》（*Guinness World Records*）；比起其他案例，她的年齡則有更多的文書紀錄來證明。她一生都住在法國的阿爾勒（Arles），且活得比她的女兒與孫子都還要長數十年。她生前的健康狀況也非常神奇，在八十五歲的時候還鑽研擊劍，一百歲時仍然能夠騎腳踏車，直到一百一十四歲時還能自由活動、四處行走。

附帶一提的，有關Jeanne的長壽紀錄還有個插曲，就在她的故事以各種形式傳遍世界之後，也引起愈來愈多的人開始從不同的角度關注她，其中不乏一些好事者，例如有俄羅斯的「考據黨」想要作翻案文章。就有俄羅斯學者指出，Jeanne的長壽故事可能是蓄意造假的一場騙局，實際上是女兒頂替了母親的身分。

不過，法國的專家對俄國團隊的質疑提出了反駁，法國專家說，當初金氏世界紀錄的認證小組，已經對Jeanne的年齡進行過嚴謹的調查，並且詢問她一些只有一八七〇年代出生的人，才會知道的事情。如果是她的女兒冒名頂替，肯定無法答覆這些問題。況且，假設女兒冒充媽媽一事為真，那麼整個家族內知情的人必定很多，如何能夠保密至今？

就在輿論洶湧的時候，依然有人力挺Jeanne長壽紀錄的真實性，例如實際參與了該項金氏紀錄認證的法國人口統計學家Jean-Marie Robine，她確認Jeanne長壽紀錄的真實性，並且譴責那些胡亂質疑者的言行，認為那無異於一種誹謗。在Jeanne去世時擔任阿爾勒市長的Michel Vauzelle也堅決駁斥了俄羅斯考據黨的質疑與猜想，因為Jeanne離世當天，有數名醫生在場確認並出具證明，Jeanne的年齡不可能造假。話說回來，無論考據黨如何言之鑿鑿，都沒有直接的證據，畢竟只是一種猜想。

再舉一個百歲人瑞實例，而且是我認識、接觸過的南華大學傑出校友——趙慕鶴爺爺。他出生於一九一二年七月十八日，與中華民國同歲，於二〇一八年十一月四日往生，享壽一百零六歲。

二〇〇六年，他先進入南華大學碩士學分班修課，二〇〇七年正式考入南華大學哲學研究所，當時已經九十六歲，成為臺灣最高齡的碩士班研究生。那時我擔任教務長，研究生入學考試的那一天，我在巡視考場時，就注意到這位高齡的考生，看了他的准考證，發現他居然與中華民國同歲，但是從外表上看起來，不過七十來歲的樣子，所以印象極為深刻。趙慕鶴家住高雄，在南華大學就讀的兩年期間從未缺過課，只要學校有課，他每天必定清晨五點起床，搭乘六點十分的莒光號到嘉義大林，然後再轉搭公車到學校。

趙慕鶴說，他幼年時曾經向一位清朝的貢生學習「鳥蟲體」書法，這種字體每一個筆畫都是一隻鳥或一隻蟲，由於書寫不易，已經逐漸失傳。他因為精研「鳥蟲體」數十年，因此以自己擅長的書法做為研究論文題目。二〇〇九年六月，以九十八歲高齡獲得哲學碩士學位，成為臺灣年齡最長的碩士，並且在畢業典禮上獲頒「勤奮向學獎」。

臺灣的百歲人瑞其實還不少

在傳統文化上，「長命百歲」是華人對父母長輩們最大的祝福，隨著醫療科技的日新月異，長命百歲對現代社會的銀髮族群來說，早已不再是可望而不可及的奢侈願望而已。在臺灣，除了趙慕鶴爺爺之外，活到百歲以上的人瑞其實還不少；而且，更因為臺灣具備了全球都有目共睹的醫療「可近性」（accessibility）與便利（convenience），隨著近年來不斷快速高齡化的趨勢，百歲人瑞的人數亦逐年迭創新高。

根據二〇一八年九月十九日，衛生福利部社會及家庭署的「重陽節敬老活動實際訪視結果資料」統計顯示，在臺灣本島連同離島，高齡破百的人瑞總數已達三千二百八十人，平均每十萬人口當中就有十四名百歲以上的人瑞；其中又以女性人瑞一千九百六十七人，在人數上較男性人瑞一千三百一十三人更勝一籌。另外，依據衛生福利部在二〇一八年重陽節敬老活動實際訪視的結果，國人男性最高齡者為一百一十一歲，女性為一百一十五歲。

值得注意的是，在古早的時代，一般人對於古稀人瑞的想像與印象多半是，遺世獨立而生活在深山野嶺溪畔，遠離世俗塵囂，個個仙風道骨，不食人間煙火，所以能夠達到「山中無歲月，寒盡不知年」的境界。然而，在當今的現實社會裡，臺灣的人瑞大多數集中在大都會區，因為居住及生活機能便利，而且就醫看診方便。若依照絕對人口排序，人瑞最多的縣市排名，依序分別是臺北市、新北市、臺中市、臺南市、高雄市及桃園市，由此可見一斑。

在縣市分布方面，絕對人口數雖然以臺北市有七百五十六名人瑞設籍居冠；但是若以人瑞密度計算，則屬金門縣全縣總人口僅十四萬零四十五人，卻有五十四名百歲以上的「仙翁、仙姑」，人瑞密度平均每十萬人口有三十八點五人，無疑是全國人瑞「能見度」最高的縣市。其次才是人瑞絕對人口七百五十六人、居全國二十二個縣市之冠的臺北市，平均每十萬人口有二十八點五人。再其次則由全市總人口三十六萬九千零五十五人中，有七十六名人瑞，平均每十萬人口中有二十點五名人瑞的基隆市排第三。

至於依照縣市人瑞分布密度排名第四、第五的縣市，則不出所料地分別是公認好山、好水、好空氣，且最適合退休長輩慢活養老的臺東縣及花蓮縣。全縣二十一萬七千零七十人口中，有三十八名人瑞的臺東縣，縣內人瑞密度為每十萬人口有十七點五人，位居第四。而全縣三十二萬六千四百六十五人口中，有五十七名人瑞的花蓮縣，則以人瑞密度每十萬人口有十七點四六人，緊追在後。

世界上可能最長壽的人瑞

看了臺灣的人瑞統計資訊後，我們再來看看國外的人瑞紀錄。二〇一七年四月三十日，一位住在位於印尼爪哇島（Java）中部的古稀老翁過世了，一般認為他享嵩壽一百四十六歲，可能是世界上最長壽的人瑞之一。

這位罕見的人瑞名叫Sodimejo Gotho，家人都稱他為戈多（Gotho）爺爺。根據他的身分證（也就是每個印尼人都有的證件）記載，他的生日是一八七〇年十二月三十一日。然而，由於印尼官方的出生紀錄只能追溯到一九〇〇年；因此，對於這家人宣稱他們的爺爺有一百四十六歲（虛歲一百四十七），社會輿論上是有一些疑問與爭議。

不過，印尼政府表示，對照其他的文件，以及先前對戈多爺爺本人的訪問，讓他們相信，老爺爺的生日確實是那一天。如果還能找到其他獨立的文獻佐證或資料來源，能夠證實Gotho家人的說法，那麼戈多爺爺就有可能被《金氏世界紀錄》封為歷史上最長壽的人瑞了。

其實，無論是不是世界紀錄的保持人，戈多爺爺確實活得很老。他生前是個老菸槍，因為活了將近一個半世紀，而且前後跨越了三個世紀，閱歷豐富，又善於說故事，所以廣受村里鄉親們的敬愛，他經常講述當年對抗荷蘭和日本殖民軍的故事。

戈多爺爺有十個兄弟姊妹，在漫長的一生當中先後結過四次婚，因此有許多兒孫，但是他活得比兒孫們都久。他的手足、前後四任妻子，以及兒子、女兒們早已統統都過世了。到了晚年，他就和孫子、曾孫、玄孫輩們一起生活。

他早在一百二十二歲那一年就把自己的墳墓都造好了，但是一等就等了二十四年，死神就是不來接他走。孫子們也說，阿公年紀大了，視力不好，所以很少看電視，大多是坐著聽廣播來打發時間。二〇一六年，在《雅加達郵報》（*Jakarta Post*）的訪談中，戈多爺爺說他長壽的秘訣就是耐心，但是他也表示：「現在我最大的願望，只剩下快快離開人世……。」

終於，他的心願得以實現，二〇一六年四月十二日這一天，戈多爺爺身體不適，被送進醫院，住了六天，他回家以後，再也沒有康復。十二天之後，他在孫兒、親友的圍繞陪伴下安詳離開人世。如果戈多爺爺的壽數能夠獲得證實，那麼活到一百二十二歲的法國婦人Jeanne Calment的金氏紀錄，就被他打破了。

人類壽命的極限，究竟可以活到幾歲？

在上文中，我介紹了國內外的幾位百歲人瑞，而且是有相當可靠的根據與佐證，可以說明人類享有百年長壽，甚至於活過一百二十歲的天年，實際上是有可能的。那麼，大家可能會好奇而想問：人類壽命的極限，究竟可以活到幾歲呢？能否超過《黃帝內經》所說的天年，而達到一百五十歲，甚至於二百歲以上？

自古以來，在中國最有名的長壽傳說有二個人：一位是「彭祖」，相傳享壽八百歲；另一位是「睡仙陳摶」，傳說一覺就睡了八百年，這些說法是真的嗎？讓我們來檢視一下。

說起彭祖，確實名聞天下，連《莊子・內篇・逍遙遊》中都提到他，莊子以「而彭祖乃今以久特聞，眾人匹之，不亦悲乎！」這段文字說到他的長壽，眾人望之不及。古書上對於彭祖的記載大都是「長年八百，綿壽永世」之類，刻畫出了一個長壽之人的影像。

但是也有另外不同的說法，指出「彭祖八百歲」其實是一種誤傳。有一種說法是，彭祖名「籛」字「鏗」，生於四川彭山，受封於徐州彭城，後人以「彭」或「國」為姓氏，故彭祖是中國古代大彭國的第一代始祖。古書與民間傳說中提及彭祖時，都以「八百歲」指代，但是在古代，「彭祖」二字所代表的是「氏族」，而非個人；因此，所謂八百歲的長壽之期，不過是大彭國的壽限罷了，並非彭鏗個人活了八百歲。

另一種說法是，彭祖生於四川彭山，而在彭山一帶的鄉間，至今還流行一種「小甲子」的計年方式，即是以「六十天」為「一年」。從孔子墓出土的竹簡上也表明，古代紀年確實有以「六十天」為「一歲」的說法。因此，按照古代的「花甲計歲法」換算為現今的計年標準，彭祖只活了一百三十多歲。然而，如果對照杜甫的一首詩〈曲江〉所云「人生七十古來稀」，彭祖的壽數即使是一百三十多歲，也已經遠遠超過古人許多，依然是個長壽的人。別說是在古代，就是在醫療科技先進與公共衛生普及的現代，也幾乎沒有人能達到那樣的歲數。

至於「睡仙陳摶」的故事，民間流傳他一睡就八百年，一直睡到「後唐」變「大周」，「大周」變「大宋」，睡到了大宋朝的盛世。這個故事聽起就非常奇幻，「一睡八百年」當然只是個傳說，而非事實。聽聞到這樣的神奇故事，大家一定會好奇，歷史上真的有陳摶這號人物嗎？

有的！陳摶在歷史上是真實存在的，也是一位富有傳奇色彩的道士，關於他的傳說很多，但實際上並沒有故事中講的那麼誇張，不過陳摶的確是將睡眠做為養生之道的。

根據維基百科，陳摶字「圖南」，號「扶搖子」、「白雲先生」、「希夷先生」（「希」指聽而不聞，「夷」指視而不見），是一位知名的道教人士，常被視為神仙，尊稱為「陳摶老祖」、「希夷祖師」等，相傳紫微斗數及無極圖說皆為陳摶之創作。

陳摶生於公元八七一年，卒於九八九年，是五代末、宋朝初期人，他的生平事跡以及出生時地，都是眾說紛紜，真偽難辨。陳摶主張以睡眠休養生息，時常一眠數日，人稱「睡仙」，他活了一百一十八歲，而不是傳說的八百歲，但是非常接近兩個甲子的天年，也算是長壽了。

此外，在西方古代的宗教文化中也有類似的傳說，有一位類似彭祖的人物，名叫「瑪土撒拉」（Methuselah），天主教的《聖經思高本》翻譯為「默突舍拉」。在《希伯來聖經》的記載中，他是亞當的第七代子孫，是共通於猶太教、基督宗教、伊斯蘭教這三大宗教的聖經人物，也是最長壽的人，據說他在世上活了九百六十九歲。

瑪土撒拉是以諾（Enoch）的兒子，在一百八十七歲時誕下拉麥（Lamech），而拉麥是諾亞（Noah）的父親。瑪土撒拉在希伯來語中是「帶著鏢矛的男人」，另一個意思是「他死後將帶來」。根據《聖經》的記載，在瑪土撒拉九百六十九歲那年，也就是希伯來曆世界紀元一六五六年的第十一個瑪西班月（Marcheshvan），他過世了。在瑪土撒拉死後七天，世界發生了大洪水。

但是有些人認為瑪土撒拉的極端年齡，其實是古代錯誤翻譯的結果，這種錯誤翻譯是將「月」轉換為「年」。而學者Ellen H. Bennet認為希臘文聖經《七十士譯本》（Septuagint）的〈創世紀〉第五章（Genesis 5）的數字應該是十分之一年。在他的著作《占星術：知識與理性的科學》（*Astrology: Science of Knowledge and Reason*）一書中，他說道：

這將解釋他們是如何讀到亞當的年齡是九百三十歲，而不是九十三歲；瑪土撒拉是九百六十九歲，而不是九十六歲；諾亞是九百五十歲，而不是九十五歲。……可以斷定諾亞在娶妻並生下閃（Shem）、漢姆（Ham）和雅弗（Japheth）之前，活了五十歲，而不是五百歲，這肯定是更加合理的。

為什麼人類的壽命不可能高達八、九百歲？

無獨有偶，東、西方文化中，都有人壽高達八、九百歲的傳說，但同時也都有人指出那是一種誤解、誤傳或誤譯，而且過於神話，不符合常理。然而，能夠活到天年一百二十歲，甚至於超過一百三十歲，則是有可能的。

在《黃帝內經・靈樞・天年》裡面，有一段黃帝和岐伯的對話問答，是討論一個人從幼年到衰老、死亡的各階段，人體生命盛衰及生理特點，內容如下：

黃帝曰：「其氣之盛衰，以至其死，可得聞乎？」

岐伯曰：「人生十歲，五臟始定，血氣已通，其氣在下，故好走；二十歲，血氣始盛肌肉方長，故好趨；三十歲，五臟大定，肌肉堅固，血脈盛滿，故好步；四十歲，五臟六腑十二經脈，皆大盛以平定，腠理始疏，榮貨頹落，髮頗斑白，平盛不搖，故好坐；五十歲，肝氣始衰，肝葉始薄，膽汁始滅，目始不明；六十歲，心氣始衰，若憂悲，血氣懈惰，故好臥；七十歲，脾氣虛，皮膚枯；八十歲，肺氣衰，魄離，故言善誤；九十歲，腎氣焦，四臟經脈空虛；百歲，五臟皆虛，神氣皆去，形骸獨居而終矣。」

岐伯回應黃帝之所問，將平常人的一生，分成了十個階段，以每十年做為一個階段來講解，從生長至茁壯，然後由盛而衰、而枯、而虛、而竭。這樣的分析與描述，其實是相當科學的，而且也十分符合人體的實際情況。

如岐伯所言，四十歲是身體狀況最好的時候，五十歲，肝氣開始衰減，六十歲，心氣開始衰減，七十歲，脾氣虛弱，八十歲，肺氣衰減，九十歲，腎氣焦躁，四臟經脈空虛；一百歲，五臟皆虛，神氣皆去，形骸獨居而終矣。由此可知，從五十歲開始，五臟六腑開始一個接著一個血氣衰減，到了一百歲，五臟皆虛，神氣皆去，這是共通於普世全人類的自然規律與常態。

在這樣的自然生命週期情況下，一個人如何能夠活到八、九百歲？即使勉強活著，也是苟延殘喘，了無生趣，十分辛苦。這也就是為什麼印尼的那位戈多爺爺最後的願望，只希求快快死掉。其實，死亡是人體機能衰竭的最後自然結局，也是圓滿的結局，不如此反而很奇怪，也很可怕。

有沒有高齡超過一百五十歲的超級人瑞？

人生百歲是常態，活到天年（兩個甲子）是滿壽，然而還是有極少數的特例可以活過天年。各位讀者可能會想要知道，有沒有比印尼的戈多爺爺還要高壽的案例？如今拜網際網路之賜，我們可以上網搜尋到非常多的資訊，不過，網路上的資訊有真有假，而且往往真假難辨，因此不能盡信，而是須進一步查證。我特地運用Google搜尋，找到兩位高齡超過一百五十歲的超級人瑞，一位在印度，一位在中國，當然，其真實性與可信度，都須進一步查證。

二〇一五年前後，在網路上留傳，印度有位老人名叫馬哈什塔・穆拉西（Mahashta Murasi），出生於一八三五年，按照這個年分計算，他當時已經年滿一百八十歲。印度研究人員宣稱，他們在印度的瓦拉納西市（Varanasi）找到這位世界上最長壽的人，不過因為證明文件丟失，真實性有待驗證。這篇訊息還特別在不少外語（義大利語、葡萄牙語、西班牙語等）網站上廣泛流傳。但是經過查證，這個故事中沒有一項是真的。

我查詢到，有一個名為「Museum of Hoaxes（惡作劇博物館）」（註）的英文網頁，揭露了這個「世界上最長壽」的印度老人故事，其實是個道聽塗說的「假新聞（fake news）」。

根據「惡作劇博物館」網站的查證，有關該印度長壽老人的虛假訊息，最初來源是一個名為「World News Daily」（《世界新聞日報》）的娛樂性諷刺與虛構新聞網站「worldnewsdailyreport.com」，該網站特別在其網頁上刊載了一份「免責聲明」（Disclaimer），提醒讀者們應當將其網站上的所有文章都視為「純粹娛樂性的虛構與諷刺」，如有雷同，純屬奇蹟。

另一位長壽老人是中國的李清雲，也是聞名於世的超級人瑞，他倒是有比較多的佐

註：這個「惡作劇博物館（Museum of Hoaxes）」網站成立於一九九七年，其主旨為探索整個歷史上的欺騙、惡作劇、錯誤訊息，以及各色各樣的欺詐與矇騙，從古代的偽造一直到當今網路上流傳的現代騙局、欺騙和逃避行為等等。

證資訊。有紀錄稱李清雲生於一六七七年（康熙十六年），逝世於一九三三年，在世二百五十六歲。這麼看來，李清雲不僅僅是在中國，就算是在全球範圍內，也是最長壽老人。但是關於李清雲的真實年齡一直無法證實，目前也並沒有足夠的證據能夠證明李清雲確實是活了兩百五十多歲。

不過，有人提出了支持的觀點，據《紐約時報》稱述：在一九三〇年時，成都大學教育系主任胡忠謙（Wu Chung-chieh）發現了他的「出生證明」，他應該出生於一六七七年二月二十六日，清政府在一八二七年（清道光七年）還為他舉辦了一百五十歲的壽禮慶典。根據《時代》雜誌的描述，他的右手還有著六英吋（約十五點二四厘米）長的指甲。然而，李清雲自己卻曾經親口承認，他並不是出生於康熙十六年（一六七七年），而是乾隆元年（一七三六年），如果這是真的話，那麼即便李清雲沒有活到二百五十六歲那麼久，最起碼也有一百九十多歲。

在現代人的眼中，能夠活過百歲的人就已經算是很長壽了，更別提活到兩百多歲了，因此，關於「世界上最長壽老人李清雲活到了二百五十六歲」這件事，一直以來就存在著諸多的爭議與質疑的聲音。

第一個問題是：究竟有沒有「李清雲」這個人？如果確有其人其事，那麼第二個問題則是：李清雲活了二百五十六歲是真是假？又有人說李清雲真實年齡其實只有八十多歲，這究竟是怎麼回事？

根據《維基百科》以及搜尋其他相關的資訊，李清雲（一六七七年或一七三六年？—一九三三年五月六日）確有其人，又被誤譯為「李慶遠」，四川綦江縣（今重慶市綦江區）人，傳聞中是一名中草藥專家、氣功大師及戰術顧問。

一九三三年五月十五日，美國《時代雜誌》（*TIME*）一篇名為〈龜雀狗〉（Tortoise-Pigeon-Dog）的文章報導了他的故事和歷史，李清雲留給後人長壽的秘訣：「保持一種平靜的心態，坐如龜，行如雀，睡如狗。」

一九二八年李清雲著作了《長生不老訣》一書，但他在書中並未提及年齡，只是自述長壽的關鍵在於氣功健身。李清雲提出用「剛柔相濟，陰陽調和」的方法鍛鍊身體，他認為自己健康長壽的因素有三：一是內心保持平靜、開朗；二是長期素食；三是常年將枸杞煮水當茶飲。

有一位楊俊敏博士，在他的英文著作《*Qigong, the Secret of Youth: Da Mo's Muscle/Tendon Changing and Marrow/Brain Washing Classics*（氣功——青春的奧秘：達摩易筋經與

洗髓經）》一書中寫道，李清雲既是一位氣功修行者，也是一位中草藥專家，花了整整一輩子的時間採集中草藥和蒐集長壽的秘訣，平生多半的時間都待在山上。

一九二七年李清雲接受楊森將軍的邀請，到他的駐紮地四川萬縣作客。楊森被老人的老當益壯以及高超的採集中草藥技能深深吸引，李清雲的那一張穿著道袍的著名肖像，就是在那裡拍攝的。在此順便一提，後來有人從旅居巴西聖保羅的劉百齡將軍（本名玉琨，字君瑜，別號百齡，一九〇七—二〇〇〇）那裡得到了另外一張李清雲的肖像，這張肖像擺在劉百齡的太極拳教室裡面。而從這張肖像中，我們能夠清晰地看到李清雲捲長的指甲和微胖的體型。劉百齡曾經親眼見過李清雲，並將李清雲看做是自己的一位師傅。劉百齡曾說他問過李清雲什麼才是最基本的道家功夫，李答道：「最基本的道家修練是學習保持無為。」

之後，楊森還以「盛世人瑞」為題，給蔣介石講述了李清雲的故事，蔣介石聽了十分高興，為使中外人士都能瞻仰中國人瑞，還特地派人護送李清雲進京。這期間李清雲還多次接受西方學者的採訪，由於國民黨和美國媒體關係很好，所以美國媒體也報導過不少有關李清雲的新聞。

李清雲最後於一九三三年過世，而且是無疾而終，據說他在臨終前說了一句話：「我已經做完我需要做的事情，我會立刻回家（去世）。」這裡的「回家」暗指死亡，而且是自然死。對於一個已經在人間活了這麼久的人而言，這種看淡生死的態度，不足為其。不過，還有另外一種說法是，一九三三年五月六日，李清雲病逝，安葬於開縣長沙鎮義學村李家灣。

一九三三年五月李清雲過世後，楊森特地派人調查了他的真實年齡和背景，並且出版了一份報告，報告名稱為《一個二百五十歲長壽老人的真實記載》。在報告中，楊森是這樣描述李清雲的外表的：「李清雲有很好的視力，步伐矯健。他有七尺高，也有很長的指甲，更有健康的膚色。」同年，一些四川人在接受採訪的時候說到，在他們還是小孩子的時候，就已經認識李清雲了，而且在他們終老的時候，李清雲並沒有變得很老，其他人則說李清雲曾經是他們爺爺的朋友。

一九八六年，四川省高縣慶符鎮的八十歲老人胡英華，貢獻出他保存的李清雲照片，並用書面資料提供了李清雲入山採藥，持刀拒虎，挖掘到的形狀類似人頭的靈芝草，以及楊森為他祝壽的故事。根據以前見過李清雲的老人回憶，李身材魁偉，體態肥胖，禿頭無髮，皮膚光滑無皺紋，肌肉結實。李清雲平時寡言少語，從不談及無關的話題，別人問及年齡，僅答二百多歲。同年，常州市的開縣籍的八十七歲老人劉成勛在《氣功雜誌第六期》上也發表了回憶李清雲（誤為「李慶遠」）的文章。

根據相關的資料，李清雲除了到各地採集中草藥之外，他在四川開縣生活的時間前後約有一百一十多年。他來到開縣之後，僱傭了一位挑藥擔子的少年，名叫向此陽，生於一八一九年，於一九一二年逝世，活了九十三歲，是住在長沙鎮李家灣人黎廣松的外公。向此陽過世的時候，李清雲還健在，向自十四歲時開始為李挑藥擔子，李當時看起來像個五十多歲的老人，以此推算，李清雲至少活了一百七十歲無疑。

總而言之，關於李清雲的實際歲數，據目前可靠的資料，他至少活了有一百七十歲以上，也可能活到了一百九十七歲，因此有關李清雲只有八十多歲的說法與傳言，其實是缺乏根據的。

超級人瑞的長壽秘訣

大家都會好奇，如果李清雲真的活了一百七十多歲乃至一百九十多歲的話，那麼究竟是什麼樣神奇的力量支撐著他活了這麼久？難道李清雲不是一般常人而是仙人不成？其實，歷史上的李清雲既不是神仙，也沒有所謂的長生不老之術，他只是一位平凡的採集草藥與勤練氣功的人士，對於健康和養生之道有其獨到的心得和經驗，之所以能夠活那麼久，應該和他的生活方式與心性修養密不可分。

據說他從十歲開始，就在山裡面採集草藥，鑽研草藥學和中醫，並且學習氣功和武術。百數十年來，他一直吃著靈芝、枸杞、野人參、何首烏、雷公根等採集來的藥材，還喜歡釀製米酒。

在李清雲故鄉流傳的故事則指出，他在幼年時，很早就已經能讀能寫。十歲之後，他就開始旅居甘肅、山西、西藏、安南、暹羅、滿州等地，採集各處的珍貴藥材，之後開始販賣這些藥材，就這樣過了一百多歲，並且過著相當節制的飲食生活。

根據李清雲的弟子表示，李清雲曾說他遇過一位比他更老的人士，教導他氣功以及建議他飲食的方法，才讓他的壽命能延長到遠超乎常人的地步。

在李清雲自己看來，他能夠如此長壽的原因有三：首先，他是一位素食者，長期素食讓他的身體健康，而且他本身就是一位有名的中醫與中藥家，深諳養身之道；其次，他強調內心要保持平靜和開朗，不要動怒；第三，他常年服用枸杞煮水，並配合花枝茶一同飲用。可見李清雲良好的生活習慣和心態是他能夠長壽的重要秘訣。李清雲常說人體要保持「三通」：即血通、尿通和便通，同時也要保持平靜安寧的心態，這兩點是最重要的。

此外，李清雲自身的一些生活習慣也與常人不同，他的日常飲食以白米飯和少量的葡萄酒為主。李清雲不抽菸、不酗酒，吃飯定時定量，早睡早起。李清雲還會武功，除了練氣功外，閒暇時間便閉目靜坐，兩手放到膝蓋上，昂首挺胸，經常一坐便是幾個小時，一動不動。李清雲的左手習慣蓄起小指甲，並戴竹管加以保護，長到差不多六吋的時候便剪下來保存在木匣中。李清雲平時沉默寡言，為人厚道，從不發怒，因此人們都樂意與他相處。

李清雲的長壽秘訣離不開他良好的生活習慣和平靜的心態，除了他在飲食和氣功方面的養生之道以外，「心靈的平靜」也是一個相當重要的原因，這也是今天我們所提倡的養生之道，其中很多方法被現代養生專家借鑑。

對照於李清雲的長壽秘訣與生活方式，反觀現代人在生活中所出現的各色各樣的疾病，乃至身心上所產生的種種疑難雜症，或者導致過早的夭亡，其實是深刻地反映了一種「生活方式、生活態度與生命價值觀」的問題。

長壽的進一步反思

從古到今，多數人都希望能夠長命百歲，然而，也有人會問，人生在世難道只要能與日月同壽，就等同於此生福澤深長、了無遺憾嗎？至於活得像李清雲那麼老，究竟是好，還是不好？是幸福，還是受苦？那是另外一個值得我們深思與探究的生命課題。

李清雲的長壽事例，距離我們前後有一、兩百年之遙，這當中有其主觀與客觀的時空背景差距，也讓我們不禁開始思考其間的差異。如果一個人不用過著現代社會朝九晚五的生活，沒有學貸、車貸、房貸、卡債等等的債務壓力，沒有世俗的應酬，沒有政治的紛擾，沒有五光十色的都會活動，沒有資訊網路的精神汙染與霸凌，沒有恐怖分子或濫射槍手的攻擊，沒有病毒的感染威脅，呼吸著沒有被汙染的空氣，也沒有吃過任何添加物的食品，經常鍛鍊身體，始終待在大自然之中，修練著呼吸與冥想，那麼是不是真的有可能活到超過天年那樣的壽命呢？

理論上而言，當然是有可能的。但是話又說回來，百多年前「李清雲式」的長壽生活方式，真的是現代人所嚮往而想追求的嗎？很弔詭的，答案恐怕不是！

現代人早就已經習慣了現代科技生活的便利性，很難再回歸到樸實而接地氣的大自然生活。像李清雲那樣，百數十年來在山裡採集草藥，必須跋山涉水，行遍大江南北，走過千山萬水，要經歷春夏秋冬、風霜雨露，要承受日晒雨淋、風吹雨打，遠不是我們所想像的那麼輕鬆愜意，也不是多數現代人的身心條件所能負荷的。其實，健康的生活必須透過鍛鍊而達成，長壽且健康的生命就是長期鍛鍊的結果，而這正是現代人所最疏忽與最欠缺的。

我們應該順應自然，而無須刻意追求長壽

如果想要活得長壽，是否有什麼原則、規律可依？或者方法、通則可循？為了探索這個問題，我花了一些工夫查詢，無意間在網路上找到了一個滿有趣的短片，內容是廣西省的《玉林晚報》曾經辦了一個「萬歲活動」，就是實地訪問、調查了高壽一百歲以上的一百位人瑞，因為他們的年齡加起來超過了「一萬歲」，所以稱為「萬歲活動」。

同時，《玉林晚報》還邀請了一些國家級的生理學家、營養學家與醫學家，也參與了這項有趣的調查活動，時間長達半年，目的就是希望能夠透過實地田野調查，而研究出長壽的規律與通則。但是出乎意料之外，這一項「萬歲活動」卻沒有調查出任何具體的結論，只是平均而言，女性比男性活得更長一些，女性百歲以上的人瑞比男性更多一些。

大家一定會很好奇，為什麼調查不出任何具體的結論？因為，在被調查的這些人瑞當

中，有愛好活動的人，也有根本就不愛活動的人；有一輩子幹著粗重體力勞動活的，也有一輩子都不幹體力活的；有愛喝酒、愛抽菸的，也有一輩子從來就不喝酒、不抽菸的；有愛吃肉的，也有一輩子都不吃肉、光吃素的；有吃得特別鹹的，也有吃得特別淡的；有一輩子愛罵人、脾氣很壞的，也有一輩子不吭聲、默默行善的；有家庭和諧平安順利的，也有一輩子家裡災難不斷的；有一輩子都沒結過婚的，也有前後結了三、四次婚的；有一輩子都沒有生育的，也有一連生了七、八個孩子的，反差之大，不一而足，實在找不出什麼一致的規律與通則。

所以，最後的結論就是：「大道無方，順其自然。」總而言之，就是依照你個人的身心特質，適應哪一種生活、哪一種習慣、哪一種嗜好，而且沒有覺得有什麼不適，那就是你個人獨特的生活標準，就是科學的生活方式。經過調查研究之後，這些專家提出這樣的肺腑之言，言簡意賅，深入淺出，發人深省。我認為，長壽是一種個人的因緣業報，沒有絕對的好壞，我們應該順應自然，無須刻意追求長壽，活得健康、愉快就好。

「活得好」與「活得老」的再省思

生命的「質」與生命的「量」——二者之間，孰重孰輕？每個人的選擇可能不會完全一樣。當然，絕大多數人都會希望能夠兩全其美，既能夠「活得好」又能夠「活得老」。不過，魚與熊掌，不可兼得！能夠「活得老」，不保證能夠「活得好」；反之亦然，能夠「活得好」，也不必然保證就能夠「活得老」。因為，生命的「質」與「量」，是兩個相對獨立的變項，二者之間並沒有絕對的因果關係。能夠真正兩全其美，活得長壽而且又身心健康，是極有福報的人，在人口比例上還是很少數的。

此外，多數人並沒有意識到的，「活得老」很可能是一件非常辛苦的事情，因為，即使能夠「活得老」又「活得好」，卻很可能背負著旁人不可得知的辛苦，或者他人無法理解的無奈，遠不是大家所想像的那麼美好與愜意。

以蔣夫人宋美齡女士為例，生於一八九八年三月四日（清光緒二十四年二月十二日），於二〇〇三年十月二十三日美國東岸時間晚上十一時十七分，於紐約曼哈頓寓所逝世，享嵩壽一百零五歲，後來安葬於紐約芬克里夫墓園（Ferncliff Cemetery, Hartsdale, New York），宋美齡是第二次世界大戰中，各參戰國的領袖及夫人中最為長壽者。

撇開歷史功過與成敗的立場及角度來看待蔣宋美齡女士，她的一生可以說是活得非常精彩，有關其豐富的生平經歷，就不在本文中敘述。她不但長壽，而且到了晚年，身體還非常健康，可以說是兩全其美，「活得老」又「活得好」的稀有實例。二〇〇一年，她已經一百零三歲了，仍然面色微紅，染過的頭髮長至腰際，完全看不出已逾百歲高齡，連美國醫生都驚異地讚歎真是神跡！

綜觀宋美齡的一生，從晚清到民國，跨越了三個世紀，而且周旋於國際政治舞台上，聞名遐邇。然而，到了晚年，她卻一直不肯寫回憶錄，一直到她去世，都沒有自傳問世，其原由不得而知。她在晚年時的心境究竟如何，我們無從具體知曉，想必心中非常孤寂。她的時代早已遠去，她的事蹟也早就被新世代的年輕一輩所遺忘，與她同時代的親朋、好友、故舊、仇敵等等，早都已經凋零。我們設身處地為她思量，這樣的晚年，如果沒有相當的靈性修養或宗教信仰，在心境上豈不是非常辛苦？

閱讀《高僧傳》的疑惑與啟發：生死自在的玄機

回憶一九九〇年間，我在撰寫博士論文期間，因為閱讀《大藏經》中「史傳部」的「高僧傳」，而有一個意外的發現與疑惑——就是歷代的祖師大德們，特別高壽的，在比例上並不多。我的疑惑是，以他們的修為，要活到嵩壽乃至天年，應該不是問題，但是他們大多數在六十歲至八十歲之間就圓寂了，壽數在八十歲以上的都算少數，特別高壽的更是稀有。為了幫助各位讀者了解這個問題，我就將佛教界都很熟悉的一些歷代祖師們之朝代、生卒年以及其壽數（以虛歲計），按照其出生年代之先後，舉例如下：

魏晉南北朝年間的祖師們：道安大師（三一二—三八五），世壽七十四歲。慧遠大師（三三四—四一六），世壽八十三歲。鳩摩羅什三藏（Kumārajīva；三四四—四一三），世壽七十歲。道生法師（三五五—四三四），世壽八十歲。僧叡法師（三七三—四三九），世壽六十七歲。曇鸞大師（四七六—五四二），世壽六十七歲。真諦三藏（Paramārtha，四九九—五六九），世壽七十一歲。智者大師（五三八—五九七），世壽六十歲。

唐朝年間圓寂的祖師們：吉藏大師（五四九—六二三），世壽七十五歲。道綽大師（五六二—六四五），世壽八十四歲。道信大師（五八〇—六五一），世壽七十二歲。玄奘大師（六〇二—六六四），世壽六十三歲。善導大師（六一三—六八一），世壽六十九歲。義淨三藏（六三五—七一三），世壽七十九歲。法藏大師（六三八—七一五），世壽七十八歲。六祖慧能大師（六三八—七一三），世壽七十六歲。青原行思禪師（六七一—七四〇），世壽七十歲。南嶽懷讓禪師（六七七—七四四），世壽六十八。百丈懷海禪師

（七四九—八一四），世壽六十六歲。圭峰宗密禪師（七八〇—八四一），世壽六十二歲。唐末五代的雲門文偃禪師（八六四—九四九），世壽八十六歲。

明朝末年四大高僧：蓮池大師（一五三五—一六一五），世壽八十一歲。紫柏大師（一五四三—一六〇三），世壽六十一歲。憨山大師（一五四六—一六二三），世壽七十八歲。蕅益大師（一五九九—一六五五），世壽五十七歲。

民國早年的大師們：印光大師（一八六二年一月十一日—一九四〇年十一月四日），世壽八十歲。弘一大師（一八八〇年十月二十三日—一九四二年十月十三日），世壽六十三歲。太虛大師（一八九〇年一月八日—一九四七年三月十七日），世壽五十八歲。

以上所例舉的二十八位祖師大德當中，世壽在六十至六十九歲之間的有十位，在七十至七十九歲之間的也有十位，八十歲至八十六歲之間的有六位，不滿六十歲的有二位。

當然，歷朝歷代還是有特別高壽的祖師，但是為數甚少，在此我也例舉二位，一位是西晉至五胡十六國時期的佛圖澄大師（二三二—三四八），於後趙建武十四年（三四八）於鄴宮寺圓寂，世壽一百十七歲。另一位是南北朝至隋朝年間的二祖慧可大師（四八七—五九三），於隋文帝開皇十三年（五九三）圓寂，世壽一百零七歲。

從以上所例舉的歷代祖師們之世壽，我們可以看出，絕大多數是介於六十歲至八十歲之間，佔了七成的比例。當然，以上所述還只是個抽樣，而不是大數據的統計，不過仍然可以看出大致的比例。

綜觀歷朝歷代的祖師大德們，如果我們特別留意他們的生卒年代與世壽，以及圓寂時的身心狀況，就會發現，除了極少數因為天災、人禍、意外而命終，或者很少數因為疾病而往生，絕大多數都是身心康寧，預知時至，無疾而終，安詳圓寂，自在往生。

照說，他們即使到了晚年，絕大多數都身心健康，沒有什麼病痛，為什麼不再多活一些年歲？按照一般大眾的思惟，能夠長壽而且健康，就應該長命百歲啊！為什麼這些祖師們，卻是在「身心健康而且沒有什麼病痛」的情況下就捨壽圓寂、往生了？這一點讓我困惑了很久。

那時候，我還沒有開始有系統地探究生死的課題，對於安寧照顧、臨終關懷等等也尚未有清楚的概念，也還沒有親身接觸過末期或臨終的病人。我在高中及大學時期，由於父親在視察部隊演習時跌斷左大腿而住院，母親和我輪流到醫院照顧陪伴父親，直到他後來接受我的建議決定截肢，手術成功後再療養復健一段時間才出院回家，前後整整五年。雖然我有長期陪伴照顧父親傷病的親身經驗，但是對於臨終及死亡所可能蘊含的深層義理以及玄機，在三十多年前其實還是模糊無知的。因此，我所抱持的觀念也和大多數人一樣，認為死亡的來臨，必然是身體老病已經到了個人壽命的極限，或者惡疾絕症已經無法醫治，所以死亡才會發生。反之，如果可以活下去的話，就要儘可能好好活著，怎麼可以就這樣死掉了？

那些祖師大德們在身體都還好好的情況下，而且年歲也不算很老，怎麼就圓寂、往生了？讓我覺得那真的是「很玄」的事情！後來經過多年的思惟參究，以及親身參與臨終關懷的實務經驗，終於理解了其中所蘊含的奧秘。現在讓我們來看一下幾位祖師大德的圓寂事蹟，然後再解析其中的「生死自在」奧秘與玄機。

晉代的道安大師（三一二—三八五）是淨土宗初祖慧遠大師（三三四—四一六）的老師，也是中觀般若學在中土的先驅。道安大師是修習彌勒淨土法門的，曾於彌勒菩薩像前立誓，願生彌勒淨土所處的兜率天內院，將來參與彌勒佛的龍華三會，護持佛法廣度眾生。晉孝武帝太元十年（三八五）二月八日，道安大師忽然昭告大眾曰：「吾當去矣。」是日齋畢，無疾而終。

東晉（南北朝）時期的僧叡法師（三七三—四三九）是鳩摩羅什三藏的四大弟子之一。南朝宋文帝元嘉十六年（四三九），法師身無疾病，卻忽然召集僧眾向大家告別，隨後入寮房沐浴淨身後，燒香禮佛，面向西方合掌坐化圓寂，世壽六十七歲，當日寺裡見有五色香煙從僧叡法師的僧房中飄出。

唐代的玄奘大師（六〇二—六六四），於唐太宗貞觀三年（六二九），毅然決然由長安出發，冒險前往天竺（印度）取經，師承那爛陀寺的戒賢大師，後來開創中國佛教法相唯識宗，也被譽為中國四大譯經家之一。

唐高宗龍朔三年（六六三）十月，玄奘大師翻譯完了最後一部佛典《大般若經》之後，感慨地說：「向在京師，諸緣牽亂，豈有了日？」為什麼玄奘大師會發出這樣的感慨？因為他從印度取經回國之後，最重要的任務與使命就是翻譯帶回來的經典，但是他在京城每天都要不停地應付來自朝臣權貴們的拜訪和供養，最終讓他感到身心疲憊。劉軻在其所撰的《大唐三藏大遍覺法師塔銘（並序）》中說道：「高宗以法師先朝所重，禮敬彌厚，中使旁午，朝臣慰問，及錫賚無虛日。」可以看出，因為皇帝的優渥禮遇，以及朝臣權貴的應酬往來，反而讓玄奘大師疲於應對。所以，在他翻譯完最後一部經典之後，就對門人說：「吾所事畢矣。」意即他的任務已經圓滿完成，可以圓寂、往生了。弟子們聽了之後，淚如雨下。

玄奘大師因為修學唯識法門，所以是發願往生彌勒菩薩的兜率天內院，將來要與彌勒佛一同下生人間，龍華三會，廣度眾生。於唐高宗麟德元年二月五日深夜、六日子時（六六四年三月八日子時）辭別大眾，在沒有任何病痛的情況下，安然圓寂，世壽六十三歲。

民國年間的印光大師（出生於清・咸豐十一年，一八六二－一九四〇），是淨土宗的重要中興人物，並且對於中國近代佛教的復興有卓著貢獻。一九三七年，對日抗戰爆發，印光大師應江蘇蘇州靈巖山寺的監院妙真和尚之請而遷至靈巖山寺，持續弘揚淨土法門。一九四〇年十二月二日（農曆十一月初四）凌晨，印光大師向妙真和尚說道：「維持道場、弘揚淨土，勿學大派頭！」同時也語重心長地對身邊眾弟子做最後的囑咐與告誡：「大家要念佛、要發願，要生西方！」然後，印光大師面向西方端身正坐，等待阿彌陀佛前來接引，在和尚、大眾的念佛聲中安詳而逝。

現代在家居士自在往生實例的啟發

看了以上所述的生死自在往生實例，有人可能會說，所舉的那些例子都是歷代高僧、祖師大德，他們的修為與境界本來就超越常人，哪是我輩凡夫俗子所能望其項背？其實不然，從古到今既然有那麼多自在往生的實例，就表示那絕對不是空泛的理論或玄想，而是具體的事實，「有為者亦若是」，只要有人能做得到，就表示我們也都可以做得到。

相信大家都曾經讀過《孟子．滕文公上》第一章引述顏淵的話：「舜何人也？予何人也？有為者亦若是！」蕅益大師也說：「豈有天生彌勒，自然釋迦？」所以，請大家不要妄自菲薄，而誤以為自己做不到。為了幫助大家建立信心，我就再舉一個現代在家居士的自在往生實例——李濟華老居士。

一九五九（民國四十八）年，李濟華老居士在臺北市創辦了「蓮友念佛團」，他是印光大師的學生。李老居士是在八十歲時往生的，他在往生前兩個月就已經預知時至，在往生的當日還去蓮友念佛團參加彌陀法會念佛共修，也等於是跟老朋友辭行，見最後一面。

往生那一天，一九六二（民國五十一）年二月二十五日，李老居士和他的同修一起坐三輪車去念佛團參加共修。因為夫妻倆都是佛教徒，李老居士在車上就跟同修商量說：「我要往生了，你一個人留下來，會不會覺得寂寞？」他同修並不知道他那一天就要往生，一聽之下就說：「你如果能往生，那太好了，那難得，你就不必掛念我了。」同修馬上就同意了。

蓮友念佛團的共修就像打佛七一樣，一枝香當中有半個小時的開示，是由幾位老居士輪流講。那一天原本是輪到魏老居士，李老居士就跟魏老商量，今天你把時間讓給我，我們兩個交換一下，改天你再講，他就跟魏老對調了。開示本來是半小時，他老人家講了一個半小時，而且講得特別興奮，非常歡喜，講話的聲音很宏亮，苦口婆心勸大家念佛求生淨土，講完之後就向大眾告辭說：「我要回家了。」大家以為他講累了，要回家休息。沒想到他老人家下了講台，在講堂旁邊小客廳的沙發上一坐就安然往生了，多瀟灑啊！這就是真正的「生死自在」，身體健康，沒有一絲一毫的病苦，預知時至，說走就走。

如果說歷代高僧、祖師大德生死自在的圓寂事蹟，會讓大家覺得神奇靈異而感到望塵莫及，那麼李濟華老居士的自在往生實例，應該能讓大家覺得平易近人而欲見賢思齊了吧！

「預知時至，無疾而終」所蘊含的「生死自在」奧秘與玄機

經過多年的深入探索與思惟，再加上實地參與臨終關懷及往生助念，親身接觸癌症末期、臨終病人與往生者，以及和他們的家屬互動，我終於了解、體會、領悟到「預知時至，無疾而終」所蘊含的「生死自在」奧秘與玄機，才知道歷代祖師們的「無疾而終」，

原來是一種「生死自在」的具體展現啊！

如果我們用「平常心」與「平等心」來看待「生死大事」，其實，「生命」與「死亡」都是「生命的展現」，也因此，「生死」才有「重於泰山」與「輕於鴻毛」之別。以前文所述的古今往生事蹟為例，當一期生命即將謝幕時，能夠自主自在地捨報往生，就是一種生命的展現！從三世生命流轉的宏觀視野來看，色身肉體的「死亡」，本來就不是生命的「結束」，而是生命的「轉換」，也是生命的「續起」；所以佛教不講「死亡」，而強調「往生」——前往開展未來的生命。

當一期生命即將謝幕之際，接下來就是要開展未來（下一期）續起的生命。因此，如果我們希望能夠「如己所願」地前往個人「理想的目的地」，那麼就必須要在「意識清楚」的情況下，「活著」就「捨報」——捨棄肉體報身而去，如此才能夠維持「正念現前」，而「如願往生」到自己預定的理想目標。千萬不可以拖到奄奄一息，乃至衰竭而終，那樣的話就會讓自己陷入「神智不清、意識渙散」的狀態，完全無法自主，而被業力及習氣牽引，輾轉沉淪於六道了。

不論是古代還是現代，也不論是高僧大德或是一般在家居士，生死自在的道理與行持都是一樣的。歷代高僧、祖師大德的生死自在表現，之所以讓大家覺得異於常人，是因為他們透澈地了解與堅信「生命是永續的」，所以沒有死亡的無謂恐懼。也正因為「生命是永續的」，所以這一期生命是否能夠「長命百歲」，就已經不再是生命問題之所在，反而是我們原本就具有的永續生命，是否能夠在菩提道上「如己所願」地「永續經營」下去，而不至於迷失方向，在生死大海中糊里糊塗地沉淪漂流、醉生夢死，這才是問題之關鍵。

因此，我們看到從古到今的高僧大德們，當他們一期生命的任務或使命已經完成或者告一段落，也就是「所作皆辦」，他們就會瀟灑從容地謝幕，然後「正念現前」地展開下一期生命的任務或使命。而在前、後期生命銜接的過程中，為了確保不會「迷失方向」，在往生之前就必須要「預知時至」，而且在捨報的當下要保持「正念現前」，也因此必須在身心都沒有病痛的情況下就安然捨報，無疾而終，如此才能夠確保「如願往生」，展開下一期未來的生命。

就是因為有了這樣的啟發與領悟，我才會提出「生死自在三千萬」的口訣：第一、千萬不要拖過人生的賞味期（保質期），第二、千萬不要變成生命的延畢生，第三、千萬要保留精神與體力做為往生之用。後來我又增加了第四個「千萬要及早成立個人的往生後援會與互助會」，而成為「慧開心法秘笈——生死自在四個千萬」。貫穿「生死自在四個千萬」的核心思想，就是「生命永續」的堅實信念，也就是星雲大師人間佛教「生命不死」

的信念。

星雲大師人間佛教「生命不死」信念的解讀與詮釋

星雲大師在《人間佛教・佛陀本懷》一書的序文——〈人間佛教佛陀本懷〉裡，列出了二十則要義，希望將人間佛教真正的原意還復回來。其中有關「生命不死」的闡述就佔了七則，超過三分之一，有相當大的比重，可見「生命不死」是人間佛教的核心信念。我綜合這七則要義的內容，將星雲大師人間佛教有關「生命不死」的闡述，歸納出下述的核心信念：

(1)生命是永恆的，也是無限的，不會死亡的，是不生不死的境界，是不生不滅的存在。

(2)六道輪迴，十法界流轉，有無限的未來。在人間佛教的信仰裡，沒有時空的對立，沒有生死的憂慮，生命都是在歡喜裡，都在無限的時空裡，都在無限的關係成就裡。

(3)心、佛、眾生三無差別，我與時間都是無限的，我與空間都是無邊的，我與眾生都是共生的。生命是個體的，同時也是群體的，相互有關聯的。生命在輪迴裡就解脫了，沒有所謂輪迴的問題。

(4)信仰是有層次的，信仰可以決定人生未來的去向，可以達到不生不滅的永恆境界。生命永恆，生命不死，這就是真如佛性，就是神聖性，這就是人間佛教的信念。

接著，我就依據星雲大師人間佛教有關「生命不死」的核心信念，提出進一步的解讀與詮釋如下。

（一）「不生不滅」vs.「緣起緣滅」——生命實相的二重觀

要正確地理解生命不死與生死流轉的道理，先須掌握佛教對有情生命的根本見解，根據大乘佛教的核心教義，有情的生命同時蘊含有二重層次與向度：一者「不生不滅」，二者「緣起緣滅」。

首先，就義理上而論，有情眾生的生命之流是無始無終、無窮無盡的，有情的「性命」——亦即有情的內在主體性生命，假名曰「佛性」——並非（也無須）被所謂的「造物主」所創造，此即「不生」之義；同時，有情眾生的「佛性」，也無法被任何力量所摧毀滅除，此即「不滅」之義，所以說「不生不滅」，此「不生不滅」義乃是屬於勝義諦層次的實相與見地。

其次，就事相上而論，雖然有情眾生的「佛性」（亦即內在主體性生命）是不生不滅的，但是其無窮無盡的心識之流，則會隨順個別眾生的因緣業力、「我、法二執」以及無明煩惱之雜染而流轉世間，在其輾轉六道，歷經不同的時空因緣條件時，會感應有不同的色身構造與認知狀態，此「緣起緣滅」義乃是屬於世俗諦層次的現象與理解。

從大乘佛教的生命二重觀綜合而論，「不生不滅」與「緣起緣滅」乃是生命的一體兩面。生命之實相是無始無終、無窮無盡的，然而，眾生因無明煩惱而流轉世間所感應的色身是會損壞的，因為肉體的生命是物質的結構，必有其相應的使用年限，但是我們內在佛性的生命是不會斷滅，也不曾消亡的，生命之輪，永不止息。因此，星雲大師人間佛教有關「生命不死」的核心信念，強調「不生不死」的境界與「不生不滅」的存在，是秉承大乘佛教的義理而闡揚的。

（二）肉體生命的有限 vs. 心性生命的永續

唐代玄奘大師到印度取經，帶回中國的經論之中有一部非常重要的唯識學論典，就是世親菩薩所造的《唯識三十頌》，其中對於有情眾生的心識流轉，有非常深入的分析與闡釋，可以啟發我們對於心性生命永續的進一步理解與信念。

《唯識三十頌》（世親菩薩造，玄奘大師譯）云：「由假說我法，有種種相轉，彼依識所變；此能變唯三：謂異熟思量，及了別境識。初阿賴耶識，異熟一切種，不可知執受，處了常與觸，作意受想思，相應唯捨受，是無覆無記，觸等亦如是，恆轉如瀑流，阿羅漢位捨。」

以上頌文中有三句關鍵語詞：「初阿賴耶識……恆轉如瀑流，阿羅漢位捨。」是有關眾生的「心性生命永續」以及「心識流轉不斷」的描述。其實，不只是「阿賴耶識」「恆轉如瀑流」，「末那識」也是「恆轉如瀑流」，要一直到證得阿羅漢果位時，因為已經「轉識成智」了，才能將如瀑流般的意識妄念捨棄止息。

這一段頌文給我們的啟示是，在證得阿羅漢果位之前，我們的心識其實是一直「恆轉如瀑流」，不曾片刻停頓，即使在我們的色身肉體死亡的那一時刻也是如此。如果「死亡」意味著「結束與斷滅」，那麼從阿賴耶識「恆轉如瀑流」這個觀點來分析與理解，其實我們的生命是根本就不曾「結束與斷滅」，換言之，我們的生命根本就「死不了」的。而在證得阿羅漢果位之後，因為已經「轉識成智」了，生命有了更上一層樓的無限開展，當然就更是「死不了」的。

星雲大師秉承大乘佛教的心性生命觀點，特別在人間佛教的要義中反覆強調「生命不死」的義理，不但具有非常深刻的哲理意涵，而且充分且明白表述了大乘佛教的宏觀生命視野。既然有情眾生「生命不死」，也就是說「生命是永續的」，所以，我們就應該要好好地「永續經營」我們的生命。

「永續的生命」就應該要「永續地經營」

從以上所論，我們可以很清楚地了解，對於一切有情眾生而言，生命本來就是永續的，所以，我們應該好好地「永續經營」我們的生命，不僅是這一期的生命，還要及早規劃及準備下一期的生命。但是很弔詭的，絕大多數人對於「生命的經營」卻「沒有永續」。我為什麼這麼說呢？以現代社會為例，絕大多數人雖然都知道要做好「生涯規劃」，以免到了老邁之時，孤苦無依，晚景淒涼，但是大家多半只是規劃到「退休、養老」為止。了不起有少數人再進一步規劃到個人的後事安排，例如財產要怎麼處理？喪禮要怎麼辦理？葬式怎麼安排：土葬、火化？骨灰怎麼奉安：晉塔、海葬、樹葬、灑葬、環保葬？然後呢？然後就沒有了！至於「未來的生命」與「生命的未來」究竟要何去何從？

則完全都沒有思考與規劃，所以我不得不說，絕大多數人對於生命的經營「沒有永續」，這是非常可惜，也是非常危險的！

我這麼講，一定有人會說：「生命的永續？未來的生命？我根本就看不到啊！那麼要我怎麼規劃呢？」我們能否看到「生命的未來」與「未來的生命」，這個問題有二個層面：一、有沒有未來的生命？這是有關「生命本質」的哲理問題，二、我們能否看到未來的生命？這是有關「眼界」與「見地」的問題，從大乘佛法的立場與觀點而言，這二個層面的問題，都可以經由「聞、思、修」與「戒、定、慧」的修學而解惑。

再退一步而言，如果要說「未來的生命看不到」的話，那麼不要說「來世的生命」，就是活在「這一世的生命」裡面，也有很多人「看不到未來」啊！但是也有不少人能夠「高瞻遠矚」而「超前部署」，然後生死自在、瀟灑去來，那又該怎麼說！《中庸》云：「凡事豫則立，不豫則廢。」古諺亦云「未雨綢繆，居安思危，有備無患」等等，《論語・衛靈公》孔子曰：「人無遠慮，必有近憂。」這些都是提醒我們要「深謀遠慮、有備無患」的至理名言！

生命的永續經營——從「長命百歲」到「無量壽」

無論從《黃帝內經》的理論觀點而言，或是從現實的生命實例來看，長命百歲乃至活過天年、超越兩個甲子都是有可能的；不過，我在此處所闡述的「生命永續經營」，不在於追求「長命百歲」或者「千秋萬壽」，因為那樣活著根本就無法避免肉體的持續老朽與衰敗，最後遲早會陷入「失能、失智、癡呆」乃至「多重器官衰竭」的困境。我所要講的「生命永續經營」，是要能夠自在自主且了無遺憾地從這一世生命瀟灑地圓滿謝幕，然後「如己所願」開展「未來的生命」，而且要將這一期的生命順暢地銜接到下一期——具體而言就是「發願往生」或者「乘願再來」，這也是大乘佛教所倡導的菩提道生命開展。

根據《成唯識論》卷八，十法界有情眾生的生死有兩種型態與層次：一種是「分段生死」，另一種是「變易生死」。「分段生死」是屬於流轉於六道之凡夫的生命層次，是指我們肉體的生死，由於每一世業力所招感的果報不同，而有不同的身形、相貌、壽量等等的差異，稱為「分段身」。感受此分段身之後，就有「老、病、死」的歷程，也必然有一期生命的結束，從現象上來看，死了又生，生了又死，一段接著一段地生死流轉，故稱為「分段生死」。

「變易生死」又作「不思議變易生死」，是屬於超越六道之聖者的生命層次，是指大乘菩提道的初地菩薩以上，以及二乘解脫道的行者已證悟解脫極果阿羅漢果而回入大乘菩提道者。此三乘聖者，其解脫證境已經超越三界輪迴之束縛，皆有能力入有餘涅槃，可以不再感受分段生死，但是因為大悲願心而來世間示現生死。三乘聖者已經超越三界，結束分段生死，但由於修行的結果，煩惱迷惑漸除，智慧聖果漸增，此種迷悟的遷移，感得悟境的不斷昇華，每一期都不相同，由前期轉入後期的變易，恰似一度生死，故稱為「不思議變易生死」。

對於出離三界的聖人而言，他們不再有「分段生死」，等於永遠都不會再死亡，也可以說是沒有死亡這回事，所以是永遠的、永恆的。然而從「變易生死」的觀點而言，他們還是會不斷地提升，一直提升到像觀世音菩薩那樣「一生補處」的菩薩，再一生，就能永斷最後一品無明，而圓滿成佛。

因此，從「生命永續」的宏觀視野來看，追求「長命百歲」真的只是「小小兒科」，我們要更上一層樓，放眼十方法界，追求「無量壽」！

生命的永續經營——放眼十方法界，追求「無量壽」

講得再清楚一點，從「生命永續」的宏觀視野來看，只是追求一期生命的「長命百歲」，不但不切實際，而且也不夠宏觀遠大，我們應該要更上一層樓，胸懷十方法界，追求「無量壽」！

無量壽，乍聽之下，大家一定會驚嘆、疑慮：「無量壽！？那怎麼可能！？」如果從六道凡夫輾轉沉浮於「分段生死」的層次而言，當然是不可能的；然而，從三乘聖者超越六道「不思議變易生死」的層次與視野來看的話，這是「法爾如是」，絕不是空泛的理論，而且是可以經由精進修持、斷惑證真而達到的境界！

其實，在經典裡面，釋迦佛陀已經明白地揭示「無量壽」的境界，我就以《佛說阿彌陀經》與《妙法蓮華經》〈如來壽量品〉為例，說明如下。首先引述《阿彌陀經》中有關「無量壽」的經文如下：

> 舍利弗，汝意云何，彼佛何故號阿彌陀？舍利弗，彼佛光明無量，照十方國，無所障礙，是故號為阿彌陀。又，舍利弗，彼佛壽命，及其人民，無量無邊阿僧祇劫，

故名阿彌陀。

這一段經文說明「阿彌陀佛」此一名號的意義，「阿彌陀」一詞，梵文作Amitābha，它的字根amita意為「無量、無可測量」，後綴ābha是「光」的意思，意譯為「無量光」。阿彌陀佛的另一個梵文名稱Amitāyus，後綴āyus是「壽命」的意思，意譯為「無量壽」，所以「阿彌陀」一詞兼含「無量光明」與「無量壽命」的意思。

又，舍利弗，極樂國土眾生生者，皆是阿鞞跋致，其中多有一生補處，其數甚多，非是算數所能知之，但可以無量無邊阿僧祇劫說。

這一段經文說明，往生到彌陀淨土的眾生，都是「阿鞞跋致」，也就是「不退轉」的意思。不退轉有三種含義：一、位不退，二、行不退，三、念不退，這就是在佛國淨土進修學習的殊勝之處，只會進步，不會退步。由於娑婆世界的各種嚴重汙染、誘惑、陷阱、障礙等等，無處不有，對於大多數的凡夫而言，既使有心修學佛道，在修行的路上也往往跌跌撞撞，進兩步退三步，或者進三步退兩步，而且有「分段生死」的隔離與障礙，想要

「不退轉」，是非常困難而稀有的。而在佛國淨土的眾生，已經超越「分段生死」，進入「不思議變易生死」的層次，可以不斷地進步而成就「阿鞞跋致」。

此外，在所有的「阿鞞跋致」當中，有很多是「一生補處」的菩薩，「一生」是指在時間上不須等到來生，這一生當中就能成就，「補處」是「等覺菩薩」的別號，也就是已經圓證三不退的境界，接著就能進補佛位，然後乘願前往十方世界示現成佛。換言之，「一生補處」就是說在一生當中後補佛位，借用現代的概念來說，就是「佛陀候選人」的意思，就像彌勒菩薩，當來下生人間成佛。

在世間，我們要認識或介紹一個國家的國情，一定會談到人口。同樣地，釋迦佛陀介紹極樂國土的眾生時，也特別說到，那些阿羅漢、諸菩薩眾、一生補處等等，「其數甚多，非是算數所能知之，但可以無量無邊阿僧祇說」。

在此，要特別補充說明經文中的「非是算數所能知之」這一句，這句話有一個特別的意涵。大家都知道「無量無邊」就是「無限大、無窮多」的意思，但是大家可能不知道「無限大」是有「等級」的。從數學的觀點而論，「無限大」有「可數的」（countable）無限大——比如說「自然數系」或「有理數系」的集合，以及「不可數的」（uncountable）無限大——比如說「實數系」的集合。「非是算數所能知之」，就是說，用算數的方法來數，是數不盡的，也就是無法用算數的方法來數，是屬於「不可數的」無限大。這樣講可能有點抽象，下面我就舉一個大家以前都學過的數學例子來幫助大家了解。

比如說「$n／2^n$」這一個分式數列，分子是「n」，分母是「2^n」，也就是2的n次方；數列的分子「n」是「等差級數」，而數列的分母「2^n」是「等比級數」，當n=1, 2, 3, 4, 5……10」直到無限大時，這個分式數列「$n／2^n$」則分別為1/2, 2/4, 3/8, 4/16, 5/32……10/1024等等，愈來愈小。當n趨近於無窮大（$n\to\infty$）的時候，分式中的分子與分母也都是無窮大，但是整個分式數列「$n／2^n$」卻是趨近於零。換句話說，「分子的無窮大」相較於「分母的無窮大」等於零，也就是說，雖然二者都是無窮大，但是卻不在同一個等級，「分母的無窮大」就有如「分子的無窮大」的「無窮大」。

「無量壽」的真實性與可能性：從「義理」與「事相」兩個層面來理解

就十方諸佛的世界與境界而言，無量壽是「法爾如是」，然而，就六道眾生的世界來說，無量壽則是「不可思議」與「不可置信」的。由於吾輩凡夫被無明煩惱與累劫業力所牽引而沉浮於六道，在死生流轉之際又有「隔陰之謎」，被「分斷生死」所隔障，故而對於「生命的永續」以及「永續的生命」無法如實知見。也因此產生一種十分矛盾與弔詭的情境，一方面希求「延年益壽」乃至「長生不死」，而另一方面卻不知曉也不理解「生命的永續」與「永續的生命」本來就是「無量壽」的。

要探究「無量壽」的真實性與可能性，可以從「義理」和「事相」兩個層面來理解，首先，從「義理」上來說，根據《唯識三十頌》所論，一切有情眾生的「心識之流」——亦即第八意識（阿賴耶識）——是「恆轉如瀑流」而跨越生死之際的，須臾片刻都不曾停頓或中斷，縱使在一期生命的肉體死亡之際也是如此，這個道理在前文中已經討論過了。以此宏觀視野來看的話，有情的生命是永續進行的，私毫沒有間斷或中止，所以《金剛經》云：「發阿耨多羅三藐三菩提心者，於法不說斷滅相。」因此，從義理的層面來說，生命本然就是永續的，也就是無量無邊、無窮無盡的，當然也就是「無量壽」的。

然而，從「事相」上來說，「無量壽」的真實境界並不是現成的，而是必須透過「斷惑證真」的修行實踐之道而成就的，就如同世間的「長命百歲」也不是現成的，而是必須透過力行養生之道而實現的。因此，要實現「無量壽」的真實與現實，就必須經由修持佛法以超越克服生死輪迴的束縛。

十方世界的諸佛——包括釋迦牟尼佛——示現來世間說法的本懷，就是要教導眾生解脫生死的束縛，證得與十方諸佛一樣的境界。因此，從佛教的觀點而言，超越六道生死輪迴，絕非空談或玄想，而是有具體的實踐方法與步驟，先從「解脫道」入門，然後進入「菩薩道」，最終成就圓滿佛道。解脫道有五個階段：一、資糧道，二、加行道，三、見道，四、修道，五、無學道，其內容簡述如下。

一、資糧道，皈依三寶（佛、法、僧），受持五戒（殺生、偷盜、邪淫、妄語、飲酒），奉行十善（對治十惡：殺生、偷盜、邪淫、兩舌、妄言、綺語、惡口、貪、瞋、癡）。在家眾可再受持「八關齋戒」與菩薩戒，出家眾受持三壇大戒（沙彌（尼）戒、比丘（尼）戒、菩薩戒）。然後修持「五停心觀」與「四念處觀」。五停心觀的內容為：（一）多貪眾生不淨觀、（二）多瞋眾生慈悲觀、（三）愚癡眾生因緣觀、（四）多散眾生數息觀、（五）多障眾生念佛觀。四念處觀的內容為：（一）觀身不淨、（二）觀受是苦、（三）觀心無常、（四）觀法無我。

二、加行道，修學「四善根」：（一）煖法位，修學「四正勤」：(1)已生惡令斷、(2)未生惡令不生、(3)未生善令生、(4)已生善令增長。（二）頂法位，修學「四如意足」：(1)欲如意足、(2)精進如意足、(3)念如意足、(4)思惟如意足。（三）忍法位，修學「五根」：

⑴信根、⑵精進根、⑶念根、⑷定根、⑸慧根。（四）世第一法位，修學「五力」：⑴信力、⑵精進力、⑶念力、⑷定力、⑸慧力。行者於世第一法位，最深觀欲界苦諦入見道位。

三、見道，修持清淨「八正道」，斷欲界「見惑」，證初果須陀洹。「八正道」的內容為：（一）正見、（二）正思惟、（三）正語、（四）正業、（五）正命、（六）正精進、（七）正念、（八）正定。

四、修道，生起「七覺支」，斷除三界的「思惑」（亦名「修惑」）。「七覺支」的內容為：（一）念覺支、（二）擇法覺支、（三）精進覺支、（四）喜覺支、（五）除覺支、（六）定覺支、（七）捨覺支。

五、無學道，盡證四諦真理，解脫生死煩惱，不受後有（意即不再生死輪迴），證阿羅漢果，學道圓滿，無須再學，故稱「無學道」。

以上為解脫道的修學次第，若欲成就無上佛果，則須進入菩薩道，發「四弘誓願」，修六度萬行。四弘誓願的內容為：眾生無邊誓願度，煩惱無盡誓願斷，法門無量誓願學，佛道無上誓願成。「六度」即是「六波羅蜜」：布施、持戒、忍辱、精進、禪定、般若。

以上的解脫道進路，可能會讓不少人覺得那樣太困難了，望而卻步。大家千萬不要妄自菲薄或氣餒，還有一個方便法門，就是發願往生到阿彌陀佛的西方極樂世界，等於是前往彌陀淨土留學進修，將來一定可以圓滿成就佛道。

世尊成佛久遠，如來壽量無量無邊

除了在《佛說阿彌陀經》裡面，釋迦牟尼佛揭示了阿彌陀佛光明無量、壽命無量的功德莊嚴之外，在《妙法蓮華經》的第十六品〈如來壽量品〉中，佛陀也明白地開示大眾，世尊成佛以來，其實已經非常久遠，並且解說如來的壽量，是無量無邊的。「如來」是佛的十號之一，梵語作：Tathāgata，漢語意譯為「如來」，《金剛經》云：「無所從來，亦無所去，故名如來。」由此可知，「如來」的意涵就是「不來亦不去」。

在〈如來壽量品〉的經文中，首先，佛陀連續三說「汝等當信解如來誠諦之語」，然後，彌勒菩薩代表與會的菩薩大眾，四番祈請佛陀「唯願說之，我等當信受佛語」，於是，世尊開示大眾「如來秘密神通之力」。這裡所說「秘密」的意思，是指一般人無法理解或到達的境界；然而對於佛陀來說，是自我親證的體驗，並無秘密可言，只是以眾生的心量無法體會而已。

在經文中，佛陀開示大眾：「我實成佛已來，無量無邊，百千萬億那由他劫。」又云：「自從是來，我常在此娑婆世界說法教化，亦於餘處，百千萬億那由他阿僧祇國，導利眾生。諸善男子！於是中間，我說燃燈佛等，又復言其入於涅槃，如是皆以方便分別。」又云：「然我實成佛已來，久遠若斯，但以方便教化眾生，令入佛道，作如是說。」

其意為，世尊雖然在久遠之前就已經成佛，但是為了教化還在生死苦海中沉淪的眾生令入佛道，所以倒駕慈航，迴入娑婆世界，示現從年輕時出家而修道成佛，然後演說種種次第方便法門。其中包括有燃燈佛給世尊授記作佛，以及佛陀入於涅槃，其實都是為了教化眾生而方便示現的。

佛陀又開示大眾：「諸善男子！如來所演經典，皆為度脫眾生，或說己身，或說他身；或示己身，或示他身；或示己事，或示他事；諸所言說，皆實不虛，所以者何？如來如實知見三界之相，無有生死，若退若出；亦無在世，及滅度者；非實非虛，非如非異；不如三界，見於三界。如斯之事，如來明見，無有錯謬。」

其意為，從佛的立場及觀點來看，如實所見的三界（欲界、色界、無色界）諸相，既無有生，亦無有死；既不退離，也不出現；沒有住在世間，亦沒有從世間滅度者；不能用虛妄與真實、一如與差異來說明，也不說三界即如實相，而見有三界。所有這樣的事相，如來非常清楚，沒有錯謬。

換言之，釋迦牟尼佛雖然來這個世界示現「出生」，可是他並沒有生；雖然示現「入滅」，他也沒有滅，因為佛性本體沒有生滅。這是「不生示生，不滅示滅」的境界，釋迦牟尼佛的法身——真身的佛，不生不滅，不來不去。

佛陀接著又開示大眾：「以諸眾生有種種性、種種欲、種種行、種種憶想分別故，欲令生諸善根，以若干因緣，譬喻言辭，種種說法，所作佛事，未曾暫廢。如是我成佛已來，甚大久遠，壽命無量阿僧祇劫，常住不滅。」

其意為，一切眾生各有種種不同的根性、欲念、行為、意想分別等等，因此為了使不同根器的眾生都能生起善根，所以佛陀就設施了種種的方便教化，運用種種因緣，以種種的譬喻、言辭，種種的說法，來進行佛法的教化，不曾暫時中止。然後，佛陀再次宣稱，釋迦世尊成佛已來，甚大久遠，壽命無量阿僧祇劫，常住不滅。換言之，釋迦佛陀是久遠實成的古佛，而二千五百多年前，在印度菩提伽耶菩提樹下金剛座上成等正覺，乃是一種慈悲示現，而並不是那時候才初次成佛的。

行文至此，我要介紹一下佛光山的大雄寶殿，大殿裡面供奉了三尊佛，又稱為「三寶佛」，中央為釋迦牟尼佛，右邊是藥師佛，左邊是阿彌陀佛。大門兩旁柱子上的楹聯是由有「三湘才子」之稱的張齡（張劍芬）先生所作，這一幅對聯與上述的這幾段經文，有密切的義理關聯。

右邊上聯寫著「兜率娑婆去來不動金剛座」，「兜率」是指欲界第四天之中的「兜率內院」，亦稱「兜率淨土」，「娑婆」是指我們這個世界，佛陀要來娑婆世界示現成佛之前，會先到兜率內院常住說法，等到機緣成熟才下生人間；所以上聯的意涵是，釋迦牟尼佛先去兜率淨土，再來娑婆世界度眾，然而佛心佛性有如金剛穩固，無所動搖。

左邊下聯寫著「琉璃安養左右同尊大法王」，琉璃世界是指藥師佛的東方淨土，安養世界是指阿彌陀佛的西方極樂淨土，左右兩尊佛與中央的釋迦牟尼佛，佛佛道同，各自在不同的國土大轉法輪，是故同尊為「大法王」。

世尊宣說及示現滅度，乃是慈悲教化眾生的方便示現

既然世尊已經成佛久遠，而且如來壽量無量無邊，那麼釋迦佛陀為什麼要涅槃入滅？這不是矛盾嗎？單純從表面上來看，確實相互矛盾，然而這也正是佛陀慈悲教化眾生的玄

機之所在。

在〈如來壽量品〉經文中，佛陀開示大眾：「若佛久住於世，薄德之人，不種善根，貧窮下賤，貪著五欲，入於憶想妄見網中。若見如來常在不滅，便起憍恣，而懷厭怠，不能生難遭之想、恭敬之心。」

其意為，許多薄德之人，如果看到佛陀久住在世，就會驕縱、懈怠，對於佛法不會生起難遭難遇的想法與恭敬心，不會急著要趕快學佛修行，也不會想要種善根。因此，佛陀在他度眾的因緣已經圓滿而告一段落的時候，就宣說將要入涅槃，使眾生對於佛法有「難遭難遇」之想，反而有益於佛法在世間的流傳。在說此部《妙法蓮華經》時，釋迦牟尼佛已經宣布要滅度了，之後就說了《大般涅槃經》，這是滅度之前所說的最後一部經。

無獨有偶，在《佛遺教經》中，佛陀也有同樣用意的開示：「若我住世一劫，會亦當滅。會而不離，終不可得。自利利他，法皆具足，若我久住，更無所益。應可度者，若天上人間，皆悉已度，其未度者，皆亦已作得度因緣。自今已後，我諸弟子展轉行之，則是如來法身常在而不滅也。是故當知，世皆無常，會必有離，勿懷憂也。」我們從經文可以深深體會到佛陀的大慈大悲，無論是住世，還是涅槃，都是教化的示現。

良醫救子喻

為了說明佛陀的示現涅槃，是為了教化不種善根的凡夫眾生，能夠生起難遭之想，所以在〈如來壽量品〉經文中世尊接下來又說了一個「良醫救子」的譬喻，其內容大意用白話文解釋如下：

有一位良醫善於調配方藥醫治眾病，出門在外行醫，他的眾多孩子們誤食了毒藥，有一些甚至於還迷失了本性。良醫回家之後，就調製良藥給孩子們服用，那些沒有迷失本性的，服了藥之後就痊癒了，但是迷失本性的那些小孩，根本就不願服藥，甚至還嫌藥不好。做為父親的良醫心想，要如何設法讓這些孩子願意服藥治病呢？於是就對他們說：你們要知道，我現在衰老了，不久就要過世，但是我已經把治病的良藥都留在這裡，你們可以拿來服用，不要擔心病治不好。做了這些交代之後，良醫就離家外出到別的國度，然後派人回來告訴孩子們說父親已經過世了。這時後，尚未服藥治病的孩子們才想到失去了父親，沒有依靠，在悲傷難過之餘，心智醒覺，才知道父親留下來的藥物，真是色香美味具足，立即取藥服用，病毒就都痊癒了。父親得悉諸子痊癒之後，便從遠地回家，跟諸子又見面了。

佛陀就有如「良醫救子喻」中的父親，為了治療已經失去心智的孩子們，就說他自已死了，讓孩子們因此醒覺，而願意服藥治病。釋迦牟尼佛以示現涅槃來警示眾生世間無常，讓眾生對於佛法生起「難遭難遇」之想；同時也為了安眾生的心，特地留下這部《法華經》，做為佛的遺教，當眾生發覺自己中了貪、瞋、癡等三毒，須以此經來療毒治病之時，就可以依教奉行，有如服藥治病。

眾生在佛陀涅槃之後，看到佛陀留下來的經典，才會覺得稀有難得，也才會決心要好好地依教修行。等到眾生產生希望得到佛法的渴仰感時，佛陀就出來為他們說法。當我們真正發起善根，見到如實的佛法時，就會發現其實佛陀是永遠都不會滅度的，我們也能夠永遠都追隨佛陀的教化。

結語：生命的永續經營——無量壽的具體實踐

回顧自一九九七年以來，因為在南華大學生死學系（所）任教，除了教學、研究、服務，以及在世界各地演講之外，又有更多的機緣從事臨終關懷與往生助念，也累積了更多的實務經驗，讓我對於安寧照顧、臨終關懷與往生助念有了突破性的體會，也有了更堅定的信念，與更積極的觀念與做法。

二〇〇二年三月二十三日，我應邀在成功大學醫學院以〈面對千古難題——解開死亡之結〉及〈生死之道——生於憂患，死於安樂〉兩個主題進行系列演講，談到面對生死情境的理想境界時，我的主張是要「生死自在」及「瀟灑走一回」。之後，我就一直以「生死自在」及「瀟灑走一回」做為面對生死大事的核心概念與態度，同時不斷地更新及充實我的理論內容。

二〇〇九年六月，我進一步公開提倡「生命的永續經營觀」，以化解社會大眾面對生死議題的避諱態度與恐懼心理。「生命的永續經營觀」是我的核心信念，其具體內涵，簡要地說，不但我們的「生命」是「永續」的，而且我們對於「生命的經營」也要「永續」；不但今生今世須「生涯規劃」並且妥善經營，還包括我們「未來的生命」——也就是「來生」的去向與目標，也須預先規劃，早做準備，然後在今生即將圓滿謝幕時，能夠「無縫接軌」地邁向來生，這也就是大乘佛教與人間佛教所倡導的「如願往生」或「乘願再來」。

我所一貫主張的「生命的永續經營觀」，若依照生命的歷程來具體地敘述，就是「快樂地成長，充實地生活，健康地養老，瀟灑地善終，如願往生，或者乘願再來」，這六項內容是相互密切關聯，前後相接，而且是延續到無限的未來的。大家可以看出，這些都不是空泛的玄想，而是非常具體而實在的陳述，也是我們每個人畢生的願望。前面三者，從「快樂成長」到「健康養老」，社會上各個相關領域的專家學者都已經談得很多，無須我贅言，而且大家會覺得這三者大都可以操之在我，比較有把握。至於後面三者「瀟灑善終，如願往生或乘願再來」，公開談論的人就非常少了，一方面，這三者涉及「死亡」的問題，大家都避諱也不願面對，更不想談論；另一方面，即使想要面對或談論，也會認為「死亡的來臨」根本無法操之在我，而覺得有無法準備與因應的障礙與困難。

其實，問題的關鍵在於我們了不了解「自然死」的生命機制，以及願不願意接受「自然死」的來臨，如果答案都是肯定的話，當我們這一期生命即將謝幕之時，能夠回歸與順應大自然的生命機制與旋律，同時屏除一切不當的醫療干預，那麼想要「瀟灑善終」絕對不是問題，當然如果進一步想要「如願往生」或「乘願再來」，就必須事先具備「信、願、行」的功課與資糧，而且要能夠「所作皆辦，預知時至，正念現前」。

經典中所講的「所作皆辦，預知時至，正念現前」等教法，都不是抽象的玄理，而是非常具體的教法，可以應用做為「瀟灑善終，如願往生或乘願再來」的行動綱領。簡要地說，「所作皆辦」的原意是指阿羅漢已經斷除煩惱，不受後有，這當然不是一般人能夠達到的境界，但是我們可以借用「所作皆辦」來表達這一期生命的任務已經圓滿完成，而沒有遺憾與罣礙，可以安心地捨報而告別人世。「預知時至」是指我們可以預先知道自己往生的時辰，而得以及早從容準備。「正念現前」是指我們在臨終捨報的時候，不但沒有身心衰竭，而且能夠生起正念而與佛、菩薩感應道交，如此則能夠蒙佛接引，如願往生或乘願再來。

最後，我再談一下「安寧照顧」與「臨終關懷」的積極作為，做為本文的結尾。一般的安寧照顧與臨終關懷，多半只看到病人的這一期生命「即將結束」——也就是肉體的「死亡」，而沒有看到生命的未來——也就是「即將要開展」的「下一期生命」，所以在心理上、情緒上以及行為反應上，都難免過於負面與傷感。其實，這是一種自我設限與障礙，我們應該要有更為積極與正面的做法。

當實際面對一位臨終的病人時，在我的眼中，我沒有看到病人的「死亡」，我看到的是他的「往生契機」與「未來無窮無盡的生命」之開展；因此，我的所作、所為、所言、所行，就是要旁助臨終的病人與其家屬，以正面積極的心態與言行，讓臨終者能夠在身心還沒有衰竭的情況下，能夠正念現前，與佛相應，安詳捨報，如願往生，開展未來的生命。如此積極面對生死，即使我們還遠遠未達到無量壽的境界，但是也已經在邁向無量壽的生命旅程上了。

千萬不要拖過個人生命的賞味期

千萬不要變成個人生命的延畢生

千萬要保留足夠的精神與體力做為往生之用

千萬儘早成立個人的往生後援會及往生互助會

【愛・生命 015】

生命的永續經營（下冊）

順應生命的自然機制：
自然謝幕絕非難事
如願往生操之在我

國家圖書館出版品預行編目(CIP)資料

生命的永續經營. 下 / 慧開法師著. -- 初版. --
新北市 : 香海文化, 2020.10
面； 公分
ISBN 978-986-97968-8-0 (平裝)

1.生死觀 2.人生觀 3.佛教修持

220.113 109004022

作　　者　慧開法師

總 編 輯　賴瀅如
主　　編　田美玲
編　　輯　蔡惠琪
封面設計　翁翁
美術設計　不倒翁視覺創意・翁翁

出版・發行　香海文化事業有限公司
發 行 人　慈容法師
執 行 長　妙蘊法師

地　　址　241新北市三重區三和路三段117號6樓
　　　　　110臺北市信義區松隆路327號9樓
電　　話　(02)2971-6868
傳　　真　(02)2971-6577
香海悅讀網　www.gandha.com.tw
電子信箱　gandha@gandha.com.tw
劃撥帳號　19110467
戶　　名　香海文化事業有限公司

總 經 銷　時報文化出版企業股份有限公司
地　　址　333桃園縣龜山鄉萬壽路二段351號
電　　話　(02)2306-6842

法律顧問　舒建中・毛英富
登 記 證　局版北市業字第1107號

定　　價　新臺幣390元
出　　版　2020年10月初版一刷
　　　　　2021年 6 月初版三刷
I S B N　978-986-97968-8-0（下）
　　　　　978-986-97968-9-7（套號）
建議分類　生死觀｜人生觀｜佛教修持